我国注册会计师审计制度变迁的路径与绩效研究

张旺峰　著

中国财经出版传媒集团
中国财政经济出版社

图书在版编目（CIP）数据

我国注册会计师审计制度变迁的路径与绩效研究／张旺峰著. --北京：中国财政经济出版社，2022.8

ISBN 978-7-5223-1505-8

Ⅰ.①我… Ⅱ.①张… Ⅲ.①会计师-审计-制度-研究-中国 Ⅳ.①F239.221

中国版本图书馆 CIP 数据核字（2022）第 109697 号

责任编辑：彭　波　　　　责任印制：史大鹏
封面设计：卜建辰　　　　责任校对：徐艳丽

我国注册会计师审计制度变迁的路径与绩效研究
WOGUO ZHUCE HUIJISHI SHENJI ZHIDU BIANQIAN DE LUJING YU JIXIAO YANJIU

中国财政经济出版社 出版

URL：http：//www.cfeph.cn
E-mail：cfeph@cfeph.cn

社址：北京市海淀区阜成路甲 28 号　邮政编码：100142
营销中心电话：010-88191522
天猫网店：中国财政经济出版社旗舰店
网址：https：//zgczjjcbs.tmall.com
北京财经印刷厂印刷　各地新华书店经销
成品尺寸：170mm×240mm　16 开　14.75 印张　227 000 字
2022 年 8 月第 1 版　2022 年 8 月北京第 1 次印刷
定价：68.00 元
ISBN 978-7-5223-1505-8
（图书出现印装问题，本社负责调换，电话：010-88190548）
本社质量投诉电话：010-88190744
打击盗版举报热线：010-88191661　QQ：2242791300

目　　录

| 第 1 章 |

绪　　论

1.1　研究背景与动机

古人云："以铜为镜，可以正衣冠；以人为镜，可以明得失；以史为镜，可以知兴替。"历史是一面镜子，回顾历史的经验教训，常给开拓未来以极大的启迪。2022 年是改革开放的 44 周年，在这期间，我国的政治、经济、法律等社会制度经历了世界上罕见的最为频繁和复杂的变迁历程。作为一个"70 后"，笔者有幸见证了这个伟大的时代变迁，而作为一名注册会计师，笔者对中国注册会计师审计制度恢复发展的这段历史备感兴趣。

注册会计师被誉为社会的"经济警察"，是伴随着商品经济的发展以及股份有限公司这种企业组织形式的诞生而在英、美等资本主义国家最先产生并逐渐发展起来的，经历了一个非常漫长的发展变迁过程。我国的注册会计师审计制度自 20 世纪 80 年代初恢复之后，政府相关部门在借鉴西方国家成功经验的基础上，进行了一系列的制度设计，并"自上而下"强制性地推动了这些制度的实施与变迁，可以说是用了不到 40 年的时间，就走完了西方国家两三百年才能走完的路。

回顾这段历史，既有成功，也有失败，既经历过一夜之间会计师事务所如雨后春笋般相继成立的繁荣景象，也遭遇过注册会计师被称为"不会做账，只会做假账"的信誉寒冬。我们能够体会政府部门为了促进我国注册会计师行业的健康发展而在短时间内迅速地推进一系列相关制度变迁的良苦用心，也看到这些“移植”于西方审计发达国家的制度安排在中国实施所遭遇到的“水土不服”的尴尬。制度变迁本是一个极其漫长而艰难的过程，既需要壮士断腕的勇气，也需要水滴石穿的耐心。前车之覆，后车之鉴，前路漫漫，任重道远，作为当代学者，我们有责任去揭开历史的面纱，让世人看清楚事情的真实面目，同时也给未来的制度设计者以借鉴与启示。这也是本书写作的动机与目的。

1.2 研究思路与方法

中华文明泱泱5000年，历史记录从未曾中断，这在很大程度上得益于一代代史学家艰苦卓绝的努力。司马迁的《史记》开创了秉笔直书的史学传统，但只述不评又无法给后来者以启迪与思索，因此司马光用夹叙夹议的方式写下了令历代封建统治者奉为治国圭臬的《资治通鉴》。逮于才力与精力所限，笔者无法像郭道扬教授、丁平准先生那样写出全面反映中国会计、审计制度变迁历史的皇皇巨著，但作为一个接触过一些西方现代研究方法熏陶的后生晚辈，笔者想针对40年来我国注册会计师行业恢复发展历程中几个重大的制度变迁事件，在详细描述事件发生的背景、动因以及推进过程的同时，通过对相关数据的收集整理与实证分析，用定量的方法来考察每一次制度变迁的绩效及相关的经济后果，以便给未来的制度设计者以启示。因此，本书在总体上是采用了定性与定量、规范与实证相结合的研究方法，具体如下：

（1）归纳与演绎分析法。从哲学意义上讲，会计与审计等学科均是以经验主义哲学为基础的。这就意味着人们对于这些问题的理解主要来自经验，而在由观察经验向理论知识过渡的过程中，主要采用的研究方法就是归纳法，即通过对多种个体现象的观察，从中总结出一般性的规律和原理，从而形成系统性的知识。归纳法虽然是形成理论体系的主要方法，但是对于比较复杂的问题来说，还必须采用演绎程序。这主要是因为面对日益复杂的社会现象，更大范围和更加深入的观察是很难做到的，为此必须通过对有限观察所建立的前提和结果，按照理论科学应该具备的逻辑结构去推演出更加一般的知识和公理。本书在对我国注册会计师审计制度变迁的经验与教训进行分析总结时，就广泛采用了归纳与演绎相结合的规范分析方法。

（2）比较与借鉴分析法。比较法既是一种思维方法，也是一种具体的研究手段。我国的注册会计师审计制度是从20世纪80年代初恢复发展起来的，而英、美等国的独立审计制度已发展了两百余年，并长期处于世界领先地位，因此，学习和吸收是我国学者现阶段进行审计制度研究的一种重要手段。本书在对我国独立审计制度变迁的历程进行描述与分析时，尽可能地与英、美等国类似的制度变迁事件进行对照分析，通过对其先进经验的介绍与总结，从而为我国的制度设计者提供借鉴依据。

（3）实证分析法。建立在观察基础上的知识需要接受现实世界的证明和检验。这是所有科学理论的建立与发展都必须经过的研究程序。而建立在对样本统计数据分析之上的经验研究，应当也可以用来对历史事件进行分析与解读。为了对我国注册会计师审计制度变迁的绩效和经济后果进行检验，本书广泛采用了描述性统计、方差分析、回归分析、数据包络分析、双重差分分析等多种实证研究方法，对制度变迁前后注册会计师的审计效率、审计质量、审计收费、投资者对被审计报表的市场反应以及整个注册会计师审计市场的规模和集中度的变化情况进行了全方位、多角度的检验和分析。

1.3　研究内容

我国注册会计师审计制度自20世纪80年代初恢复以后，政府相关部门在借鉴西方国家成功经验的基础上，进行了一系列的制度设计，并“自上而下”强制性地推动了这些制度的变迁与实施。本书以马克思历史唯物主义理论与新制度经济学的制度变迁理论为依据，对我国注册会计师行业40余年的发展历程进行了系统的回顾与总结，并针对所发生的几次重大的制度变迁事件，对制度变迁的绩效进行了全方位、多角度的实证分析与检验。全书共分为10章，主要内容现概括如下：

第1章“绪论”。本章主要介绍了本书的研究背景、研究内容、研究方法以及可能的创新之处。

第 2 章“关于制度变迁的基本理论”。本章主要对制度变迁的基本理论，如制度的概念、内涵、构成要素、制度变迁的方式、特征以及绩效评价等基本理论问题进行了归纳与总结。

第 3 章“注册会计师审计发展的历史演进：一个简单的回顾”。本章主要对注册会计师审计在英国、美国、德国、加拿大、日本等西方发达国家以及中国的发展历程进行了简要的回顾与总结。

第 4 章“会计师事务所‘脱钩改制’的绩效研究”。本章首先对我国注册会计师行业“脱钩改制”这一制度变迁事件的动因和发展进程进行了回顾与反思，然后从事务所的经营业绩、审计市场的规模与结构以及审计质量三个方面对这一次制度变迁的绩效进行了统计分析与实证研究。

第 5 章“注册会计师法律责任制度变迁的绩效研究”。本章首先对中、美两国注册会计师法律责任制度变迁的历史进行了回顾，其次针对我国最高人民法院于 2002 年和 2003 年相继发布的两个加重注册会计师民事法律责任的司法解释，通过实证研究考察了这一制度变迁事件对于审计质量的影响。

第 6 章“审计师轮换制度变迁的绩效研究”。是否实施审计师定期轮换制度，在西方国家一直备受争议。受《萨班斯—奥克斯利法案》的影响，财政部决定自 2004 年 1 月 1 日起，在我国 A 上市公司范围内实施签字会计师定期轮换制度。本章从不同的角度对这一制度的实施效果进行了实证检验。

第 7 章“风险导向审计准则实施的绩效研究”。本章首先对国内外独立审计准则的出台背景与变迁历史进行了简要回顾，其次针对 2006 年 2 月财政部颁布的风险导向审计准则，从审计效率和审计质量两个方面对这一次制度变迁的效果进行了实证检验。

第 8 章“会计师事务所组织形式变更的绩效研究”。本章首先对英、美两国以及我国会计师事务所组织形式的变迁历史进行了回顾，其次针对 2010 ~ 2013 年我国大、中型会计师事务所集中由有限责任制转变为特殊普通合伙制这一制度变迁事件，从 IPO 抑价、审计收费和审计质量三个角度对制度变迁的绩效进行了实证分析和检验。

第 9 章“注册会计师审计收费管理制度变迁的绩效研究”。本章首先从理论上论述了政府部门对注册会计师审计收费进行管制的必要性，其次对我国审计收费管理制度的变迁历程进行了回顾，并针对 2010 年国家发改委和财政部联合发布的《会计师事务所服务收费管理办法》，从审计收费和审计质量两个方面对其实施效果进行了实证分析和解读。

第10章“研究结论与局限”。本章以马克思历史唯物主义理论与新制度经济学的制度变迁理论为依据，对40年来我国注册会计师审计制度变迁的动因、路径、特征以及相关的经验和教训进行了系统的分析与总结，以期给政府部门和制度设计者以借鉴与启示。此外，本章还对笔者研究的局限性进行了客观的分析，并提出了改进的方案以及未来的研究方向与展望。

1.4 创新之处

（1）发展了新制度经济学对于制度变迁绩效的评价方法。以诺思、托马斯、戴维斯为代表的新制度经济学家提出用“经济绩效”作为制度变迁绩效的衡量标准，他们认为判定一项制度是否有效，主要看其能否对产权提供有效的保护从而促进整个社会经济的增长。产权制度虽然是一个社会（国家）的核心制度，但远非整个社会制度体系的全部。而社会制度建立的目的也决不仅仅是实现经济效益与经济增长，如在整个国家制度体系中不可或缺的文化教育制度、社会保障制度、国防安全制度等，这些制度创立的初衷或是为了提高国民的素质，或是为了保护国家与公民的安全，促进社会的公平与正义。因此，对于这类制度绩效的评价就要更多地考虑社会效益而非经济效益。本书提出了用制度设计（变迁）的目标是否实现或实现程度作为制度变迁绩效的衡量指标，这不仅在理论逻辑上是合理的，而且在现实中也具有较强的可操作性。它不仅可以用于宏观经济、产权制度设计（变迁）绩效的评价，也可以用于各类微观制度设计（变迁）绩效的评价，不仅可以用于客观的经济效益评价，也可以用于各类难以量化的社会效益的评价。

（2）系统地描绘了我国注册会计师审计制度变迁的路径与轨迹。我国注册会计师审计制度自20世纪80年代恢复以来，为了促进注册会计师行业的健康发展，政府相关部门在借鉴西方国家成功经验的基础上，针对我国的特殊国情以及当时的社会、经济背景，进行了一系列的制度设计，并“自上而下”强制性地推动了这些制度的实施与变迁。本书不仅对我国注册会计师行业 40 年来的发展历程进行了全面回顾，还针对期间发生的几次重大制度变迁事件，如事务所产权性质与组织形式的变革、独立审计准则的颁布与修订、签字会计师强制轮换制度的实施、注册会计师法律责任的加重、审计收费的管制等，对制度变迁的动因、进程及其出现的问题进行了深入的解读与反思。

（3）对我国注册会计师审计制度变迁的绩效进行了实证检验。制度设计者在发起一项制度变迁时，必然有其希望达到的目标。本书从制度设计者的预期目标出发，广泛采用了描述性统计、方差分析、回归分析、双重差分分析等多种实证研究方法，从审计效率、审计质量、审计收费、投资者的市场反应以及整个审计市场的规模和集中度等不同角度，对历次制度变迁事件的短期绩效、长期绩效进行了全面的考察与检验。将实证研究方法运用于对历史事件的评价与分析，是本书所做的一个全新尝试。

| 第2章 |

关于制度变迁的基本理论

制度是伴随着人类社会的形成而逐步产生并发展起来的，是一种非自然的产物，也是人类文明的重要标志。然而，对制度的研究却远远滞后于它的产生和发展。迄今为止，比较成熟的关于制度及制度变迁的理论主要有两种：一是马克思的历史唯物主义理论，二是西方的制度经济学理论。这两种理论各有其优缺点，研究的侧重点也不太相同。本章将对这两种理论的相关观点进行综合归纳，作为研究我国注册会计师审计制度变迁的理论依据。

2.1 制度的概念及内涵

最早研究制度的人当推马克思，虽然他并未对制度范畴给出一个明确的定义，但在他的理论中，对制度相关概念的使用却十分广泛。在马克思看来，完整的社会制度是由经济基础（占主导地位的生产关系）和上层建筑这两个相互联系的层次所构成的。前者可以看作是一种仅限于经济领域内狭义的制度；后者则可以被视为一种广义的制度。它们共同构成了一个社会的全部规则体系。

西方制度经济学派的创始人凡勃伦认为，“制度实质上就是个人或社会对有关的某些关系或某些作用的一般思想习惯，从心理学的角度来讲，则可以把制度看成是一种流行的精神态度或一种流行的生活理论”。由此可见，凡勃伦是把社会制度归结为人类本能心理基础上产生的思想习惯，并且用这种心理和精神支配的一般制度来代替基本的社会制度。

康芒斯作为凡勃伦的追随者，对制度概念却有着自己独到的见解。他认为制度就是用“集体行动控制个体行动”，集体行动是通过物质、道德或经济制裁等形式来控制个体行动。他把集体行动的组织形式称作“运营机构”，如政府、法院、企业、工会等。这些组织通过“工作规则”，如日常习惯、社会风俗、法律、宪法等来约束并控制个体行动。

舒尔茨作为首次尝试用现代经济学的方法来分析制度及其变迁的学者，在其1968年发表的《制度与人的经济价值的不断提高》一文中，将制度定义为一系列约束人类行为的规则，这些规则涉及社会、政治、经济等人类行为的方方面面。他认为制度是某些服务的提供者，应经济增长的需求而创设或引入的，人类活动经济价值的不断提高产生了对新制度的需要，从而导致制度变迁的发生。舒尔茨（1968）还将社会制度分为四大类：用于降低交易费用的制度；用于影响要素所有者之间风险配置的制度；用于规范职能组织与个人收入关系的制度；用于确定公共产品生产与分配方式的制度。

诺思是制度变迁理论的集大成者，也是新制度经济学的奠基人，他对制度的定义基本上被以后研究制度的学者所接受。诺思（1994）认为制度（Institution）是一系列被制定出来的规则、宪法程序和行为的道德规范，而不是体制（System），如资本主义体制或社会主义体制。制度旨在约束追求福利或效用最大化的利益主体的个人行为。通俗地说，制度就是一个社会的游戏规则，制度的存在可以降低人们在社会交往时的不确定性，因而构成了人类社会存在的基础。

我国学者盛洪（2004）则认为制度是处理人与人之间关系的方式，人和人之间的关系可以简单概括为两种类型，即合作与不合作，合作会使双方都获益；不合作，两个人的效用或财富就会受到损害。尽管人与人之间的关系也存在诸如“囚徒困境”等特殊情境，但通过长时间多次重复的博弈，人们会逐渐认识到相互合作会比不合作有着更好的结果。长此以往，制度就变成了多人社会中促成相互合作的一种规则。这种理解虽然比较简单，但却在很大程度上阐明了制度的功能和作用。

在理解制度的内涵时，我们要厘清制度与另外两个相关概念的区别。第一个是“组织”，如果说制度是一个社会的游戏规则，那么组织则是社会游戏的参与者，它是由具有一定目标、用以解决一定问题的人群所组成。组织离不开制度，没有一定制度的组织只能是一盘散沙；制度也离不开组织，组织是制度的最初制定者，也是制度变迁的推动者。亚当·斯密在《道德情操论》中非常精辟地概括了制度、组织与个人三者之间的关系："在人类社会这个大棋盘上，每个个体都有着其自身的行动规律，这与立法者试图施加的规则并不是一回事。但如果这两者能够相互一致，按同一方向作用，人类社会的博弈就会如行云流水，结局圆满。但如果两者相互抵触，那博弈的结果将苦不堪言，社会也将因此陷入高度的混乱之中"。[①] 第二个就是"制度安排"，制度经济学家经常使用"制度安排"这一概念，制度安排是指"管束特定行为模型和关系的一套行为规则。"从字面上看，制度安排可能是最接近于"制度"一词的最通常的定义了，或者说，制度安排就是制度的具体化。所以在很多文献中，对这两个概念的区分并不是很严格，经常交替使用。

2.2　制度的构成要素

对制度构成要素的剖析，是制度研究的基本理论前提。新制度经济学家认为，制度提供的一系列规则按其职能和特点可以分为由社会习俗认可的非正式约束，由国家、政府等权力机关制定的正式约束以及实施机制这三大要素，它们共同构成了完整的社会制度体系。

（1）非正式约束。

非正式约束是人们在长期交往中无意识形成的一些行为规范，它具有持久的生命力，因而也构成了人类社会世代相传的文化的重要组成部分。从历史上看，在正式约束产生之前，人们之间的关系主要靠非正式约束来维持，即便是在现代社会，正式约束也只占整个社会行为规范的很少一部分，人们生活的大部分空间，仍然由非正式约束来规范。非正式约束从其内容和性质上看，又可以概括为以下三个方面。

---

① 青木昌彦．比较制度分析［M］．周黎安，译．上海：上海远东出版社，2001.

① 意识形态。意识形态是人们关于世界的一套信念、观点或看法，它们倾向于从道德上判定劳动分工、收入分配和社会现行制度结构。在非正式约束中，意识形态处于核心地位。这主要是因为意识形态不仅可以通过其所蕴涵的价值观、伦理规范、道德准则和风俗习惯降低制度实施及变迁过程中的运行成本（交易费用），还可能构成某种正式制度安排的“先验模式”。对于一个民族或国家来讲，意识形态有可能取得优势地位或以“指导思想”的形式构成正式制度安排（正式约束）的理论基础和最高准则。例如，儒家思想就构成了中国几千年封建制度的核心理念与行为准则。

② 社会心理。社会心理是指个人在社会活动中所产生的各种心理现象。它包括特定社会情境中个体行为的社会动机以及社会群体之间的人际关系、合作方式以及在此基础上形成的认识、情感、行为习惯和行为方式，因而在很大程度上影响着人们对正式制度及制度变迁的态度和取向。

③ 社会知识。社会知识就是人们通常所说的社会科学，包括经济学、政治学、历史学、管理学等人文社会学科所提供的各种知识，是人类对其自身生存方式和发展规律的认识。社会知识的进步会提高人类认识和改造社会的能力，增强整个社会的理性，为社会制度的合理化提供科学基础。用制度经济学家的话来讲，就是社会科学的进步，可以降低制度变迁的成本，增加制度的供给，使制度供给曲线右移。

（2）正式约束。

正式约束是指人们有意识创造的一系列法律、法规。它包括政治规则、经济规则、行为规则以及由这一系列规则构成的一种等级结构。诺思根据这些规则在制度变迁中的作用，又将其分为宪法制度和制度安排两个层次。

① 宪法制度。宪法制度又称为制度环境，它是一个社会的基本制度，是制定制度的制度，它决定了一个社会生产、分配和交换的基础规则、国家政体的性质、政治组织的相互关系以及占主导地位的意识形态，从根本上决定着其他社会制度的产生、发展和变迁。

② 制度安排。制度安排则是指在宪法制度框架内形成的支配各类社会群体之间关系或行为方式的具体规则，这些具体规则都是从宪法制度中派生出来的，因而也体现着宪法制度的思想和意志。一个社会的宪法制度不同，具体的制度安排通常也会存在着较大差异，而宪法制度的变迁必然会引起制

度安排的变迁。

（3）实施机制。

实施机制是指一个社会、组织或机构对违反制度安排的个人作出的惩罚，并使这些制度安排得以实施的条件和手段的总称。对于任何一个社会来讲，有制度肯定比没有制度要好，但离开了制度的实施机制，最好的制度也只能是形同虚设。而且，“有法不依”比“无法可依”更糟，因为制度如果得不到实施，不仅会影响制度的权威性和稳定性，还会使人们产生对制度的不正常预期和蔑视制度的文化心理，从而使目无法纪的行为畅通无阻。这样下来的后果一方面是国家、政府或微观社会组织为制度设计、变迁支付了大量的成本，另一方面则是官员、民众甚至是执法者视制度为无物而产生大量的制度外行为。长此以往，一个国家获得进入有法律约束的制度化社会的可能性将越来越小，从而使该国的政治或经济效率不断提高的可能性也越来越小。

（4）三者之间的关系。

正式约束与非正式约束是相互联系和相互制约的，非正式约束决定了正式制度约束构建过程中可行方案的数量，并为正式约束提供合法的生存环境。在条件成熟时，非正式约束可以上升为正式约束。更重要的是，非正式约束在很大程度上决定了社会资源与利益的分配方式，进而影响着正式制度约束创建过程中相关利益各方的力量对比，并最终决定了正式约束创建的成败与否。而且，正式约束只有在社会认可，即与非正式约束相容的情况下，才能发挥其应有的作用。所以从某种意义上来讲，非正式约束比正式约束更为重要。

任何一项制度安排的产生，都有其特定的社会和文化背景，它们构成了非正式约束的一部分，这是一个国家和民族在长期的生存和发展中所形成的，是很难模仿和“移植”的。改革开放以来，我国不少正式制度的设计都借鉴了西方发达国家的成功经验（即所谓的国际惯例），这些制度安排在国外被证明是非常有效的，但在中国却行不通。究其原因，就是因为这些“移植”过来的制度与中国的社会文化环境不相容，中西社会文化环境的差异在很大程度上决定了这些“移植”过来的制度由于没有合适的生存土壤而无法开花结果。这是“制度移植”与“技术移植”最大的不同之处。因此，有些经济学家干脆把非正式约束视为制度实施机制的一个组成部分，这是很有道理的。因为非正式约束在某种程度上决定了一种正式制度安排能否发挥作用以及发挥作用的程度。以我国目前社会生活中常见的公款请客为例，虽然相关制度明确规定，国家机关工作人员在公务出差时不得接受对方单位的宴请。但有朋自远方来，不亦乐乎，尽地主之谊，为其接风洗尘，是我国延续了几千年的待客礼仪传统。在这种情况下，就形成了正式制度约束与非正式约束之间的矛盾。为了规避正式制度的约束，一些单位就以工作餐的名义在内部食堂进行宴请招待，从而使相关制度规定成为一纸空文。

本书所研究的注册会计师审计制度，也可以分为正式制度和非正式制度。其中正式制度包括调节注册会计师与各种利害关系人之间关系的法律，如刑法、民法、税法、公司法、证券交易法等法案中均有所涉及；规范会计师事务所以及注册会计师行为的法律或法规，如注册会计师法、注册会计师条例等；指导注册会计执业的技术规范、职业道德规范，如独立审计准则等。而非正式制度主要是指注册会计师以及社会公众对于该行业及相关法律、法规的认识，对于独立审计的信赖与认可等思想意识形态。

2.3 制度变迁的路径分析

制度变迁是指制度的创立、变更以及随着时间变化而被打破的方式（诺思，1994）。它可以理解为用一种效益更高的制度（即所谓“目标模式”）对另一种制度（即所谓“起点模式”）的替代过程，也可以理解为一种更有效率的制度的生产过程。

2.3.1 制度变迁的动因

关于制度变迁的动因，马克思认为，生产力和生产关系、经济基础和上层建筑之间的矛盾，是人类社会最基本的矛盾，也是制度变迁的根本动因。正是由于它们之间的矛盾运动，推动了人类社会由低级向高级的发展。其中，生产力是最活跃的，也是最革命的因素，当科学技术所带来的生产力进步受到现有社会制度的阻碍时，社会制度变迁就有可能发生。

舒尔茨、诺思等新制度经济学家则是从制度均衡入手展开对制度变迁的动因分析。所谓制度均衡，就是人们对既定制度安排的一种满足状态，从而无心或无力改变现行的制度安排。从供求关系上来讲，就是制度供给等于制度需求。然而在现实生活中，制度均衡只是一种理想状态，大量存在的是制度的非均衡，即制度的供给和需求存在着矛盾。因此，他们认为制度变迁的实质就是人们对制度非均衡的一种反应。

那么又是什么原因导致了制度非均衡的出现呢？新制度经济学家则认为是由于“外部利润”的出现。所谓“外部利润”，就是指在现存的制度安排中无法获取而预期可以在新制度中产生的额外收益。外部利润的来源主要有以下四种情形：规模经济、外部性、风险与交易费用（诺思，1994）。例如，在工业革命发生之前的英国，企业的组织形式只有业主独资与合伙制这两种形式。随着工业革命的发展，机械化大生产使企业的生产能力和效率得到了前所未有的提高，给企业带来了巨大的经济利益。然而，与此同时，机械化大生产对企业的投资与生产规模也提出了更高的要求，而传统的企业组织形式（独资与合伙企业）根本无法满足这种要求。为了获取制度外的收益，一种新的企业组织形式—股份有限公司便应运而生了。当然这种制度外收益的获得还取决于制度的变迁成本，即选择、组织与实施新制度的费用，只有当潜在收益大于可能发生的制度变迁成本，即变迁主体预期能够获得变迁净收益时，他才会发起这项制度变迁。需要注意的是，我们这里所讨论的制度变迁收益包括个人收益与社会收益。如果一项制度变迁预期能够给个人带来净收益时，社会个体通常有动力作为变迁主体，来发起这项变迁。例如，安徽小岗村的农民自发地进行分田到户。但如果说一项变迁对个人来说，收益并不明显，但对整个社会来说，却有绝对的净收益。这时候，如果单纯从“理性经济人”的角度出发，社会个人是不会有积极性来推动这项制度变迁，那么就只能由国家作为社会共同利益的代表者来推动这项制度变迁的发生。改革开放 40 年来，我国大量的社会政治、经济制度（包括本书所涉及的注册会计师审计制度）变迁都是由政府（国家的代表）发起推动的。

通过以上分析我们可以看到，由于对“制度”内涵理解上的差异，马克思对于制度变迁的解释，更准确地讲，是一种长期变迁和社会制度整体变迁的学说。在他的理论中，我们看到的是如历史长镜头一般的对长期社会制度变迁轨迹的描述，以及层层递进的制度变量之间的本质关联模型，即生产力、生产关系（经济基础）、上层建筑等有关制度变量之间的作用与反作用关系。而以诺思为代表的新制度经济学家则侧重于对微观的制度安排变迁动因的分析。他们还把西方古典经济学中“理性经济人”的基本假设和均衡理论引入制度变迁的研究中，建立了著名的诺思模型，从而使对制度变迁的研究从纯规范演绎走向了量化分析与实证研究，其科学性是不言而喻的。

2.3.2 制度变迁的两种基本方式

新制度经济学理论认为，根据变迁的诱因和实施主体的不同，制度变迁可以分为诱致性制度变迁和强制性制度变迁两种基本形式（林毅夫，1989）。

（1）诱致性制度变迁。诱致性制度变迁是指现行制度安排的变更或替代，或者是新制度安排的创造，是由个人或一群（个）人在响应由制度不均衡所引致的获利机会时自发倡导、组织并实施的（林毅夫，1989）。因此，诱致性制度变迁往往呈现出这样以下特点：第一，盈利性，即只有当制度变迁的预期收益大于预期成本时，相关个人或群体才会推动制度的变迁。第二，自发性。诱致性制度变迁是制度变迁主体对制度不均衡的一种自发性的反应，自发性反映的诱因就是制度外收益的存在。第三，渐变性。诱致性制度变迁是一种自下而上、从局部到整体的制度的转换、替代、扩散过程，这种转换、替代、扩散都需要花费时间，所以诱致性制度变迁往往要经历一个非常漫长的过程。从初始的制度均衡状态，由于外部条件的改变，产生了制度的不均衡，经过制度的变迁，重新回到制度均衡，周而复始，从而构成了诱致性制度变迁的基本路径和逻辑过程。

（2）强制性制度变迁。强制性制度变迁是指由政府命令和法律引入或推动的变迁（林毅夫，1989）。由于诱致性制度变迁在推进过程中往往会遭遇“外部性”和“搭便车”问题，从而使制度变迁难以实现，也造成了整个社会制度供给的短缺。“外部性”问题的存在主要是因为制度的创新者并不能像技术的创新者一样可以申请专利，当一项制度被创新出来后，其他任何群体或个人都可以模仿这种创新，而不用支付任何报酬。这样，创新者的个人收益将少于整体的社会收益，即产生了正外部性，从而导致制度创新的激励不足。“搭便车”问题的存在则主要是因为许多社会制度安排通常都具有公共产品的性质，即一旦制度被创新或建立，每一个享受这项制度服务的个人，不管是否承担了最初的创新成本和困难，他都能享受到同样的服务。由于这些问题的存在，人们进行制度创新的积极性往往大受影响，这就使制度（特别是正式制度）创新的密度和频率将小于作为整体的社会最佳量，即出现持续的制度短缺。为了弥补这种制度供给的不足，就需要国家（政府）作为社会整体利益的代表者，来进行干预，发起强制性的制度变迁。林毅夫（1989）认为，当按照税收收入、政治支持以及其他统治者效用所计算出来的新制度安排的预期边际收益与边际成本相等时，政府（国家）会主动弥补制度供给的不足，即推动强制性制度变迁。强制性制度变迁不仅可以弥补诱致性制度变迁所造成的制度短缺，而且由于国家所具有的“暴力优势”，使其在推行制度变迁时，具有直接成本低、执行速度快、效率高等特点。

（3）对两种制度变迁方式的比较。制度变迁是一项需要付出时间、努力及成本的活动。因此，如何以最小的成本，在最短的时间内实现最大的制度变迁收益，就成了一个国家或社会在选择制度变迁方式时首先要考虑的问题。为了更好地把握制度变迁的规律，我们不妨对这两种变迁方式的差异和优缺点做一个简单的比较。

诱致性制度变迁和强制性制度变迁有着许多共同点，如两者都是对制度不均衡的反应；两者都遵循成本—效益最大化的基本原则。但是这两种变迁方式之间又存在较大差异。主要表现为：

① 变迁的主体不同。诱致性制度变迁的主体是个人（一群人），或者一个团体。而强制性制度变迁的主体是国家或政府。

② 变迁的优势不同。诱致性制度变迁是社会成员（集团）之间在一致性原则和经济效益原则的基础上达成的一种公共契约，所以它在根本上是一种帕累托改进，因而在实施时所遇到的阻力小，制度的认同度高，因而实施效果较好。而强制性制度变迁的优势在于它能够以最短的时间和最快的速度推进制度变迁，而且由于有国家的强制力来保证制度的贯彻实施，因此强制性制度变迁往往呈现出变迁成本低、效率高等特点。

③ 面临的问题不同。诱致性制度变迁作为一种自发性的制度变迁过程，其面临的主要问题就是“外部性”和“搭便车”问题。此外，诱致性制度变迁的时滞较长，变迁速度很慢，经常不能满足社会对制度的需求。而强制性制度变迁面临的主要问题则是政府统治者的有限理性、意识形态刚性、官僚政治、集团利益冲突以及社会科学知识积累不足等方面的困扰，所以经常会出现强制性制度变迁的失败，即制度变迁的净收益为负。

2.3.3 制度变迁的轨迹与路径依赖现象

如前所述，制度变迁一般遵循成本—效益原则，即只要制度变迁的预期净收益为正，就会有个人、组织、政府作为变迁主体来发起这项制度变迁。可为什么那些经济绩效差的制度长期存在？是什么决定了人类社会政治、经济演进的不同模式和轨迹？针对这两个艰深的历史之谜，马克思和诺思从不同的角度都给予了回答。

马克思认为：“人类历史是由人类自己创造，但是人类并不能随心所欲地创造，也不是在他们自己选定的条件下创造，而是在直接碰到的、既定的、从过去承继下来的条件下创造。”在这句话里，马克思提到了一个初始条件的问题，初始条件就是制度变迁发生时作为前提存在的社会政治、经济、文化等各个因素的状况以及这些因素之间的相互联系。历史是连续的，任何制度的变迁和创新都只能在人类以往活动的基础上和既定的条件下进行。初始条件是制度变迁的物质前提，它决定着制度变迁的基本方向和推进方式。东西方社会在基本制度和发展模式上所存在着的巨大差异，在很大程度上就是由于初始条件的不同所造成的。

诺思则从技术演进中的轨迹依赖现象中得到启示，提出了制度变迁中“路径依赖”理论，这是诺思对新制度经济学的又一大贡献。路径依赖现象类似于物理学中的“惯性”，任何个体的运行一旦进入某一路径（无论是“好”的，还是“坏”的），就可能对这种路径产生依赖，它的既定方向会在以后的发展中得到自我强化。社会制度变迁也是如此，沿着既定的路径，政治和经济制度的变迁可能进入良性循环的轨道，不断优化，也有可能沿着原来的错误路径继续前行，并长期锁定（Lock in）在这种无效益的状态下，而要打破这一状态，实现既定方向的改革，往往需要借助外力，如引入外生变量甚至进行国家政权的更替。

为什么要产生这种路径依赖现象呢？主要有以下两个方面的原因。第一，就是意识形态、社会文化等非正式约束的影响。我们所讨论的制度变迁，往往是指正式制度的变迁。这种制度的变迁可以在一夜间改变，也可以直接从国外移植过来，但是一个国家或民族在长期发展过程中所形成的文化传统、信仰体系，是无法按照成本—效益的原则来衡量和改变的，它们将长期影响和制约着正式制度变迁的产生与发展。第二，路径依赖现象形成的深层次原因就是利益因素的影响。一种制度安排一旦形成，必然会产生某种在现存制度体系内的既得利益集团，他们对这种制度或路径有着强烈的需求。因此，制度的变迁在某种程度上还可以理解为是对现存利益的一种重新分配，那些既得利益的受损者往往会极力巩固现有的制度体系（现有的利益），阻碍制度的变迁或改革，哪怕新的制度较之现存制度更有效率，更符合大多数人的利益。如果既得利益集团的力量足够强大，落后的制度将会长期存在，而不会产生新的制度变迁。

2.3.4　偶然事件对制度变迁的影响

如前所述，诺思把古典经济学的均衡理论和成本—效益原则引入制度分析，揭示了制度变迁的内在规律：即制度变迁是个人（群体）或国家（政府）响应制度不均衡所带来的制度外收益而发生的，当变迁收益大于变迁成本时，制度变迁就有可能发生。这种分析在理论上是无懈可击的，可是把它拿到实践中应用，遇到的最大困难就是制度变迁收益和成本的计量问题。首先，这种收益和成本都是预期的，它的发生与否具有很大的不确定性。因此，把这种预期的收益和成本纳入模型进行分析，结果的可靠性很难保证。其次，对于制度变迁的收益，除了经济收益外，还必须考虑社会收益，而社会收益往往很难进行准确计量，如社会公众的满足感、安全感等。可这种社会收益却是国家（政府）在推动强制性制度变迁时必须考虑的一个关键内生变量。最后，就是个人收益与社会总收益的矛盾问题。从理论上讲，社会收益应当是个人收益的总和。然而，福利经济学的效用加总问题和阿罗不可能定理已经证明，要从基于个人效用的成本—收益计算模型中推导出整个社会的成本和收益，会遇到不可逾越的障碍。我国著名经济学家林岗就针对这个问题，对诺思的制度变迁理论进行了严厉的批评，并试图以此来否定诺思的整个制度变迁理论，这虽然有些片面，但的确不无道理。

因此，有时候虽然出现了制度外收益，但由于这种收益难以确认和计量，从而使得个人和政府对发起该项制度变迁缺乏动力，再加上制度惯性，即前面所谈到的路径依赖现象，使得一些新的制度变迁迟迟无法发生。这时就需要借助于外力，来跨越这个制度变迁中的“卡夫丁”峡谷。而一些偶然事件的发生就成了推动制度变迁的一个重要的外力。在我国注册会计师审计制度变迁历程中，这样的例子是非常多的。例如，20 世纪 90 年代，以“深圳原野事件”“北京长城机电事件”“海南中水国际事件”为代表的资本市场的“老三案”以及以“琼民源”“四川红光”“东方锅炉”为代表的“新三案”的接连发生，才使以财政部为代表的政府相关部门痛下决心对会计师事务所进行彻底的产权制度改革，即“脱钩改制”。这些偶然事件的出现，不仅加速了制度变迁的进程，有时甚至可以改变整个制度变迁的方向和轨迹。

我们还可以用马克思关于必然性和偶然性的辩证原理来解释制度变迁中偶然事件的作用。一项制度变迁之所以发生，其背后肯定有必然性在支配，这个必然性就是该项变迁能给个人或整个社会带来净收益（当然，这种收益可以是经济收益，也可以是社会收益），可变迁究竟能否发生，以及发生的具体时间和具体方式，在很大程度上却是偶然性在发挥作用。一些偶然事件的发生，往往构成了长期社会制度变迁中的主角，甚至改变了整个历史的面貌。正如马克思所描述的那样：“历史是由一系列偶然事件堆积而成的，可这无数的偶然事件却构成了人类社会发展的一般规律。”

2.3.5 意识形态在制度变迁中的作用

最早将意识形态纳入制度变迁分析框架的是马克思主义的历史唯物论，他认为社会存在（生产力和生产关系）决定一个社会的意识形态，而意识形态反作用于社会存在。作为新制度经济学派代表人物的诺思也承认：“在描述长期社会制度变迁的各种理论中，马克思的分析框架是最有说服力的。”但对于意识形态是如何作用于生产力和生产关系的，马克思并没有详加阐述。而新制度经济学的一个重大贡献就是将意识形态在制度变迁过程中的作用进行了科学的总结，即“意识形态既是制度的稳定器，又是制度变迁的催化剂”。意识形态在制度变迁中的作用具体体现在以下几个方面。

首先，意识形态可以克服在制度变迁过程中普遍存在的“搭便车”行为。制度是一种公共产品，它具有强烈的外部性。任何社会个人推动制度变迁的成本往往是极其巨大的，而制度变迁的收益却不可能只是某一个人。按照西方古典经济学的“理性经济人”假设以及成本—收益模型，如果个人从其行为中所得到的收益小于其所付出的代价时，通常会选择不行动，而是等待别人行动后，自己“搭便车”。所以古典经济学是无法解释在社会制度变迁过程中经常出现的那些先行者以牺牲个人利益为代价而推动社会进步的行为。因为激励这些人行为的不是按照理论模型所计算出的个人利益，而只可能是其内心崇高的道德准则以及对公平正义的信仰等意识形态在发挥作用。

其次，意识形态可以节约制度变迁成本。由于有限理性和信息不对称等因素的影响，当个体面对纷繁复杂的社会现象而无法作出准确判断，或者是决策的复杂程度超出其理性边界时，意识形态所内含的与公平、正义相关的伦理道德、风俗习惯等意识形态会减少人们进行决策的时间和成本，帮助其形成对于新制度的正确看法，从而加快制度变迁的进程。与此同时，意识形态作为制度构成要素中的非正式约束，它还可以降低宪法、法律等正式制度规则的实施成本，巩固制度变迁的效果。

最后，意识形态还是制度运行的一种稳定机制，它可以加速和延缓制度变迁的进程。如果一个社会占统治地位的意识形态能够使人们相信现存的制度安排是正义的，人们就会自觉地遵守这些规则，从而起到维护和稳定现有社会秩序的作用。此外，作为一种非正式约束，意识形态具有相对的独立性，它的变迁往往会滞后于政治、法律等正式规则，从而降低正式制度变迁对社会秩序以及人们日常生活的冲击，保证变迁的顺利进行。然而，成功的反意识形态也可能成为制度变迁的巨大阻力，这也是那些无效率、非正义的社会经济制度得以长期存在的重要原因。

2.4 制度变迁的绩效评价

制度变迁是指制度的创立、变更以及随着时间变化而被打破的方式。然而，制度变迁本身并不意味着绩效的提高，因为制度变迁可能产生的是无效率制度（诺思，1994）。因此，如何衡量制度变迁的绩效从而识别出有效率的制度就成了制度变迁研究中不可回避的一个重要问题。

关于制度的效率以及制度变迁的绩效，马克思历史唯物论的基本观点就是看其是否与生产力的发展相适应，从而促进生产力的发展。但在变迁绩效的具体衡量方面，马克思并没有作出进一步的明确说明。对于这一问题，新制度经济学派内部也存在一定的分歧，但归纳起来，主要有以下两种基本观点：一是德姆塞茨（H. Demsetz）、威廉姆森（O. Williamson）等学者所提出的“交易成本”衡量方法。他们沿袭了科斯（Coase）的交易费用理论，认为古典经济学家所假设的那个交易费用为零的世界是不存在的，社会的运行成本不仅包括生产成本，还有交易成本，他们共同决定了整个社会的运行效率。而组织和制度的产生则可以改变整个社会的交易成本，因而通过比较制度变迁前后交易成本的变化可以衡量出制度变迁的绩效。二是以诺思、托马斯、戴维斯为代表的新制度经济学家所提出的“经济绩效”衡量方法。他们认为制度是影响一个社会经济增长（绩效）的决定性因素。因为制度的建立可以对产权提供良好的保护，从而减少个人对于未来不确定性的预期和机会主义行为发生的可能性，进而引起整个社会经济系统运行模式和运行绩效的改变。因此，判定一项制度是否有效，主要就是看其能否对产权提供有效的保护从而促进整个社会经济的增长。诺思用该理论解释了近两个世纪以来西方世界的工业化进程以及美国经济增长的原因，并得出了令人信服的研究结果。诺思的这一方法得到了学术界的广泛认同，自此，社会制度变迁与经济绩效之间关系的研究就成了世界各国学者研究制度变迁问题的标准范式，而经济绩效也成了衡量一项制度变迁是否成功的基本指标。

本书认为这两种制度变迁绩效的评价方法均存在一定程度的缺陷。诚然，制度的产生和变迁的确会影响到一个社会（组织）的交易成本，然而交易成本就像物理世界中的摩擦力一样，并非越小越好，有些交易成本的发生是有益的，甚至是必须的。例如，一个企业建立的实物资产定期盘存、清查制度，毫无疑问会增加其运行成本，但这种交易成本的增加对企业整体的运行来说却是有益的，也是不可或缺的。此外，交易成本的含义与构成在学术界还存在着较大的争议，缺乏科学、准确的计量方法。因此，仅仅用交易成本的降低来衡量制度运行与变迁的绩效显然是不够全面或合理的。而诺思所研究的制度及制度变迁的绩效，主要针对的是一个社会（国家）的产权制度。产权制度虽然是一个国家的核心制度，但远非整个社会制度体系的全部。而社会制度设计的目的也绝不仅仅是为了实现经济增长和经济效益的提高。例如，在整个国家制度体系中不可或缺的文化教育制度、社会保障制度、国防安全制度等，这些制度创立的初衷是为了提高公民的素质，或是为了保护国家的安全，促进社会的公平与正义。因此，对于其绩效的评价就必须更多地考虑其社会效益而非经济效益。其次，影响一个社会（国家）经济绩效的因素是非常复杂的，技术进步就是一个极为关键的因素。新制度经济学家批判古典经济学在研究经济增长时忽略了制度因素，但不考虑技术进步对经济增长的巨大贡献，把制度变迁看成是经济增长的唯一动因，用经济绩效（例如 GDP 的增长）来衡量一项制度变迁效率，显然也是片面和不科学的。

整个社会（国家）制度体系与层次安排是极其复杂的，但所有的制度设计者在创新一项制度或发起一项制度变迁时一定会有其想要达到目标，这也是制度变迁的动因之所在。盲目的制度变迁不仅很少发生，也是很难成功的，因此制度变迁是否实现了预期目标应当是制度设计者最关心的，也是一项制度创立和变迁的核心意义之所在。因此，我们提出用制度设计（变迁）的目标是否实现或实现程度作为制度变迁绩效的衡量指标，这不仅在逻辑上是合理的，而且在现实世界中也具有较强的可操作性。它不仅可以用于宏观的经济或产权等制度变迁绩效的评价，也可以用于各类微观的制度设计（变迁）绩效的评价，不仅可以用于客观的经济效益评价，也可以用于各种难以量化的社会效益的评价。

本书所要研究的我国注册会计师审计相关制度的建立与变迁，就涉及不同的目标。改革开放之初，国家恢复重建注册会计师审计制度的主要目的是引进外资，促进社会经济的发展；而20世纪90年代中期的“脱钩改制”则是为了转换政府职能，提高会计师事务所的独立性与审计质量；进入21世纪以后，为了进一步提高审计质量，防止审计失败的发生，以财政部为代表的政府相关部门先后发起了多次重大的制度变迁，如实施签字会计师轮换制度、颁布风险导向审计准则、强化注册会计师法律责任制度、对审计收费进行管制等。因此，本书在研究我国注册会计师审计制度变迁时，将会使用不同的指标（例如，审计质量、审计效率、事务所的经营业绩、审计市场的规模与结构、审计报告对投资者的决策有用性等），对相关制度变迁事件的绩效进行衡量与评价。

| 第 3 章 |

注册会计师审计发展的历史演进：一个简单的回顾

3.1 注册会计师审计在西方国家的发展路径回顾

3.1.1 注册会计师审计在英国的诞生与兴起

注册会计师审计也称为民间审计或独立审计，它是商品经济发展到一定阶段，伴随着股份有限公司这一企业组织形式的产生而逐渐发展成熟起来的。一般认为，注册会计师审计正式诞生于资本主义工业革命时期的英国，而其萌芽则可以追溯到 16 世纪的意大利。

16 世纪中后期，欧洲地中海沿岸城市的商品贸易得到了迅速发展，那些精明的商人们通过创办各种企业来从事商业贸易活动。当时的企业组织形式大致可以分为两种类型：一种是以佛罗伦萨为代表的由多个出资人组成的合伙企业，另一种则是以威尼斯为代表的家庭合伙企业。出资的合伙人为了逃避当时教会法中有关货币不能生息的规定，便将他们的资金委托给海外合伙人来直接经营管理。而出资合伙人只分享合伙利润，并对合伙企业的全部债务承担连带赔偿责任，海外合伙人同样可以分享利润，但只须在出资额范围内对企业债务承担责任。由于企业财产的所有权和经营权出现分离，就使得对经营管理者进行监督成为必要。合伙企业诞生之初，主要是由所有者自己来承担这项工作。但随着企业规模的扩大以及经营业务的日趋复杂，所有者由于知识和能力的局限性，便只能委托专业的会计工作者来承担这项工作。

当时意大利的威尼斯、热那亚、佛罗伦萨等城市就出现了一批专门从事此类工作的会计师，这可以看成是最早的注册会计师审计的萌芽。

1581 年，意大利政府通过一项法律，正式批准建立威尼斯会计师协会（Collegio Dei Rexonati），从而开启了民间审计组织的先河。协会对入会者的资格审查非常严格。要求申请者从事相关的会计、审计工作 6 年以上，入会前还必须通过由 45 名主考人（其中包括 30 名会计人员）所组成的考试委员会对他们进行的面试。由于严格的入会及后期管理制度，使得协会会员获得了较高的声誉，威尼斯会计师协会也成为当时意大利最具权威性的民间审计组织，对早期民间审计事业的发展起到了巨大的推动作用。

真正意义上的注册会计师审计是伴随着英国产业革命的兴起而逐渐发展起来的。产业革命的兴起推动了资本主义商品经济的发展，在欧洲大陆出现了一批以发行股票筹集资金的股份公司。股份公司这一新兴企业组织形式的最大特点就是公司的所有权与经营权相分离，即由公司股东委托职业经理人来管理公司的相关业务。由于信息不对称以及委托人（股东）和代理人（职业经理人）之间的利益不一致所导致的代理冲突问题就成了股份公司健康发展的重大隐患。为了缓解代理冲突，降低代理成本①，现代意义上的注册会计师审计制度应运而生。

而发生在英国的“南海公司事件”可以说是注册会计师审计发展史上一个重要的里程碑。南海公司创建于 1710 年，是一家专门从事海外贸易活动的公司，后来因为认购了陷入财务困境的英国政府 1000 万英镑的债券，而获得了贩卖非洲黑奴到美洲的垄断经营权。公司管理者利用这一契机，提出多个令投资者热血沸腾的商业计划②。公司的股价也一路扶摇直上，从最初的 120 英镑飙升至 1020 英镑。但好景不长，1720 年，公司宣布破产倒闭，广大投资者血本无归。迫于社会舆论的压力，英国议会组织了一个 13 人的特别委员会来调查南海公司破产事件。特别委员会聘请了精通会计实务的查

① 关于委托人与代理人之间代理冲突以及代理成本等问题，由于篇幅原因，本书在这里不作进行一步的阐述，详见 Jensen 和 Meckling（1976）的文献。

② 根据英国史学有 T. G. Willianms（1989）描述：共有 11 种渔业计划；10 个保险计划；2 个汇兑公司；4 个盐业公司；2 个糖业公司；12 个美洲殖民或贸易公司；2 个建筑公司；18 个土地公司；6 个油脂公司；4 个河港公司；4 个专门供应伦敦煤炭、牲畜、饲料和铺路公司；6 个麻业公司；5 个丝绵工业公司；11 个蚕桑公司；215 个矿业公司；还有 60 多个莫名其妙的企业。

尔斯·斯内尔（Charles Snell）对南海公司的账目进行审计。查尔斯·斯内尔审计后发现公司的会计记录严重失实，存在明显的蓄意篡改数据的舞弊行为，并首次以“会计师”的名义发布了“查账报告书”，因此查尔斯·斯内尔也成为公认的世界第一个真正意义上注册会计师。根据查尔斯·斯内尔的报告，英国议会没收了南海公司全部董事的个人财产，还将一位负有直接责任的经理逮捕，关进了伦敦塔。

为了防止此类事件的再次发生，1720 年 6 月，英国政府颁布了《泡沫公司取缔法》，对股份公司的设立、经营等行为进行了严格的限制，并取缔了一大批类似的股份有限公司。这显然是一种因噎废食的做法。股份公司作为一种先进的企业组织形式，它可以在较短的时间内集中起大量的资本，满足企业规模化发展对于资金的迫切需求。这对于当时正在经历第一次工业革命的英国来说显然是非常重要的。政府要做的是如何设计出一套科学的治理机制来保护股东和债权人的利益不受侵害，维护资本市场的繁荣稳定。经过长时间的讨论与酝酿，英国议会于 1825 年废除施行了近一个世纪的《泡沫公司取缔法》，允许可以通过国王授权来设立股份公司。与此同时，为了防止股份公司发展失去控制，保护广大投资者的利益，1844 年，英国政府又通过了《股份公司注册、设立和管制法案》（*Joint-stock Companies Registration, Incorporation and Regulation Act*）（以下简称《股份公司法》，法案明确规定：股份公司必须设立监事，负责审查公司账目。当时的监事主要由股东担任，但这些股东大多并不了解公司会计业务的处理方法，难以对内部董事和职业经理人形成有效的监督，所以英国议会在 1 年之后又对《股份公司法》进行了修订：即允许监事用公司的经费聘请专业会计师协助进行查账工作，监事和会计师应定期根据查账结果，编制报告书。

这些法案的颁布使得当时的英国对于会计师的需求急剧增加。以英国伦敦为例，在《股份公司法》通过之前的 1840 年，当地仅有会计师 107 人，到了 1900 年，会计师人数达到了 1118 人，是之前的 10 倍①，这也是整个英国注册会计师队伍不断壮大的一个缩影。然而，在这个队伍中，人员的素质和能力却是良莠不齐的，大量缺乏经验、专业水平低的新手混杂其中，使会

① 文硕．世界审计史［M］．中国审计出版社，1990.

计师的声誉大受影响。以至于当时一位著名的律师曾经说道："会计师似乎就是这样一种人，他们甚至不会算账。"而单个会计师要想树立起专业权威的职业形象，显然是一件非常困难的事。为此，业界的精英人士决定联合起来，成立职业协会。他们希望通过协会组织的专业认证与考核，来提高社会公众对于会计师群体的认可与信赖。这一想法最早在苏格兰得到实现。1853年1月，会计师 Alexander Weir Robertson 与他的14位职业同行经过商量，决定成立"爱丁堡会计师协会"。协会由普通会员和荣誉会员组成，普通会员主要是在爱丁堡执业的会计师，荣誉会员可以是曾经从事过民间审计工作的会计师，也可以是人寿保险公司的经理或法院的工作人员。协会制定了严格的章程和规则，其中第六条规定："接纳新会员入会必须由两名会员推荐，再通过全会、年会或者特别会议的无记名投票，通过票数应达到与会者的四分之三才允许入会"，以保证会员资质的合格性。1854年10月，爱丁堡会计师协会被英国女王授予皇家执照，这也是世界上第一个职业会计师的专业团体。此后，格拉斯哥会计师和保险统计师协会、阿丁堡会计师协会也相继获得了英国皇家颁发的执照。1951年，这三大会计师协会正式合并，成立了苏格兰特许会计师协会。

作为当时民间审计发展中心的英格兰，自然也不甘落后。经过周密的筹备与申请，1880年5月，英格兰·威尔士特许会计师协会正式成立，由当时会计职业界著名的活动家 William Turquand 担任主席。协会自成立伊始，便着手制定协会章程。章程旨在保证协会会员具备较高的专业能力和职业道德水平。1882年3月，协会章程获得了英国议会枢密院的批准与认可。根据章程规定，除了那些执业经验丰富，并已在业界享有一定名望的会计师可以免试入会外，其他新会员的入会均需要通过三次极为严格的考核。据说有一个考生连续考了13次都未能通过。这三次考核的科目分别是：

第一次考试：

必考科目：书写短小的英语作文，算术，代数，欧几里得几何学，地理，英国史，初级拉丁语。

选考科目（任选二个）：拉丁语，希腊语，法语，德语，物理，化学，动物生理学，电气学，磁学，地质学，高等数学。

第二次考试：簿记，会计学，审计学，合伙会计与遗产管理会计，受托管理者的权力和义务，清算和破产财务管理。

第三次考试：

除对第二次考试中的各科目进行面试提问外，还要加试的科目有：破产法原理，股份公司商业实务，仲裁与判决①。

此外，章程还制定了高额的入会费标准，禁止协会会员通过广告招揽业务，也不得支付佣金。对于违反章程的会员，则必须及时地清除出会。

经过数年的发展，在英国逐渐形成了一个较为完整的注册会计师审计组织体系。这个体系对于保证股份公司以及资本市场的健康发展起到了极为重要的作用。与此同时，它也树立了会计师公正、权威的职业形象，为后来注册会计师行业在全世界范围内的发展与繁荣奠定了良好的基础。

3.1.2　注册会计师审计在美国的嬗变与繁荣

南北战争结束后，英国巨额资本流入美国，使美国的经济得到迅速发展。为了保护本国投资者和债权人的利益，英国职业会计师远涉重洋来到美国，开展相关审计业务。与此同时，美国本土也很快形成了一支高质量的民间审计师队伍。1886 年，英国著名会计师埃德温·格斯里接受美国会计师约翰·海因斯的邀请，来到费城，就组建会计师协会一事与美国同行进行了协商。一开始，协会也准备采用与英国一致的“特许会计师协会（Charterd Accountants' Institute)”的名字，但遭到了格里斯的反对。因为这将会与在美国执业的英国“特许会计师”产生混淆，而在当时，英国的特许会计师被认为在专业能力和执业经验方面均强于美国的会计师。1886 年 12 月 23 日，美国第一个会计师职业组织——美国公共会计师协会（The American Association of Public Accountant，AAPA）成立，并获得了纽约州法律的正式承认。协会共有会员 45 名，其中纽约州 37 名；马萨诸塞州 3 名；加利福尼亚州 2 名；佐治亚、伊利诺斯和相新泽西州各 1 名。

1896 年 4 月，纽约州立法机构通过了美国历史上第一部注册会计师法案：《管理公共会计师职业的法案》（*An Act to Regulate the Profession of Public*

① 文硕．世界审计史［M］．北京：中国审计出版社，1990.

Accountants），这是美国民间审计发展历史上一个非常重要的里程碑，法案共分为三大部分，主要内容如下：

第一部分：任何美国公民，或者正式宣告准备成为美国公民的人，在纽约州居留或者定期来纽约处理经济业务的人，年龄在 21 周岁以上者，品行良好，并通过协会组织的考试者，可以被授予注册会计师（Certified Public Accountant-CPA）称谓①，不允许任何人冒用此称谓，或者冒用缩写字 CPA，或者任何单词、字母或图形，以表明使用同样符号的人就是注册会计师。

第二部分：法案任命了一个三人组成的考试委员会。考试委员会应根据法案相关规定制定考试规则，对申请注册会计师资格的人进行考试（该委员会成员在 1897 年以后由协会注册会计师选举产生）。

第三部分：协会有权决定免试授予注册会计师资格证书，但这些人应在本法通过之前作为公共会计师执业一年以上，并在银行开户，在本法通过以后一年内，可以书面形式申请注册会计师资格证书。

此后，美国各州相继通过法案，并采用了类似的考试制度，从而大大提高了注册会计师的专业素质和执业能力。但由于各州的法案条款内容各不相同，考试课程和标准也存在差异，建立全国统一的注册会计师组织和制度的呼声日益高涨。1902 年 10 月，在职业界数十位颇具影响力的会计师的倡导下，美国公共会计师协会联合会（The Federation of Societies of Public Accountants in the United States）正式成立，并在华盛顿召开了第一次会议。会议通过了联合会的章程，确立了组织机构，选举了协会的主要负责人。这些负责人包括：联合会主席查尔斯·哈斯金斯、秘书长乔治·威尔金森、财务干事罗伯特·蒙哥马利。协会的宗旨是：协助各州的会计师协会加强联系；鼓励并协助尚未成立组织的各州尽快建立公共会计师协会；制定统一的注册会计师法案；确保联合会在会计职业界得到认可；促进并帮助协会对年轻会员进行培训；在全美建立统一的执业标准；增进公共会计师的总体利益。1916 年，联合会更名为美国会计师协会（American Institute of Accountants，AIA），是当今世界最具权威性的会计职业团体——美国注册会计会计师协会（American Institute of Certified Public Accountants，AICPA）的前身。

---

① 这是“注册会计师”作为一个有确切法律含义的称谓在历史上第一次出现。

注册会计师审计在美国的嬗变，主要体现在审计方法、技术的改良与革新。早期的英国审计师所采用的审计技术，是一种详细审计（Detaied Audit）。它是以经济业务为基础，通过逐笔审查会计凭证、账簿以及报告记录，来发现其中的错误与舞弊。20 世纪早期的美国，全国性的资本市场并不发达，企业融资主要是通过银行进行短期贷款。银行为了维护自身利益，纷纷要求注册会计师对申请贷款企业的资产负债表进行独立的验证与审查，评估企业的偿债能力。因此，以评价企业偿债能力为主要目标的资产负债表审计（Balance Sheet Audits）在美国逐渐发展起来，后来又被称为美式审计。著名会计学家 A. C. 利特尔顿教授在谈到资产负债表审计在美国的发展时指出：

随着时间的推移，审计师们日益认识到以前他们在核查加总数和过账程序等方面所作出的努力往往得不偿失，决定将主要精力集中在下列两种分析性审查上：一是资产负债表关键账户的审查；二是对那些比簿记员具有更大权力的高层人士进行弄虚作假可能性的审查。这两种审查同样可以很好地满足银行的需要，即对借款人的资产负债表进行独立的验证，以便作出信贷决策。为了信贷目的而进行的资产负债表审计就是这些环境因素综合作用的结果①。

为了指导实务工作，应联邦贸易委员会的要求，美国会计师协会起草了《资产负债表审计备忘录》，并于 1917 年 4 月正式公布，后更名为《经批准的资产负债表编制方法》（以下简称《编制办法》）。这份文件可以说是独立审计准则的萌芽，它针对资产负债表的不同项目规定了详细的审计程序，但同时指出这些程序主要适用于中小型企业的审计。在大型企业中，由于经济业务数量巨大，对会计凭证和账簿的详细检查几乎不可能，因此需要借助内部核对（Inter Check，内部控制的前身）进行抽查测试。这些审计方法和程序的运用使注册会计师的审计效率得到了很大提高。

20 世纪 20 年代以后，随着美国资本市场的发育成熟，证券交易的业务量和规模有了巨大的发展。以评价企业偿债能力为目标的资产负债表审计已

---

① A. C. 利特尔顿．会计理论结构［M］．林志国，黄世忠，谢琳琳，等，译．北京：中国商业出版社，1989.

无法满足广大投资者的需要，注册会计师审计因此进入了一个新的阶段，即以评价企业偿债能力、盈利能力、营运能力等综合能力的财务报表审计时代。

1929 年 10 月 21 日，纽约股市暴跌，并引发了全世界范围内的经济大萧条，大量企业破产倒闭，工人失业，无数的投资者血本无归，整个社会陷入极度的困窘。危机过后，人们对导致这次经济危机的原因进行了深刻的反思，原因诚然是多方面的，然而，企业财务信息严重失实，投资者无法了解企业真实的财务状况和经营成果，无疑是一个非常重要的原因。亡羊补牢，为了恢复投资者对资本市场的信心，美国国会分别于 1933 年、1934 年通过了《证券法》（*Securities Act*）和《证券交易法》（*Securities Exchange Act*）。根据法案规定，在美国证券交易所上市及交易的所有企业，其会计报表都必须按照统一的标准（会计准则）编制，经由注册会计师审计后，向社会公布。更为重要的是，这两部法案还对注册会计师提供虚假证明文件应当承担的法律责任及追究方式进行了前所未有的严格规定①。这也标志着注册会计师审计从自愿审计进入强制性的法定审计时代。

由于美国国会以立法的形式要求企业的会计报表必须按照统一的会计准则进行编制，客观上使注册会计师的审计工作也逐步进入了规范化与标准化的轨道。在政府部门和相关职业团体的大力推动下，理论界掀起了对于会计准则以及独立审计准则的研究热潮。1947 年，美国注册会计师协会（AICPA）下属的审计准则委员会（ASB）发布了《审计准则暂行公告》。公告提出了注册会计师在审计过程中应遵循的 9 条基本准则（1954 年修订时又增加了一条），包括：一般准则 3 条，外勤工作准则 3 条，报告准则 4 条。这些标准一直沿用至今，构成了美国独立审计准则体系的第一层次。此后所颁布的审计准则公告（SAS）均是对这些基本准则的解释和具体应用。1948 年 9 月，《审计准则公告》在美国会计师年会上被正式通过，成为世界上第一部正式的独立审计准则公告。这一时期的审计工作由于有了理论支持与准则指导，审计质量显著提高，注册会计师的信誉得到了社会公众的广泛认可。因此，这一阶段也被称为民间审计在美国发展的黄金阶段。

---

① 关于注册会计师法律责任的问题，在本书第 5 章还有详细介绍。

第二次世界大战后，全世界进入了一个相对平稳的发展时期。以美国为代表的经济发达国家通过各种手段推动本国企业开拓海外市场，跨国公司得到空前发展。为了服务于设在不同国家和地区的跨国公司，会计师事务所也纷纷在海外开设分支机构，从而形成了规模巨大的国际会计师事务所。这些国际会计师事务所虽然机构庞大，人员众多，但由于执行了统一而严格的工作程序和质量标准，从而保证了审计工作的质量不受影响。它们不但为跨国公司提供服务，也为当地的企业服务，对战后世界经济的繁荣起到了很大的推动和促进作用。由于跨国公司规模庞大，业务复杂，传统的以账项为基础的详细审计模式根本无法应对，而以抽样统计和内部控制为基础的制度导向审计模式（System-Oriented Audit Approach）在实践得到广泛运用。在这一阶段，注册会计师的业务范围也得到了很大的扩展，即从传统的审计鉴证业务逐步扩展到纳税筹划、代理记账、管理咨询等非鉴证业务。

20 世纪 70 年代以后，美国经济陷入长时间的“滞胀”，企业破产倒闭现象严重，而注册会计师行业的发展也遇到了前所未有的危机与挑战，那就是针对注册会计师的法律诉讼案件数量急剧增加，以至于这一时期被称“诉讼爆炸”时代。这些案件的产生，有些的确是因为注册会计师的专业能力或独立性不强所造成的审计失败，但有些案件完全是因为企业经营失败导致的破产，承担会计报表审计工作的注册会计师即便不存在“故意”或“过失”行为，也往往被破产企业的债权人告上法庭，要求承担连带赔偿责任。法官在判决时，也倾向于认定注册会计师应当承担相应的法律责任，而且事务所的规模与经济实力越强，被判承担的赔偿责任也会越大，这就是所谓的“深口袋”理论。为了降低法律诉讼风险，缓解经济压力，原五大会计师事务（即安达信、德勤、普华永道、安永、毕马威）不约而同地开始致力于研究一种新的审计模式——风险导向审计（Risk-Oriented Audit Approach）。

在事务所理论研究与实践运用的基础上，美国注册会计师协会（AIC-PA）发布了《审计准则第 47 号——审计业务中的审计风险的重要性》，提出了一个后来被理论界与实务界广泛认可的审计风险模型：审计风险 = 固有风险 × 控制风险 × 检查风险。根据该风险模型，注册会计师可以通过对被审计单位固有风险和控制风险的评估，确定相应的检查风险水平以及实质性测试的性质、时间和范围，从而将总体的审计风险控制在可接受的水平。这种审计模式的运用对于会计师事务所预防并减少审计失败的发生起到了非常重要的作用。

进入21世纪以来，以美国安然、世通、施乐等公司为代表的一系列财务报告舞弊案件的发生，引发了人们对于注册会计师审计质量的强烈不满，而传统风险导向审计模式的科学性也受到了质疑①。为此，国际审计和保证准则委员会（IAASB）对现行的审计准则进行了一系列重大修订，并提出了新的审计风险模型：审计风险 = 重大错报风险 × 检查风险，它要求注册会计师应充分评估被审计单位可能存在的重大错报风险，确定科学的审计程序和方法。这种审计方法被业界人士称为经营（战略）风险导向审计（Business Risk Approach to Auditing）。该审计模式具有以下特点：一是注重对被审计单位发展战略与持续经营能力的评估，从宏观上把握审计工作所面临的风险；二是注重运用分析性程序，以识别财务报表中可能存在的重大错报风险；三是在评价企业内部控制为有效的情况下，减少对于接近预期值的账户余额的实质测试程序；四是扩大了审计证据的内涵（陈毓圭，2004）。这使注册会计师可以将主要精力集中在与财务报表重大错报风险相关的领域，不仅提高了发现错误与舞弊的概率，也大大提高了审计工作的效率，可以说是“安然事件”后，注册会计师审计发展的又一次涅槃重生。

3.1.3 注册会计师审计在西方其他国家的发展与变迁

在注册会计师审计发展的历史长河中，英国和美国无疑是其中的两大中流砥柱，而德国、日本、加拿大等其他一些国家也作出了非常重要的贡献，以下将分别对其进行一个简要的介绍。

3.1.3.1 注册会计师审计在德国的发展变迁

19世纪70年代，德国工业得到了迅速的发展，这主要得益于以下两大因素的推动：一是手工业者和普通劳动者所创办的各种形式的合作组织，二是所有权和经营权相分离的股份有限公司的大量涌现。为了保护股东与合作

---

① 因为安达信在审计安然公司时，采用的就是风险导向审计。

社成员的利益，德国政府借鉴英国的《公司法》的相关做法，制定了《股份公司第一次修正法》，要求在公司内部设立监事会，监事会不仅要负责监督董事的业务执行情况，同时还负责公司决算文件和利润分配方案的审计。由于大多数的监事对财会知识并不熟悉，不得不委托专业的会计人员来进行审计。以此为契机，德国出现了一批专门从事公司账簿审计的审计人员。1788 年，汉堡商会制定了经宣誓才能担任账簿审计人员的制度，并在德国全国范围内得到推广。当时的德国法院在处理破产案件时，通常也委托账簿审计人员负责审查破产公司的会计记录。

在早期的德国，负责企业相关业务审计的除了上述的账簿审计人员以外，还有信托公司，这也是德国民间审计制度的重要特征。1890 年，德国国家银行（Reichs Bank）创办了德国信托公司（Deutsche Treuhandgesell-schaft），以管理银行对外投资事务。为了保证银行的利益不受损害，信托公司雇用了一大批会计人员，负责对客户的信用进行调查，同时也对企业的经营管理活动进行指导与审计。

20 世纪 30 年代，德国经历了股份公司破产倒闭潮。最大的保险公司——法兰克福·阿尔格梅纳公司、达姆施塔特国民银行先后宣布破产，严重影响了当时德国社会的经济发展。为了加强对股份公司的监管，1931 年 9 月，德国联邦政府颁布了著名的《关于股票法、银行审计和租税减免的紧急命令》，明确规定大型股份公司、银行和保险公司应由经济审计师进行年度审计。经济审计师由股东大会选举产生，负责审查公司的年度资产负债表、损益表和营业报告书，审计报告同时报送董事会和监事会，再由监事会综合经济审计师及其自身的审计结论，以书面形式提交给股东大会。这一法案开启了经济审计师强制审计的新时代。为了配合该法案的实施，德国联邦政府还与各州政府通过协商，共同制定了经济审计师的任职资格条件和执业工作细则。这就是德国民间审计史上有名的“州际协定”。当时的著名学者 R. 路德维齐曾这样描述这一制度变迁：

最近的（破产）事件反映了对股份公司会计制度进行监督和详细审计的必要性。正规的财务审计可以保证股份公司制度的健全性和安全性。从股份公司的数量乃是国家资本的重要储藏库这一角度看，实行这种制度是非常必要的。所以，诚实的审计无论是对公司和债权者的利益，还是与全体国民经济的利益，都是一致的[1]。

第二次世界大战以后，德国作为战败国，国内的经济形势一度陷入困境。为了恢复国民经济，保证企业能够顺利地筹集到发展所需要的巨额资金，政府决定对《股票法》进行修订，以重建股票市场。修订后的股票法强化了股东的地位以及对于少数股东权益的保护；改善了股东收集信息的方法；扩大了经济审计师对公司的审计权限。为了配合股票法的实施，联邦政府还制定了《关于经济审计师职务规则的法律》《经济审计师和宣誓账簿审计人的业务指南》等法律规范，对经济审计师的业务范围、执业规则、权限义务以及违反规定应受到的处罚等方面进行了详细的规范。1970 年，经济审计师协会根据其在第二次世界大战以后所发布的专业意见书，颁布了《审计决算中通常使用的审计实施原则》和《审计决算中通常的证明原则》等执业标准，从而使德国的民间审计制度趋于完善。

德国对于民间审计的贡献还体现在其严格的审计教育和考试制度。20 世纪 20 年代，莱比锡商业大学建立了世界上第一所审计学院（The Institute of Auditing），其学员只有在理论和实务考试中均达到合格，才能从事审计工作。1924 年，德国商会的最高机构——德国工商组织颁布了全国统一的审计师考试大纲。要获得经济审计师资格，必须同时满足以下条件：

① 具有大学学历，掌握管理学、经济学、法学、技术学以及农学等专业知识。

② 必须经过五年的培训，其中四年是在事务所从事审计工作。

③ 通过审计学、经济学、商法和税法四门科目的笔试和面试。

3.1.3.2　注册会计师审计在日本的发展变迁

日本的民间审计受德国和英国的影响颇深，也是起源于股份公司的监事制度。1881 年，德国著名学者赫尔曼·罗埃斯勒（Herman Roesler）受明治政府的委托，负责起草日本最早的商法草案。根据草案规定，公司应从股东中选举 3～5 名监事，监事任期 2 年，负责监督发起人和董事在处理业务时是否符合公司所制定的规则、条件及相关决议，检查公司会计记录是否存在差错。必要时，监事还有权召开股东大会。1890 年 4 月，该草案经太政官审

---

① 文硕．世界审计史［M］．北京：中国审计出版社，1990.

议通过并正式发布，从而确定了日本的监事审计制度。

商法公布后，日本的经济形势发生急剧变化。受世界经济危机以及其他一些国内因素的影响，日本公司纷纷破产倒闭，使投资者遭受了巨大的损失。一些有识之士认为应当改变由股东担任监事的制度，聘请股东以外的人担任监事，负责对公司的会计记录进行审计。而 20 世纪初著名的“日糖事件”无疑加速了这一制度变迁的程度。事件的经过是这样的：中日甲午战争之后，大日本制糖股份公司利用其在行业的垄断地位，贿赂政府官员，大肆通过会计舞弊手段进行偷税漏税。后来经调查发现，公司虚增会计利润 85 万元，偷税金额更是高达 350 万元。然而，公司董事长却声称其对事件的发生毫不知情，都是公司经理和部分董事串通所为。

事件发生后，社会公众对公司监事审计制度提出了强烈的质疑与批评，纷纷主张应当学习英国的做法，由注册会计师负责对公司会计记录进行独立审计。1908 年，日本农商务省顺应民意，发布了《注册会计师制度调查表》，对在日本实施英国模式的注册会计师审计制度的可行性进行了广泛的调查。1914 年，日本第一家民间审计机构——日本会计审计所正式成立。1921 年，日本会计师协会成立（后改名为日本计理师会）。然而，直到 1926 年 3 月，日本政府才正式颁布了《计理师法案》，同年 9 月，又颁布了《计理师施行令》，从而使得日本的民间审计制度正式得到了国家法律的认可。

第二次世界大战后，影响了日本经济数百年的财阀制度解体。为了重振日本经济，日本政府决定引进外资，并实施证券民主化。1950 年 3 月，政府颁布了修订后的证券交易法，规定所有上市公司的资产负债表、损益表及其他财务报表均必须接受与本企业无利害关系的注册会计师的审计鉴证。同年 7 月，经济安定本部的企业会计标准审议会又相继发布了“审计标准”和“审计实施准则”，为注册会计师从事审计工作提供了较为明确的技术指导。1951 年和 1953 年，通商产业省在借鉴美国民间审计技术的基础上，颁布了《企业内部控制》和《内部控制实施程序纲要》，改进了日本的注册会计师审计技术和方法。

20 世纪 60 年代，日本国内先后发生了多起注册会计师串通企业进行会计舞弊的案件，给正在蓬勃发展的民间审计事业以沉重打击。为了恢复社会公众对注册会计师的信任，政府部门对行业进行了大力整顿，并采取了一系列的措施：

第一，修订了证券交易法。规定注册会计师如果未能查出企业财务报表中存在的舞弊行为和记账错误，并给债权人、股东带来损失的，注册会计师应承担相应的赔偿责任。

第二，修订了注册会计师法。明确规定了对缺乏职业道德的注册会计师进行惩罚的措施。

第三，修订了审计实施准则、审计标准和审计报告准则。规定注册会计师可以发表“反对意见”和“保留意见”的审计报告。

第四，为了防止总公司利用子公司进行会计造假舞弊，规定注册会计师应采用合并报表审计制度。

3.1.3.3 注册会计师审计在加拿大的发展变迁

19 世纪 50 年代，经济危机席卷欧美大陆，加拿大也深陷其中。1864 年、1869 年和 1875 年，加拿大政府先后颁布了三部破产法，对破产企业的财产清算和分配事务进行规范。而从事破产清算工作的主要是债权人及其聘请的委托人，这些人在工作中得到锻炼，很快就成为熟悉企业会计业务处理以及审计工作的专业会计师。为了在全国范围内更好地开展工作，受英国会计师协会组织的影响，加拿大的职业会计师也开始酝酿成立自己的职业团体。1879 年 6 月 11 日，加拿大历史上第一个民间审计职业团体——蒙特利尔会计师协会（Montreal Association）正式成立。1 年之后，协会获得了魁北克立法部门授予的特许证明，后改名为魁北克特许会计师协会。协会规定了会计师的业务范围：①为各类企业设计会计核算制度；②修正企业不合理、低效率的会计方法；③资产管理；④审计业务。受其影响，加拿大各省的会计协会也相继成立，极大地促进了民间审计在当地的发展。

然而，这些地方协会普遍规模不大，由于不收会费，很难组织大型的集体活动，再加上各协会之间彼此独立，很少交流联系，尽管各协会都获得了地方政府的特许认可，但在整个社会的影响力仍然较小。因此，一些有识之士纷纷呼吁成立全国性的民间审计职业团体。1902 年 5 月 15 日，经联邦政府的特许认可，加拿大第一个全国性的会计师组织——加拿大特许会计师自治协会（DACA）正式成立，后改名为“加拿大会计师协会（CICA）”，由 12 家独立的会计师协会组成。协会成立后，一直致力于通过集体行动，实现以下目标：①帮助还没有建立民间审计组织的省份，尽快成立会计师组织；②协助各省协会建立统一的章程，采用统一的考试标准以及成员资格认定标准；③保护会员的利益，敦促各省协会之间相互提供优惠条件；④确保对影响会计师共同利益的事务采取一致行动，并以咨询人员的身份帮助各省协会的工作。

第二次世界大战以后，加拿大的民间审计事业得到了迅速的恢复与发展，它在借鉴英、美等国先进的审计制度和审计技术方法的基础上，又致力于探索适合其自身发展的道路，其成就主要体现以下几个方面：①

第一，对传统的学徒制度以及预考、中考、终考三步走的会员资格考试制度进行了大刀阔斧的改革，简化了考试程序。按新的考试制度，大学毕业并从事审计实务工作三年以上者，只需通过一次笔试即可申请成为学生会员。考试科目为财务会计、审计理论与实务、管理会计和税法，从而大大提高了考试合格率以及会员的数量。

第二，设立了专门的“审计标准委员会”，负责制定公认审计标准。加拿大特许会计师协会先后发布了《会计处理的变更》《国际审计标准》《审计报告的保存》《公认会计原则变更时审计人员的报告》《对其他审计人员的信任》和《EDP 系统审计》等审计标准和执业指南。

第三，进一步完善了证券交易审计制度。加拿大各省均设有证券交易所和特许会计师审计部门。凡是在这些交易所上市公司的财务报表，均必须接受特许会计师的审计，从而奠定了加拿大法定审计制度的基础。

3.2　注册会计师审计在中国的发展路径回顾

与西方民间审计的发展历史相比，我国民间审计出现的时间要晚很多。20 世纪初，我国民族资本主义工商业得到初步发展，股份公司的组织形式开始出现，独立审计作为一种降低股份公司代理成本的制度安排呼之欲出。但由于当时缺乏精通会计、审计理论和实务的本土会计师，最早在中国执业的

---

① 文硕．世界审计史［M］．北京：中国审计出版社，1990.

会计师都是外国在华会计公司的会计师。随着一批在西方国家接受了现代会计、审计教育的学者相继归国，他们开始呼吁倡导发展中国自己的独立审计事业。1918年6月，从日本学成回国的谢霖先生上书北洋政府财政部和农商部，要求在中国推行注册会计师审计制度。北洋政府很快就同意了这一建议，并委托谢霖代拟《会计师暂行章程》。同年9月，北洋政府农商部颁布了我国第一部注册会计师行业法规——《会计师暂行章程》。章程规定：凡是年满30岁以上的中国人、大学经济学科毕业（主修会计），在资本50万元以上的银行或企业从事会计工作5年以上，经政府农商部批准，即可授予会计师证书，准许从事会计相关业务的查核、整理、证明、鉴定等工作。谢霖先生因此也成为中国第一位执业会计师，并在北京创办了中国第一家会计师事务所——正则会计师事务所。

之后，北洋政府又先后颁布了《会计师注册章程》《会计师复验章程》《会计师章程》等法规，对会计师的执业范围、内容、程序等进行了明确规范。由于有了政府的支持，一批会计师事务所在中国大地上如雨后春笋般成立起来。其中，谢霖的正则会计师事务所、潘序伦的立信会计师事务所、奚玉书的公信会计师事务所以及徐永柞的徐永柞会计师事务所被誉为当时中国四大会计师事务所。1925年，在谢霖先生的倡导下，上海会计师公会成立，随后天津、武汉、广东、浙江、南京等地也相继成立了会计师公会。至此，我国注册会计师行业制度的各个组成部分：会计师法的颁布、会计师和会计师事务所的开业、会计师公会的成立均已齐备，会计师制度的构架已经形成（杨时展，1995）。

1927年4月，南京国民政府成立，公共会计师的工作改由政府财政部主管。财政部很快就对北洋政府批准的284名会计师进行了核验，并换发了证书，允许其继续执业。1929年，国民政府还对北洋政府时期颁布的《会计师章程》进行了修订，颁布了《会计师条例》，首次在法律上明确了公共会计师的地位，并对会计师的从业范围进行了明确规定：①各种工商行号或公司会计章程的编订、账簿组织和会计制度的设计；②查验各类账目，出具查账报告书或证明书；③设计工商行号或公司的内部组织构架及管理制度；④制定工商行号或公司的各种规章、合同、文件；⑤代办工商行号或公司的立案、登记、商标注册；⑥进行各种动产和不动产的评估；⑦工商行号或公司的改组、合并、解散、破产的清算；⑧调查各种证券的实质及行情。可以看到，当时的会计师所从事的工作是非常丰富而复杂的，这也在很大程度上凸显了会计师工作的重要性，提高了会计师的社会声誉和影响力。

1945 年，国民政府正式颁布了《会计师法》，这部法律全面、系统地规范了注册会计师执业所涉及的相关环节及内容，如会计师资格、业务范围、执业要求、会计师公会组织与管理、罚则等，对我国注册会计师行业的发展起到了巨大的推动和促进作用。截至 1949 年，中国拥有会计师事务所 200 余家，公共会计师及相关从业人员近 3000 人，注册会计师行业初具规模。

新中国成立以后，注册会计师在私营企业审计纳税、公私合营等国家重大经济活动中也曾发挥了非常积极的作用。然而，随着社会主义改造完成，由于政府采取了高度集中的计划经济模式，企业完全由国家（政府）经营，独立审计工作失去了生存的土壤，事务所纷纷停止经营，会计师及相关从业人员大部分被安排到政府机关、高校、企业等新的工作岗位。至此，新中国注册会计师审计事业进入了长时期的停滞状态。

改革开放以后，我国逐渐从计划经济体制过渡到市场经济体制，出现了合资、外资、个体私营等多种所有制经济形式及企业组织形式，股票、债券等资本市场也得到了快速发展，注册会计师审计行业也由此进入了全面的恢复与发展时期，其发展历程大致可以分为以下几个阶段。

（1）恢复与重建阶段（1980～1990 年）。

1978 年，党的十一届三中全会作出了改革开放的历史性决策。为了改善投资环境，充分吸引外国资本，同时也为了保护国家利益，我国政府开始酝酿恢复重建注册会计师审计制度。因为外资进入中国，与国内企业进行合资、合作经营时，其出资资产价值的评估、企业经营利润的计算、应纳税额的汇算清缴、外方所得利润的汇出等相关业务，如果仍交由我国政府部门来进行监督审计，对外方来说，显然有失公平。根据国际惯例，这些业务应当由独立的第三方专业机构承担。为了顺应这一趋势，1980 年 12 月 23 日，财政部发布了《关于成立会计顾问处的暂行规定》，对会计顾问处（即后来的会计师事务所）的性质、业务范围、任职人员条件以及收费方式等进行了具体规定。这一规定的颁布也标志着中断多年后的中国注册会计师审计制度正式恢复。

1981 年 1 月 1 日，上海会计师事务所宣告成立，成为改革开放后我国第一家由财政部批准设立的会计师事务所①，董事长由潘序伦先生担任。我国注册会计师审计制度恢复后，最初的服务对象以“三资”企业为主，主要负责这些企业的出资证明书、年度会计报表、外汇收支表等财税文书的审查验证工作。1986 年，国务院颁布了《关于深化企业改革、增强企业活力的若干规定》，要求国有企业转换经营机制，成为自主经营、自负盈亏、自我发展的独立经济实体。在这一政策的推动下，企业的合并、分立、撤销、清算等行为日益增加，而注册会计师的独立审计工作在保证这些行为的公平、公正方面，起到了十分积极的作用。

1986 年 7 月 3 日，国务院正式发布了新中国注册会计师行业首部行政性法规——《注册会计师条例》（以下简称《条例》）。《条例》共六章三十六条，对注册会计师行业管理体制、会计师事务所组织制度、市场准入制度、职业资格制度、执业规范、职业道德规范、收费制度以及监督与惩戒制度等进行了明确规范。《条例》规定财政部是我国注册会计师行业的主管部门，同时应建立注册会计师协会作为行业自律组织，并明确了注册会计师协会的职责和权限。1988 年 2 月 20 日，中国注册会计师协会（以下简称中注协）正式成立，之后不久，各省、自治区、直辖市注册会计师协会也相继成立，从而奠定了我国注册会计师行业由政府监管、行业自律的管理模式的雏形。

中注协自成立伊始，就设立了专业标准部，负责注册会计师执业标准的制定工作。1988 年 12 月 27 日，中注协发布了《注册会计师检查验证会计报表规则（试行）》，这是我国注册会计师审计制度恢复重建之后，颁布的第一个执业标准文件。文件共七章五十五条，内容包括通则、现场工作标准、报告标准三部分，为注册会计师从事审计工作，提供了执业标准与依据。

在这一时期，我国注册会计师行业得到了初步的发展。行业管理机构日趋健全，各项制度基本完备，行业发展初具规模。截至 1990 年底，中国的执业注册会计师人数约 3000 人，会计师事务约 250 家。需要指出的是，在

---

① 1980 年 9 月，甘肃省会计学会在兰州成立甘肃省会计师事务所公司，它的成立实际上是先于上海会计师事务所的，但由于不是财政部批准的，再加上地域等因素的影响，其影响力不如上海会计师事务所，以至于在后来的很多文献中都把上海会计师事务所称作是我国改革开放后成立的第一家会计师事务所。

这一时期，被允许从事审计鉴证业务的除了注册会计师外，还有注册审计师，当时中国有注册审计师7000余人，审计师事务所3000多家。

（2）法制化与规范化发展阶段（1991～2004年）。

进入20世纪90年代，我国资本市场得到迅速发展。上海与深圳券交易所分别于1990年11月和1991年6月成立，所颁布的《上海证券交易所管理办法》与《深圳股票交易所管理暂行办法》均明确规定上市公司财务报告必须由注册会计师进行审计并出具报告。这不仅拓展了注册会计师审计工作的业务范围，也对其执业素质和能力提出了更高的要求。早期注册会计师资格的获取，主要是由各地方财政部门进行考核评审的。由于缺乏统一的评价标准，取得资格人员的能力和素质良莠不齐，而且大多是一些企事业单位的财务负责人。这些人年龄普遍偏大，知识结构陈旧，并不具备从事独立审计业务的知识储备和业务能力。为了保证注册会计师本身的质量，1991年12月，中注协首次举办了注册会计师全国统一考试，为注册会计师行业的专业化、规范化发展奠定了坚实的人才基础。

1993年10月31日，全国人大八届四次会议通过了《中华人民共和国注册会计师法》（以下简称《注册会计师法》）。《注册会计师法》共七章四十六条，内容包括总则、考试和注册、业务范围和规则、会计师事务所、注册会计师协会、法律责任和附则。《注册会计师法》是从我国实际情况出发，并借鉴国际惯例而制定的。与此前颁布的《注册会计师条例》相比，不仅法律层次更高，权威性更强，在内容方面也更加科学、完备，为注册会计师行业的规范化发展奠定了的法制基础。

《注册会计师法》颁布后，中注协以实施了近5年的《注册会计师检查验证会计报表规则（试行）》为基础，对其实施效果进行了全面的评估与研究，正式着手制定注册会计师执业准则体系。1994～2003年，中注协先后制定并颁布了6批独立审计准则，包括1个准则序言、1个独立审计基本准则、28个独立审计具体准则、10个独立审计实务公告和5个执业规范指南。与此同时，中注协还制定了职业道德基本准则、质量控制基本准则和后续教育基本准则3个相关准则。这些准则的制定颁布标志着我国注册会计师执业准则体系基本形成，为注册会计师规范执业奠定了技术基础。

在这一时期，注册会计师行业发展也出现了不少问题，例如，政府部门多头管理、权责不分；事务所内部管理混乱，滥设分支机构；注册会计师罔顾职业道德，出具虚假的验资、审计报告，而这一切的集中体现就是震惊整个资本市场的“老三案”和“新三案”[①] 的相继爆发。为了规范注册会计师行业的管理，在国务院的多次协调下，1995 年 6 月，财政部、审计署联合发布了《关于中国注册会计师协会、中国注册审计师协会实行联合的有关问题的通知》，中国注册会计师协会和中国注册审计师协会实现联合，从而开创了统一法律规范、统一执业标准和统一监督管理的注册会计师行业发展的新局面。“两会”合并后，中注协开始着手进行全行业的清理整顿工作。经过一年多的清理整顿，共撤销、注销会计师事务所 520 家，撤销分支机构 1474 家，处罚事务所 1181 家，清理不合格的注册会计师 4871 名，处罚违规违纪的注册会计师 2748 名，有效地整顿了队伍，规范了发展秩序，为行业的健康发展和改革创新打下了基础（陈毓圭，2008）。

清理整顿只是治标，造成我国注册会计师审计质量不高、审计失败案件频发的更深层次原因则是事务所的产权制度和管理体制。我国注册会计师行业在恢复重建时，事务所基本都是由政府部门、企事业单位以及民间团体等出资设立的。几乎每家事务所之后都有一个挂靠单位，这个挂靠单位同时也是事务所的主管单位。这种中国特色的“挂靠”制度是特定历史条件的产物，在当时全社会还难以接受私有经济组织的情况下，挂靠单位对事务所人、财、物等方面的投入，使得从零基础起步的我国注册会计师行业迅速发展起来。然而，随着改革开放的日益深化，这种挂靠体制的弊端日益显现[②]。1998 年 4 月，财政部下发了《关于执行证券期货相关业务的会计师事务所与挂靠单位脱钩的通知》，首先拿自己开刀，以挂靠在各级财政部门的 105 家具有证券期货业务资格的事务所为突破口，启动了注册会计师行业的“脱钩改制”。1998 年 8 月，财政部又发布了《关于进一步加快会计师事务所及审计事务所体制改革的通知》，要求挂靠在地方政府与国务院各部委的事务所必须在 1998 年底前完成“脱钩改制”，其他事务所则必须在 1999 年底完成“脱钩改制”，否则将被取消执业资格。经过近两年的艰苦努力，截至 1999

① “老三案”是指深圳原野案件、北京长城机电案件和海南中水国际案件；“新三案”是指琼民源案件、成都红光案件和东方锅炉案件。关于这些案件，在本书第 4 章中有详细描述。

② 关于挂靠体制的弊端在本书第 4 章中将进行详细介绍。

年底，全行业6045家会计师事务所基本实现了与挂靠单位在“人事、财务、业务、名称”四个方面的彻底脱钩。会计师事务所的“脱钩改制”，彻底改变了我国注册会计师行业的责、权、利关系，为注册会计师独立、客观、公正执业奠定了体制基础。

进入21世纪之后，国内外相继爆发了以安然、世通、银广夏等为代表的一系列由于公司财务舞弊所导致的审计失败案件，广大投资者损失惨重，从而引发了社会各界对于注册会计师审计质量与职业道德信誉的严重不满，也对国际通行的注册会计师行业自律管理模式提出了质疑。为了恢复投资者对资本市场以及整个注册会计师行业的信心，美国国会于2002年7月通过了《萨班斯—奥克斯利法案》（*Sarbanes-Oxley Act*），法案要求美国证监会（SEC）立即成立上市公司会计监督委员会（PCAOB），以取代美国注册会计师协会（AICPA），承担起会计师事务所的注册权、日常监督权、调查和处罚权以及注册会计师执业准则的制定权等一系列重要的权限和职责。受此影响，2002年11月，财政部发布了《关于进一步加强注册会计师行业管理的意见》，明确规定由各级财政部门负责会计师事务所的审批注册、注册会计师执业准则的制定以及对违法会计师事务所和注册会计师进行处罚等关键的行政职能；而注册会计师协会则主要负责行业自律管理、维护注册会计师合法权益、提供专业技术支持和法律援助等方面的工作。至此，以政府监管为主，以行业自律为辅的我国注册会计师行业管理模式基本形成，行业发展全面进入法制化和规范化的轨道。

（3）国际化与规模化发展阶段（2005年至今）。

2004年12月，中注协召开了第四次会员代表大会，会议明确提出开放国内市场与进军国际市场并举的国际化发展思路：一是以培养国际化人才为重点，全面实施行业人才战略；二是以实现国际趋同为目标，深入推进准则国际趋同战略；三是以会计师事务所“走出去”为标志，大力推进做大做强战略。

2005年，中注协根据财政部作出的“关于大力完善我国注册会计师审计准则体系，加速实现与国际审计准则趋同”的指示，重新拟订了22项审计准则，并对已颁布的26项准则进行了修订与完善，新准则体系于2006年2月15日由财政部正式发布，自2007年1月1日起在所有会计师事务所施行。这套准则在考虑中国现实国情的前提下，基本实现了与国际审计准则的趋同。2006 年 12 月，中国内地与香港签订了注册会计师审计准则等效的联合声明。

2007 年初，国务院发布了《关于加快发展服务业的若干意见》，强调要提高服务行业的发展水平和质量，为中国企业走向世界搭建起更为有效的服务平台。根据中央的这一指示精神，中注协启动了注册会计师行业的做大做强和“走出去”战略。2007 年 6 月，中注协发布了《关于推动会计师事务所做大做强的意见》，提出用 5 ~ 10 年的时间，培育发展 100 家左右能够为大型企业和企业集团提供综合服务的事务所，在此基础上，培育发展 10 家左右能够服务中国企业“走出去”战略，提供跨国经营综合服务的国际化事务所，建立起我国会计师事务所良好的国际品牌声誉，更好地服务我国企业“走出去”战略。

2009 年初，为了应对美国次贷危机后审计环境的重大变化，保持与国际审计与鉴证准则的持续趋同，中注协又一次启动了审计准则的全面修订工作。此次准则修订共涉及 38 个准则项目。经过一年多的努力，历经两次公开征求意见，修订后的新审计准则于 2010 年 10 月 31 日获得通过，由财政部正式发布实施。同年 11 月，我国审计准则委员会与国际审计与鉴证准则理事会在吉隆坡发表联合声明，声明强调我国最新修订的独立审计准则已实现与国际审计准则的持续全面趋同。

作为中介组织，国外的会计师事务所基本上采取的都是合伙制经营，这一组织形式有利于强化注册会计师的风险意识与法律责任，从而树立起良好的品牌声誉。然而，在“脱钩改制”后，我国会计师事务所出于种种现实原因的考虑，大多选择了有限责任制这种组织形式。在有限责任制下，注册会计师及会计师事务所只须以其出资额为限来承担法律责任，这也是导致我国注册会计师风险意识淡薄、审计质量不高的一个重要原因。为推进事务所组织形式的转变，2010 年 7 月 21 日，财政部与国家工商行政管理总局联合发布了《关于推动大中型会计师事务所采用特殊普通合伙组织形式的暂行规定》，要求大型会计师事务所于 2010 年 12 月 31 日前转制为特殊普通合伙组织形式；鼓励中型会计师事务所于 2011 年 12 月 31 日前转制为特殊普通合伙组织形式。2012 年 1 月，财政部联合证监会出台了《关于会计师事务所从事证券期货相关业务有关问题的通知》，要求从事与证券期货相关业务的会计师事务所必须为合伙制或特殊普通合伙制。之前组织形式为有限责任制的事务所必须在 2013 年 12 月 31 日前完成改制，逾期未达到要求的，财政部和证监会将撤回其证券许可证。由于政策措施明确、执行力度大，这一次的改制工作进行的比较顺利。根据证监会 2014 年 3 月发布的公告，截至 2013 年 12 月 31 日，40 家具有证券期货业务资格的会计师事务所全部完成了组织形式的转制。这一次的改制工作有效地破解了事务所“做强做大”的体制障碍与组织形式瓶颈，为我国注册会计师行业的“规模化”发展战略奠定了坚实的组织基础。

2015 年初，国际审计与鉴证准则理事会发布了修订后的国际审计报告准则，新准则改革了沿用多年的标准审计报告模式，对审计报告所提供的信息进行了丰富与补充。为了顺应这一潮流趋势，2018 年 1 月 1 日，财政部颁布了新修订的审计报告准则。新准则的主要变化有：在审计报告中加入关键审计事项段，对注册会计师在审计工作中遇到的重难点问题进行解释说明；强调注册会计师在执业过程中应对企业持续经营等方面进行重点关注。通过以上对审计准则的多次不断修订，基本上保证了我国审计准则与国际审计准则的全面趋同，为注册会计师行业的“走出去”战略奠定了良好的基础。

春华秋实，经过近 40 年的努力，我国注册会计师行业的发展可谓是成果喜人。截至 2019 年 6 月 30 日，中注协共有团体会员（会计师事务所）9118 家，其中，具有证券期货业务资格的会计师事务所 40 家，获准从事 H 股上市公司审计业务的内地大型会计师事务所 11 家；个人会员（注册会计师）26 万多人，其中，执业会员 10483 人，非执业会员 153891 人，资深会员 2818 人，名誉会员 17 人，全行业从业人员接近 40 万人。服务对象包括我国 3000 余家上市公司在内的 420 多万家企业和行政事业单位。2018 年度全行业业务收入超过 700 亿元，连续多年保持两位数的增长水平。

| 第4章 |

会计师事务所“脱钩改制”的绩效研究

4.1 会计师事务所“脱钩改制”的动因与进程

4.1.1 会计师事务所“脱钩改制”的动因分析

1980年12月，财政部发布了《关于成立会计顾问处的暂行规定》，这标志着新中国注册会计师制度的恢复重建。受当时历史条件的限制，会计师事务所主要是由政府相关部门以及企事业单位发起成立的。例如，1981年成立的上海会计师事务所作为财政部批准设立的第一家事务所，就是由上海市财政局发起设立，并挂靠在财政局下面，成为其下属的一个事业单位。自此，我国会计师事务所如雨后春笋般地迅速发展起来，每个事务所身后基本都有一个挂靠单位（除了极少数的合伙制事务所外），包括审计、财政、税务、科研院校、民主党派、民间团体等各级各类政府机关，表4-1中列示的是截至1998年我国会计师事务所及其挂靠单位的基本情况。这种中国特色的“挂靠”制度是特定历史条件的产物，在当时整个社会还难以接受私有经济的情况下，挂靠单位对会计师事务所人、财、物等方面的投入，使得从零基础起步的我国注册会计师行业迅速发展起来，应该说是一种成本最低、速度最快的制度推进方式。与此同时，挂靠单位作为政府职能部门通常还能够给予事务所以行政及业务上的扶持，客观上也保护和推动了整个注册会计师行业的发展。

表 4-1　　　　会计师事务所挂靠单位情况（1998 年末）

挂靠单位	审计	财政	税务	国企	高校	民主党派	民间团体	党委政府	铁路	银行	军队武警
数量	1918	1079	154	119	97	54	52	46	44	37	27
占比（%）	46.4	26.1	3.7	2.9	2.3	1.3	1.6	1.1	1.1	0.9	0.7
挂靠单位	工青妇	电力	机械	公检法	教委	外经贸委	邮电	交通厅局	经贸委	轻纺局	农业局
数量	22	19	19	19	18	17	16	16	16	15	15
占比（%）	0.5	0.5	0.5	0.5	0.4	0.4	0.4	0.4	0.4	0.4	0.4
挂靠单位	建委	企管局	石油	粮食局	计委	卫生局	体改委	旅游局	人大政协	工商局	其他
数量	14	10	10	9	8	7	7	7	5	5	231
占比（%）	0.3	0.2	0.2	0.2	0.2	0.2	0.2	0.2	0.1	0.1	5.6

资料来源：中国注册会计师协会。

然而，随着国家经济体制改革的不断推进，注册会计师行业的规模及服务对象空前扩大，审计业务的性质也发生了根本变化，即由原来政府财政监督职能的外化发展为履行中介机构的鉴证职能（易琮，2002），“挂靠”制度的弊端逐渐显现出来，具体来说，主要体现在以下几个方面。

（1）会计师事务所独立性缺失，审计质量难以得到保证。审计质量是审计师发现并报告客户财务报表中存在重大错报的联合概率。其中，发现重大错报的概率取决于审计师的专业能力，而是否将已经发现的重大错报反映在审计意见中，则是由审计师的独立性所决定的（De Angelo，1981）。在挂靠体制下，事务所是挂靠单位下属的事业单位，事务所的资产归国家所有，事务所领导是国家机关公职人员，而并非事务所的所有者。事务所以区区几十万元的注册资本既缺乏承担法律责任的能力，而且作为准政府部门的事业单位，在当时的体制下，也无法追究其更大的经济责任。即便是发生了像“老三案”① 那样震惊全国的审计失败案件，除了当事的注册会计师被追究刑事责任外，事务所的领导安然无恙，继续回原单位任职，事务所虽然是被撤销

① 即 1992 ~ 1992 年资本市场中发生的三起震惊全国的注册会计师造假案件，即“深圳原野事件”“北京长城机电事件”和“海南中水国际事件”。

了，但被没收的财产仍交回给了挂靠单位。以至于当时的朱镕基总理都说中国没有注册会计师，其实说的就是注册会计师缺乏独立性，不能对其行为承担应有的法律责任。而独立性是社会中介机构的本质属性，缺乏独立性，就不能称其为“中介机构”，事务所也就失去了灵魂（丁平准，1996）。

（2）事务所连年亏损，自我积累基础被侵蚀，规模化发展受到严重制约。新制度经济学认为产权是保障一个主体储蓄与积累的决定性因素，与公有产权相比，私有产权更有利于形成资本的积累。在公有产权和挂靠体制下，事务所虽然经过了十几年的发展，但基本上没有什么积累。在事务所的支出中，有三分之一是用于上缴挂靠单位的管理费。与此同时，有些政府主管部门利用手中的权力向事务所收取业务介绍费以及回扣，要求事务所按照其业务收入比例与其分成，低的一般在30%～40%，高的竟达到85%（易琮，2002）。据中注协的不完全统计，从1996年1月至1997年9月，事务所支付的上述费用就总计达2.2亿元。再加上国内事务所收费普遍偏低，财务管理松弛，从而造成了事务所的连年亏损。即便有些事务所能够实现盈利，但利润的大部分也都被挂靠单位拿走了，进了“小金库”，用于发奖金、办福利，甚至进了个人腰包（丁平准，2001），而用于事务所扩大再生产所需要的资金，基本上已所剩无几了，事务所的规模化发展受到严重制约。根据中注协的统计数据，截至1997年12月，注册会计师在百人以上的事务所仅有10家，年收入在千万元以上的事务所为15家，年收入在3000万元以上的事务所仅两家。1997年，全行业6000多家事务所全年总收入仅为58.7亿元，亏损1.3亿元。虽然财政部和中注协也制定了相关的制度来规范事务所的开支，要求其加强积累，建立风险基金和共同基金，但效果并不理想。

（3）多头管理造成了审计市场的“垄断”与“分割”现象并存，事务所业务开展受限。如前所述，事务所是由不同的挂靠单位创办的，这些单位往往从自身经济利益的角度出发，利用其掌握的权力，或明或暗地要求相关企业必须到自己创立的事务所办理业务。例如，企业要进行工商年检或验资等业务，通常要到工商行政管理部门开办的事务所；而要办理纳税相关业务，则要到税务局开办的事务所；如果要办理资产评估业务，则更加复杂。如果是国有企业的话，通常要到审计署或国有资产管理部门开办的事务所，但涉及房屋、建筑物等不动产的评估，则要找土地管理部门开办的事务所。

在极端的情况下，一家国有企业在年终决算时，必须分别到工商、税务、财政以及审计署等四家机构开办的事务所进行相关业务的审计。为了进一步垄断其所管辖业务，挂靠单位还对注册会计师从事相关业务的资格进行了限制。例如，注册会计师如果要从事验资或资产评估业务，还必须取得注册资产评估师的资格；要从事纳税相关业务，则必须考取注册税务师的资格。当时有人统计过，注册会计师如果要从事全部的业务，则必须考取 13 种资格证书。在这种行政权力横行的社会环境下，本就发育不良的我国民间审计市场更显得僧多粥少，恶性竞争不可避免。因此，低价揽客、高额回扣、诋毁同行、满足客户不合理要求等行为就成为事务所获得业务的重要手段。

（4）事务所薪酬待遇偏低，难以吸引优秀的从业人员。在挂靠体制下，事务所领导通常是挂靠单位正式在编的公职人员，其工资收入一般取决于其行政级别，与事务所的经营业绩并无太大关系，即便有一些在职消费，但作为国家干部，仍然受到组织纪律的约束，不可能有太过火的行为。由于事务所领导的薪酬仍然走国家干部序列，而其他员工的工资虽然与其市场化的业绩挂钩，但也不可能太高。与当时已逐渐进入国内审计市场的国际会计师事务所人员的报酬相比，可以说是天壤之别。这种薪酬待遇的巨大差距造成了两个恶果：一是国内事务所审计收费定价严重偏低，根本无法补偿应有的审计成本和审计风险，从而使审计质量无法得到保证；二是事务所人才的大量流失，也难以吸引优秀的后备人才。而注册会计师自身业务水平和道德素质的低下也是造成当时国内事务所审计质量偏低的一个重要原因。

4.1.2　会计师事务所“脱钩改制”的历程回顾

尽管以上挂靠制度的弊端使会计师事务所的发展严重受限，但真正使政府相关部门认识到必须对这种体制进行彻底改革的应当是 1992 ~ 1992 年发生的三起震惊全国的注册会计师造假案件（也称为“老三案”），即“深圳原野事件”“北京长城机电事件”和“海南中水国际事件”。1992 年，挂靠于深圳市财务局的深圳经济特区会计师事务所不仅为原野股票的上市出具了虚假的验资报告，而且对该公司连续三年亏损的情况进行隐瞒，出具了盈利为 7400 万元的标准无保留意见的审计报告。案发后，由于涉案的注册会计师是国家正式职工，事务所是国有事业单位，因而在处罚上只能是草草了事，将事务所财产没收交回其挂靠单位——深圳市财政局。1993 年，北京长城机电公司非法集资 10 亿元，使广大投资者遭受严重损失，而挂靠在国家电子工业部的中诚会计师事务所为其出具的虚假验资报告无疑起到了重要的推波助澜作用。案发后，涉事的注册会计师虽然被追究刑事责任，但由于事务所产权归国家所有，对其处罚也只能是没收财产交回电子工业部。而在中国农业银行衡水支行 100 亿美元信用证诈骗案中，涉案的海南新华会计师事务所因为出具虚假验资报告而被撤销，注册会计师被追究刑事责任。

“老三案”发生后，学术界对事务所的产权及管理体制进行了强烈的质疑与批评，政府相关部门也逐渐意识到挂靠制度对于注册会计师独立性和审计质量的不利影响。1993 年 10 月，中共中央办公厅、国务院发布了《关于党政机关与所办经济实体脱钩的规定》，该文件明确规定县及县以上各级党政机关、公检法等部门均不得以部门名义向各类经济实体投资、入股，接受各类经济实体的挂靠；已经设立的机构，则必须在当年年底之前与原单位脱钩。然而，由于挂靠单位等既得利益集团的反对，再加上脱钩后事务所的产权性质等重大问题在法律上缺乏相应的依据，因而在这次全国性的经济实体脱钩行动中，会计师事务所的脱钩并没有得到真正的落实。同年，财政部发布了《关于整顿注册会计师业务和会计师事务所的通知》，在全国范围内开展了对注册会计师行业的大规模清理整顿，内容包括注册会计师资格、职业道德以及事务所的资格与执业质量等问题。这次整顿虽然提到了事务所与挂靠单位脱钩的问题，但并不是主要内容，而且在通知中还强化了挂靠单位对事务所的权利与责任，要求事务所必须有挂靠单位，事务所的负责人要由挂靠单位任命，从而使挂靠制度进一步合法化，事务所与挂靠单位之间的关系更紧密了。

“老三案”的阴影尚未完全消除，1997 ~ 1998 年中国资本市场上又相继爆发了影响更为恶劣的“新三案”，即“琼民源案件”“成都红光案件”和“东方锅炉案件”，使注册会计师行业陷入了前所未有的“信誉危机”。

琼民源作为最早在深交所异地上市的五家企业之一，经营业绩并不理想，1995 年的每股收益不足 0. 001 元，年报公布日（1996 年 4 月 30 日）的股价仅为 3. 65 元的股价，在资本市场上无人问津。1997 年，琼民源在其年报中虚列收入5.66亿元，虚构利润5.4亿元，虚增资本公积6.57亿元。而挂靠在财政部的中华会计师事务所（海南分所）为其出具了无保留意见的审计报告。虚假的年报及审计报告一经公布，公司的股价迅速飙升至26.18元。

成都红光的前身是四川国营红光电子管厂，为了获取上市资格，在其IPO的申报材料中，便采取虚构产品销售收入、虚增产品库存和违规账务处理等手段，将1996年度实际亏损10300万元，虚报为盈利5400万元。成都红光上市后，继续制造虚假利润，将1997年上半年亏损6500万元，虚构为盈利1674万元，虚增利润8174万元；在1997年的年度报告中，将实际亏损22952万元（相当于募集资金的55.9%）编造为亏损19800万元，少报亏损3152万元。而成都蜀都会计师事务所对红光公司这些明显的造假行为视而不见，仍为其出具了标准无保留意见的审计报告以及含有严重误导性内容的盈利预测审核意见书。

“东方锅炉案件”的性质则更为恶劣。当时的“西南第一所”——成都会计师事务所（1996年后更名为四川会计师事务所）在明知该公司1988～1990年并未发行股票的情况下，仍为其出具了虚假的验资报告，称“股金已分期分批进入中国工商银行自贡支行开设的账户。”验资报告所附的中国工商银行自贡支行的进账单、传票、记账凭证均系伪造。1995年，东方锅炉公司在申请股票上市过程中，为了表现良好的盈利状况，要求事务所将公司1992～1994年的利润调增1500万元。当事的注册会计师朱××、贺××在没对公司财务账表进行任何审计的情况下，将虚构的1500万元利润分期予以确认（其中1992年确认350万元，1993年确认800万元，1994年确认350万元），并出具了无保留意见的审计报告，在上市公告中进行披露。

“新三案”发生后，与“老三案”一样，相关的注册会计师和事务所虽然受到了罚款、停业、市场禁入等处罚，但相比投资者所受到的损失来说，显然是微不足道的。这些沉痛的教训使政府监管部门深刻意识到，挂靠制度下事务所缺乏独立性是导致注册会计师敢公然出具虚假审计报告的主要原因，而只有将事务所的产权明确交给注册会计师个人，才有可能让注册会计师真正成为其行为责任的主体，使注册会计师行业走上健康发展之路。

新一波的事务所“脱钩改制”运动在政府相关部门的推动下，再次起航。而深圳作为我国改革开放的前沿阵地，再次成为第一个“吃螃蟹”的人。1997 年 4 月，深圳市政府发布了《深圳市会计师事务所体制改革实施办法》。在这份实施办法中，明确提出了事务所“脱钩改制”的具体实施方案：①事务所的净资产全部收归挂靠单位；②长期负债中的风险基金由挂靠单位与事务所协商决定，住房基金按照市政府规定使用，后续教育基金留在事务所，由市注协监督使用；③短期负债中的福利基金和奖励基金按深圳市有关规定使用。由于方案明确，措施得力，当年年底，深圳市 73 家会计师事务所全部完成改制，其中 49 家改制为有限责任所，24 家改制为合伙所。

有了深圳的试点经验，事务所“脱钩改制”的第二步则是从 105 家具有证券期货业务资格的事务所身上着手。1998 年 4 月，财政部下发《关于执行证券期货相关业务的会计师事务所与挂靠单位脱钩的通知》，对事务所的产权界定和资产处置问题进行了规定：①产权界定中要本着“谁投资、谁受益”的原则，正确处理国家、集体和个人利益之间的关系，在确保国有资产不流失的前提下，兼顾挂靠单位的资本投入以及注册会计师智力劳动形成的资产积累。产权界定后，可以采取租赁、出售、改组、联合、兼并、承包经营等方式，妥善处理事务所的存量资产。②事务所上缴挂靠单位的所有资产、资金均属国有资产，必须全部上缴国库，不得收归挂靠单位所有。

为了配合此次事务所的“脱钩改制”行动，1998 年 7 月，财政部又下发了《有限责任会计师事务所审批办法》，明确规定“有限责任会计师事务所”必须由“注册会计师”出资设立，改变了之前发布的《有限责任会计师事务所设立及审批暂行办法》中对“有限责任会计师事务所”必须由“单位发起”的规定，为事务所“脱钩”后的“改制”奠定了法理上的基础。截至 1998 年底，除了因合并及被取消资格的 3 家事务所外，102 家具有证券期货业务资格的事务所全部完成了“脱钩改制”。1999 年底，6045 家事务所的“脱钩改制”工作也如期完成。至此，历时 5 年的会计师事务所“脱钩改制”工作正式落下帷幕，我国注册会计师行业从此进入了一个全新的发展阶段。

4.2 “脱钩改制”对会计师事务所经营业绩影响的统计分析

我国注册会计师行业自恢复重建以来，整体发展速度保持着较快的水平。1980～1990 年，共成立事务所 233 家，注册会计师人数超过两万人。但由于受当时国家经济体制的影响，注册会计师的服务对象主要以外资企业为主，表 4－2 中列示的是“脱钩改制”前我国会计师事务所业务收入的统计情况。1992 年以前，整个行业的收入都在低位徘徊，增长比较缓慢。1992 年，随着上海、深圳两大证券交易所相继开市，所有上市公司的财务报告都必须经由注册会计师审计，从而使行业规模得到迅速扩张。1993 年全行业收入达到 8.45 亿元，是 1992 年的 4.5 倍。此后几年，全行业的业务收入一直保持了较快的增长速度，1998 年是改制的前一年，全行业收入首次突破了 60 亿元。1999 年，由于全行业改制，事务所与挂靠单位全面脱钩，制度变迁给事务所的业务带来了一定的冲击，全行业收入首次出现了小幅下降。但由于“脱钩改制”去掉了事务所身上的沉重包袱，释放出来巨大的生产力，2000 年是整个行业在私有产权制度基础上运行的第一年，全行业实现收入达 80.94 亿元，较上年增长 37.6%。

表 4－2　　注册会计师行业历年业务收入汇总表　　单位：亿元

年度	1987	1988	1989	1990	1991	1992	1993
收入	0.17	0.2	0.4	1	1.3	1.9	8.5
年度	1994	1995	1996	1997	1998	1999	2000
收入	12.7	32.4	42	58.7	64.6	58.8	80.9

如果单从收入的变入情况来看，我国事务所的发展情况还是不错的，总体来说是保持了一个较快的增长趋势。但如果考虑到事务所的盈利情况，事情就远没有那么乐观了。“脱钩改制”前，事务所作为挂靠单位的下属单位或附属机构，除了要交纳高额的管理费（占其收入的 1/3 左右）外，还要给挂靠单位报销一些灰色费用。以改制前的 1997 年为例，全行业业务收入

58.7亿元，支出60亿元，亏损1.3亿元。但在这60亿元支出中，上缴挂靠单位17.8亿元（丁平准，2000）。表4－3中列示的是注册会计师行业在“脱钩改制”前后的业务收入及利润变化情况。从表中可以看到，在当时的挂靠体制下，全行业基本上是处于一个整体亏损的状态，可就在“脱钩改制”完成的当年（即1999年），尽管行业收入有所下滑，但仍然实现了扭亏为盈，而改制后的第一年（2000年），全行业实现盈利2亿多元。制度变迁的绩效由此可见一斑。

表4－3　“脱钩改制”前后注册会计师行业经营业绩变化情况

分类	改制前		改制当年	改制后
年度	1997	1998	1999	2000
业务总收入（亿元）	58.7	64.6	58.8	80.94
业务总支出（亿元）	60	66.3	58.7	78.9
利润（亿元）	－1.3	－1.63	0.12	2.06

4.3 “脱钩改制”对审计市场规模与结构影响的统计分析

我国注册会计师审计制度恢复建设初期，政府为了扶持行业的发展，并未对事务所的规模及注册会计师人数作出限定，再加上各级政府机构、企事业单位、社会团体等在经济利益的驱动下，纷纷开办事务所，以至于一时间事务所遍地开花，但规模普遍都很小。在“脱钩改制”前的1997年，全国事务所平均拥有的注册会计师人数为8～9人，会计师人数不足5人的小型事务所占比超过70%，注册会计师人数在百人以上的事务所仅有10家，年收入过千万元的事务所只有15家。1997年，全行业6000余家事务所的业务总收入仅为58.7亿元，税后利润为－1.3亿元。而当年普华永道一家事务所的全球总收入折合成人民币就达到了1270亿元。事务所规模过小，不仅无法完成大型上市公司以及国有企业的审计工作，而且面对加入世贸组织后国际大型会计师事务所的竞争，也将处于极其不利地位。

“脱钩改制”后，我国审计市场的条块分割、垄断封锁的局面被打破，阻碍事务所之间合并重组的制度性壁垒不复存在，再加上财政部和证监会的积极推动，事务所的规模化进程开始加速。“脱钩改制”后的2000年，全国就有300多家事务所进行了合并重组，原来的105家具有证券期货业务资格的事务所合并为78家，事务所的规模有了显著提升。

事务所之间的重组合并也使我国整个审计市场的结构发生了明显变化。由于数据可获得性的原因，以下本书对于我国审计市场结构的分析主要是以上市公司以及具有证券期货业务资格的会计师事务所（以下“简称证券所”）为样本展开。随着上海、深圳证券交易所的相继开市，1993年2月23日，财政部、中国证监会联合印发了《关于从事证券业务的会计师事务所、注册会计师资格确认的规定》通知对从事证券业务事务所的相关条件进行了限定，要求证券所最少必须拥有8名注册会计师以及30名专业从业人员。同年，第一批45家事务所获得了证券从业资格许可证。表4－4列示的是1993～2003年我国上市公司和证券所数量的增长变化情况。从表中数据可以看到，随着上市公司数量的不断增长，证券所的数量也有所增加，并于1997年达到峰值105家。随着“脱钩改制”的完成，事务所之间的合并重组进程加速，再加上监管机构对证券所从业条件的限制，证券所的数量明显下降。

表4－4　　1993～2003年我国上市公司和证券所数量

年份	1993	1994	1995	1996	1997	1998	1999	2000	2001	2002	2003
证券所数量	45	63	67	84	105	102	93	78	70	70	71
上市公司数量	179	288	312	517	722	825	924	1060	1138	1203	1267

注册会计师行业是一个典型的知识密集型行业，具有较强的规模效应与范围效应，但行业的准入门槛又不太高，所以整个行业的市场结构比较特殊。从一些发达国家的经验来看，基本上是由几家大型事务所垄断了高端的审计业务市场（如上市公司、跨国公司等大型企业的业务），而众多的中小型事务所在低端市场进行着激烈的自由竞争。我国注册会计师行业起步较晚，再加上挂靠体制所造成的条块分割，造成事务所的规模普遍偏小，整个审计市场的竞争异常激烈，缺乏具有市场影响力的大型事务所。虽然证监会、财政部对证券所的条件与资格进行了严格的限制，意在培养一批具有市

场影响力的品牌大所，但整体效果并不理想，表4-5中列示的是1993年我国股票市场建立以后到事务所“脱钩改制”前，证券所的市场占有率频数分布情况。从表中可以看到，市场占有率超过10%的事务所只有一家，超过5%的也是寥寥无几，绝大部分事务所的市场份额都不足1%。

表4-5　　证券所市场占有率频数分布

年度	事务所数量	市场占有率（频数）				
		0~1%	1%~2%	2%~5%	5%~10%	10%以上
1993	45	19	15	5	5	1
1994	63	39	14	6	3	1
1995	67	42	12	9	3	1
1996	84	50	20	13	1	0
1997	105	73	19	12	1	0
1998	102	64	26	12	0	0
1999	93	58	22	13	0	0

在产业经济学中，行业集中度（CRn）是用来衡量一个行业市场结构的最常用的指标，它是指整个行业中规模最大的前几家企业的相关指标（如业务收入、资产、客户数量、职工人数等）占整个行业的比重，其计算公式如下：

$$CRn = \sum_{i=1}^{n} X_i / \sum_{i=1}^{N} X_i \tag{4.1}$$

其中，X_i 为第i家企业的相关指标值，n为排名靠前的企业数量（通常选4、8、10和20），N为行业中企业的总数。

美国经济学家贝恩根据行业集中度将市场结构分为寡占型（$CR_8 \geq 40\%$ 或 $CR_4 \geq 30\%$）和竞争型（$CR_8 < 40\%$ 或 $CR_4 < 30\%$）两类。其中，寡占型又细分为极高寡占型（$CR_8 \geq 70\%$）和低集中寡占型（$40\% \leq CR_8 < 70\%$）；竞争型又细分为低集中竞争型（$20\% \leq CR_8 < 40\%$）和分散竞争型（$CR_8 < 20\%$）。表4-6和表4-7中列示的是按照客户数量和客户总资产所计算出的我国证券审计市场的CR值。从表中可以看到，自沪、深两市开市以来，整个证券审计市场的集中度是不断下降的，按客户资产计算的 CR_8 从1993年的62.93%下降至1999年的最低值34.78%，根据贝恩的市场结构分类标准，我国的证券审计市场已从最初的低集中寡占型转变为低集中竞争型。

1999年，事务所“脱钩改制”完成后，CR值开始止跌回升，而且增长速度也不断加快，2001年的CR_8（按客户资产额计算）达到了49.53%，较上年增长了30.48%，2003年的CR_8达到了60.57%，是1994年以来的最大值，整个证券审计市场的结构重新回到低集中寡占型。这说明“脱钩改制”使我国审计市场的结构得到了优化，“小、散、乱”的市场格局得以改善，以“大、中、小”合理存在的审计市场格局初见端倪。

值得注意的是，表4-6和表4-7中分别按照客户资产额和客户数量计算出的CR值，虽然两者之间的变化趋势保持基本一致，但是按照客户资产额计算的CR值明显高于按客户数量计算出的CR值，这说明我国上市公司的资产规模存在着较大的差异，而资产规模大的优质客户更倾向于选择排名靠前的事务所进行审计。

表4-6　1993~2003年我国证券审计市场CR值（按客户资产额计算）

年份	1993	1994	1995	1996	1997	1998	1999	2000	2001	2002	2003
CR_4（%）	38.88	31.77	34.00	25.80	21.71	20.03	22.49	25.26	36.29	50.03	48.81
CR_8（%）	62.93	52.67	54.82	44.25	37.73	34.45	34.78	37.95	49.52	58.80	60.57
CR_{10}（%）	70.64	59.50	60.95	51.42	43.98	40.24	40.10	43.22	53.28	62.12	63.64
其他（%）	29.36	40.50	39.05	48.58	56.02	59.76	59.90	56.78	46.72	37.88	36.36

表4-7　1993~2003年我国证券审计市场CR值（按客户数量计算）

年份	1993	1994	1995	1996	1997	1998	1999	2000	2001	2002	2003
上市公司数量	179	288	312	517	722	825	924	1060	1138	1203	1267
CR_4	34.08	31.94	28.85	20.31	17.17	15.52	14.61	16.23	15.38	15.21	15.94
CR_8	53.07	46.18	43.59	31.53	27.98	26.06	26.08	27.45	26.63	26.43	26.44
CR_{10}	58.10	51.04	48.40	36.56	32.83	30.79	31.06	32.83	31.72	31.17	31.02
其他	41.90	48.96	51.60	63.44	67.17	69.21	68.94	67.17	68.28	68.83	68.98

CR值是反映行业集中度的绝对指标，该指标并没有考虑到证券审计市场内部不同事务所之间的规模差异程度。因此，必须将相对集中度和绝对集中度结合起来，才能够更准确地把握整个证券审计市场的结构。为此，本书将采用规模差异系数（Gn）对我国证券审计市场的结构及其变化趋势做进

一步的分析。规模差异系数是指某一行业排名靠前的企业集中度是该行业平均集中度的倍数。该指标反映了该行业的相对集中程度，以及该行业中企业规模的差异程度。Gn 值越大，说明该行业内企业的规模差异性越大，行业的相对集中程度也越高。Gn 的计算公式为：

$$Gn = CRn/Cn \quad (4.2)$$

其中，CRn 的计算公式同式（4.1），Cn = n/行业内企业的总数 × 100%。

表 4－8 和表 4－9 中列示的是分别按客户资产额和客户数量所计算出的 Gn 值。从表中可以看到，与 CRn 值一样，按客户资产计算的 Gn 值也呈现出一种先降后升的趋势，在 1998 年达到最低值后，开始快速增长，其中 Gn_4 的增幅更为明显，与 Gn_8 的差距也在不断拉大，这一方面说明“脱钩改制”对事务所的规模化发展产生了巨大的推动作用，同时也说明国际“四大”会计师事务所（严格地说应该是国际“四大”的合作所）的规模与市场占有率远超本土事务所，行业相对集中度较高。然而，按客户数量来计算的 Gn 值，在这十年间基本上是呈下降趋势的，而且 Gn_4 与 Gn_8、Gn_{10} 的差异也并不明显，这一结果说明国际“四大”的客户资产规模较本土事务所有较大优势，而在客户数量方面，事务所之间的差异并不明显，本土事务所在争取新客户资源方面可能还占有一定的优势。

表 4－8　1993～2003 年我国证券审计市场 Gn 值（按客户资产额计算）

年份	1993	1994	1995	1996	1997	1998	1999	2000	2001	2002	2003
Gn_4	5.15	5.00	5.70	5.42	4.78	4.51	5.23	4.80	6.35	8.76	8.66
Gn_8	4.17	4.15	4.59	4.65	4.15	3.88	4.04	3.60	4.33	5.14	5.38
Gn_{10}	3.74	3.75	4.08	4.32	3.87	3.62	3.73	3.28	3.73	4.35	4.52
其他	0.36	0.48	0.46	0.55	0.63	0.67	0.67	0.65	0.55	0.44	0.42

表 4－9　1993～2003 年我国证券审计市场 Gn 值（按客户数量计算）

年份	1993	1994	1995	1996	1997	1998	1999	2000	2001	2002	2003
Gn_4	4.52	5.03	4.83	4.26	3.78	3.49	3.40	3.08	2.69	2.66	2.83
Gn_8	3.52	3.64	3.65	3.31	3.08	2.93	3.03	2.61	2.33	2.31	2.35
Gn_{10}	3.08	3.22	3.24	3.07	2.89	2.77	2.89	2.50	2.22	2.18	2.20
其他	0.52	0.58	0.61	0.72	0.76	0.78	0.77	0.77	0.80	0.80	0.80

4.4 “脱钩改制”对审计质量影响的实证分析

挂靠制度下事务所因为缺乏独立性，导致审计质量普遍偏低，并直接诱发了以“老三案”和“新三案”为代表的一系列重大财务舞弊案件的发生。可以说“脱钩改制”的直接导火索就是审计质量问题。“脱钩改制”后，我国注册会计师的审计质量是否得到了改善？以下将对这一问题展开详细的实证分析。

4.4.1 样本选择与数据来源

由于具有证券期货业务资格的会计师事务所是在 1998 年完成脱钩改制的，因而本书以改制前（1997 年）和改制后（1998 ~ 2000 年）我国上市公司为基础样本，剔除掉金融类上市公司以及重要数据缺失的公司后，最终得到样本公司年度观察值 3335 个，其中 1997 年样本观察值 644 个，1998 年样本观察值 718 个，1999 年样本观察值 919 个，2000 年样本观察值 1054 个。

样本公司的财务数据主要来自 Wind 数据库，审计意见等相关信息主要来自中国财政经济出版社出版的《谁审计中国证券市场——审计市场分析（1997 ~ 1999 年）》一书，部分缺失数据通过手工查阅上海信息有限公司出版的《上市公司数据大全》获得。数据的处理是通过 Excel 和 SPSS 16.0 完成的。

4.4.2 变量定义与模型设定

审计质量是审计师发现并报告客户财务报表中存在重大错报的联合概率（De Angelo，1981）。关于审计质量的衡量，在学术界主要有以下三种思路：第一，审计报告意见的准确性（Beatty，1989；Davidson and Neu，1993；李树华，2000）；第二，被审计报表的质量，如报表的盈余管理程度（Heninger，2001；Myers et al.，2003；陈信元和夏立军，2006）、稳健性

（陈旭东和黄登仕，2007；刘峰和周福源，2006）、是否发生财务报告重述（马晨，2014）等；第三，投资者对审计报告发布后公司股价的市场反应（Teoh and Wong，1993；Ghosh and Moon，2005；于李胜等，2008）。本章拟采用审计师出具的审计意见类型和审计意见的市场反应作为审计质量的替代变量。

为了考察“脱钩改制”这一事件对审计质量的影响，本书将引入虚拟变量（After），当样本观察值为改制前的1997年，其值为0，否则为1。

影响注册会计师审计意见类型及其市场反应的因素还有很多，本章将引入公司规模、盈利能力、债务水平、资产特征以及公司的净资产收益率是否处于配股区间［10%，11%］或微利区间［0，1%］等控制变量。

各变量的具体定义和说明如表4－10所示。

表4－10　　　　变量定义

变量名称	变量符号	变量说明
审计意见类型	Opinion	如果公司当年的审计意见为标准无保留意见，其值为0；否则为1
累计异常收益	CAR	年报公告日前后（－2，＋2）的市场调整累计异常收益，估计窗口为（－210，－11）
脱钩改制后	After	虚拟变量，当样本观察值为1997年，其值为0，否则为1
公司规模	Size	公司当年年末总资产的自然对数
盈利能力	ROA	公司当年净利润/年末总资产
流动比率	CR	公司当年年末流动资产/流动负债
资产负债率	Lever	公司当年年末长期负债总额/资产总额
应收账款比率	REC	公司当年年末应收账款净额/资产总额
存货比率	INV	公司当年年末存货余额/资产总额
每股净收益变化率	DEPS	为公司每股净收益较上年的增长率
股利变化率	DDIV	为公司每股现金股利较上年的增长率
保牌	De-list	虚拟变量，如果公司年末净资产收益率处于［0，1%］，其值为1，否则为0
配股资格	Rights	虚拟变量，如果公司年末净资产收益率处于［10%，11%］，其值为1，否则为0

根据所设定的相关变量，特提出以下二元 Logistic 回归模型和多元线性回归模型，以便进行相关的实证分析。

$$Ln(P_{Opinion}/1-P_{Opinion}) = \beta_0 + \beta_1 After + \beta_2 Size + \beta_3 ROA + \beta_4 Lever + \beta_5 CR + \beta_6 REC + \beta_7 INV + \beta_8 De\text{-}list + \beta_9 Rights + \varepsilon \quad (4.3)$$

$$CAR = \beta_0 + \beta_1 Opinion + \beta_2 Size + \beta_3 ROA + \beta_4 Lever + \beta_5 CR + \beta_6 REC + \beta_7 INV + \beta_8 De\text{-}list + \beta_9 Rights + \beta_{10} DEPS + \beta_{11} DDIV + \varepsilon \quad (4.4)$$

4.4.3　实证分析

4.4.3.1　描述性统计

表 4－11 中列示的是 1997～2000 年我国上市公司被出具的审计意见类型的统计。从表中可以看到，在改制前的 1997 年，上市公司被出具标准无保留意见的比例为 86.17%，在改制后的 1998 年，这个比例降至 79.67%，下降了接近 7 个百分点。从样本的总体分布情况看，“脱钩改制”后注册会计师的独立性和审计质量的确是有所提高的，制度变迁的效果可谓立竿见影。但当我们进一步考察非标准审计类型的分布情况，带解释段的无保留意见与拒绝发表意见的比例增长最大，这说明注册会计师在发表非标准审计意见时，可能还存在一定的顾虑，当发现公司报表存在差错时，尽量出具较为温和的审计意见，这一方面可以降低审计风险，同时也不至于因为出具过于严厉的审计意见而失去宝贵的上市公司客户资源。因为“脱钩改制”后，事务所失去了挂靠单位的保护，必须靠自己的实力去争取客户，审计市场的竞争也将会更加激烈，因而注册会计师在出具审计意见时，可能要兼顾审计风险与客户的满意度。1999 年非标意见公司的比例和构成与 1998 年基本保持不变，可是到了 2000 年，非标意见公司的比例反而下降到了 16.89%，从构成看，主要是被出具保留意见公司的数量下降明显，从 1999 年的 60 家下降至 36 家，在上市公司数量和样本量均保持增长的情况下，而保留意见公司比例下降的原因很可能与政策效应的持续性有关。在改制初期，政府部门的监管力度较大，事务所也不敢冒天下之大不韪，顶风作案，但等风头一过，又开始旧病复发了，可见要提高注册会计师的独立性和审计质量，是一个长期而复杂的系统性工程，单靠“脱钩改制”还是远远不够的，这应当也是我

国政府相关部门持续不断地推动审计制度变迁的重要原因。

表 4-11　　　　改制前后审计意见类型的描述性统计

年度	样本公司数量	审计意见类型				
		标准无保留意见	带解释段无保留意见	保留意见	拒绝发表意见	否定意见
1997	644	555	56	31	1	1
	占比（%）	86.18%	8.70%	4.81%	0.16%	0.16%
1998	718	572	96	35	14	1
	占比（%）	79.67%	13.37%	4.87%	1.95%	0.14%
1999	919	732	112	60	14	1
	占比（%）	79.65%	12.19%	6.53%	1.52%	0.11%
2000	1054	876	127	36	14	1
	占比（%）	83.11%	12.05%	3.42%	1.33%	0.09%

表 4-12 中列示的是在“脱钩改制”前后，审计意见发布后资本市场的反应情况。从表中可以看到，非标准无保留意见发布后，上市公司累计非正常报酬率的均值为负，且明显低于标准无保留意见发布后的市场报酬率，这说明投资者在进行投资决策时，的确考虑到了被出具非标准审计意见公司可能存在的风险，降低了对这些公司的预期收益，注册会计师的审计意见在我国资本市场上还是非常具有信息含量的。另外，我们还可以看到，在“脱钩改制”后，非标意见公司的累计非正常报酬率的均值低于“脱钩改制”之前，这一结果说明投资者意识到“脱钩改制”可能会提高注册会计师的审计质量，因而对被出具非标准审计意见的公司反应更为强烈。

表 4-12　　　　改制前后审计意见市场反应的描述性统计

时间段	审计意见类型	样本量	累计非正常报酬率（CAR）	
			均值	方差
改制前	标准审计意见公司	555	0.321	0.165
	非标准审计意见公司	89	-2.357	0.431
改制后	标准审计意见公司	2180	0.163	0.215
	非标准审计意见公司	511	-0.318	0.872

4.4.3.2　相关性分析

表4-13中列示的是模型（4.3）和模型（4.4）中关键变量之间的Pearson相关系数，其中右上角是改制前的数据分析结果，左下角是改制后的数据分析结果。从表中可以看到，“脱钩改制”前后，被解释变量（Opinion）与绝大多数解释变量是显著相关的，也就是说，我国注册会计师在出具审计意见时，综合考虑了企业的盈利能力、偿债能力以及盈余管理行为等可能影响审计风险的各种因素，以保证其审计质量。值得关注的是，在“脱钩改制”前，审计意见类型与公司的净资产收益率是否处于微利区间（正相关）和配股区间（负相关）均显著相关。相关系数的符号相反，这说明注册会计师在对待公司可能存在的盈余管理行为的态度是截然不同的，即对那些净资产收益率处于微利区间有保牌嫌疑的公司更多地出具了不利的审计意见，而对于那些处在配股区间的公司更多地出具了有利的审计意见；“脱钩改制”后，审计意见类型与公司的净资产收益是否处于微利区间和配股区间的相关系数均为正，但在系数显著性方面却存在着较大的差异。这一结果说明“脱钩改制”后，注册会计师对于那些有盈余管理迹象的公司在总体上出具了较为不利的审计意见，审计质量有所提高；而系数显著性上的差异可能反映了注册会计师在出具审计意见时对于审计风险的特殊考量。那些处于微利区间有保牌迹象的公司，其财务风险和经营风险通常是比较高的，注册会计师对这些公司更多地出具了不利的审计意见。而对于那些有可能是为了达到配股资格而进行盈余管理的上市公司，注册会计师的审计意见虽然有所反应，但不具有统计上的显著性。其原因可能是这些公司的经营状况一般都比较好，审计失败的风险低，为了留住客户，注册会计师在出具不利的审计意见时，通常都会比较慎重，从而造成了系数显著性上的差异。

表4-13　　　　相关性分析

变量	Opinion	Rights	De-list	ROA	CR	Lever	REC	INV	Size
Opinion	1	0.131	0.115***	-0.282***	-0.089**	0.096**	0.071*	0.115**	0.009
Rights	-0.098**	1	-0.118***	0.023	0.008	-0.077*	0.043	-0.012	-0.058
De-list	0.156***	-0.099***	1	-0.122***	-0.062	-0.008	-0.026	0.123**	0.011

续表

变量	Opinion	Rights	De-list	ROA	CR	Lever	REC	INV	Size
ROA	-0.090**	-0.023	-0.012	1	0.109*	-0.157***	-0.034	-0.053	0.02
CR	-0.089**	-0.048	-0.062	0.041	1	-0.156*	-0.014	-0.131***	-0.116***
Lever	0.132***	-0.044	0.013	-0.108*	-0.098	1	-0.062	-0.094**	0.301***
REC	0.193***	0.071*	0.072	0.107*	-0.043	-0.028	1	-0.033	-0.048
INV	-0.045	-0.042	0.022	-0.052	-0.062	-0.051	-0.094*	1	-0.053
Size	-0.039	-0.012	-0.063	0.088*	-0.107	-0.132***	-0.083**	0.005	1

注：括号中的数值是回归系数的 Wald 统计量；*** 、** 、* 分别表示在 1% 、5% 和 10% 的水平上显著。

4.4.3.3 回归分析

表 4-14 中列示的是对模型（4.3）进行的全样本和分年度 Logistic 回归的结果，从表中可以看到，在全样本回归中，After 的系数为正，且在 5% 水平上显著，这一结果说明“脱钩改制”后，公司被出具非标准无保留意见的概率显著高于改制之前，与描述性统计结果一致，从而充分证明了这一次制度变迁的效果，“脱钩改制”的确提高了我国注册会计师的独立性和审计质量。另外，我们还可以看到，除了存货比率（INV）以外，公司规模（Size）、盈利能力（ROA）、债务水平（CR、Lever）、应收账款比率（RVE）等变量的回归系数均与预期符号一致，这也说明注册会计师在出具审计意见时，综合考虑了公司的财务风险、经营风险等可能导致审计失败的相关要素。然而，在对待公司可能存在的盈余管理行为，我们发现，不管是在全样本回归中，还是在分年度回归中，De-list 的回归系数均在不同的水平上显著为正，与预期符号一致，而 Rights 的系数不论是在全样本回归中，还是分年度回归中均为负值，与预期符号相反。这说明注册会计师在出具审计意见时，主要是基于自身审计风险水平出发来进行决策，而不是基于被审计报表的质量，对于那些经营风险较小公司的盈余管理行为视而不见，仍然出具标准无保留意见，这种倾向在“脱钩改制”后表现得更为显著。如果从这个角度看，注册会计师的审计质量反而是下降的，这也是风险导向审计模式被诟病的一个主要原因。

表 4－14　　模型（4.3）回归结果（被解释变量：Opinion）

解释变量	符号预测	全样本	1997 年	1998 年	1999 年	2000 年
截距	?	0.157 (0.001)	2.191 (0.821)	1.081 (0.280)	1.201 (0.127)	1.241 (0.155)
After	+	0.391 ** (5.055)				
Size	－	－0.507 *** (32.182)	－0.545 *** (32.861)	－0.552 *** (32.758)	－0.571 *** (36.555)	－0.562 *** (35.910)
ROA	－	－0.903 (1.599)	－0.033 (1.151)	－0.935 (1.459)	－1.066 (1.305)	－1.040 (1.254)
CR	－	－0.223 * (2.291)	－0.157 (1.745)	－0.191 ** (3.332)	－0.211 (1.567)	－0.199 (1.781)
Lever	+	2.982 *** (12.977)	2.681 *** (21.943)	2.013 *** (27.211)	2.373 *** (23.517)	2.242 *** (20.765)
REC	+	3.354 *** (5.173)	2.285 *** (4.801)	2.988 *** (4.152)	2.651 ** (2.891)	2.147 * (2.102)
INV	+	0.898 (1.311)	2.671 ** (6.355)	－1.113 (0.904)	0.714 (0.489)	0.678 (1.035)
Rights	+	－0.355 * (2.790)	－0.16 (0.255)	－0.741 *** (5.887)	－0.514 ** (4.091)	－0.189 (1.747)
De-list	+	1.421 *** (16.398)	1.21 *** (9.710)	1.393 *** (8.167)	1.031 ** (4.083)	1.047 * (2.104)
N		3335	644	718	919	1054
Pseudo R^2		0.128	0.212	0.204	0.232	0.218

注：括号中的数值是回归系数的 Wald 统计量；***、**、* 分别表示在 1%、5% 和 10% 的水平上显著。

表 4－15 中列示的是对模型（4.4）进行的分年度回归的结果。在控制了可能影响公司股价的相关因素后，我们发现审计意见类型（Opinion）的回归系数在 1997 年的样本回归中显著为负，与预期符号一致，也就是说，上市公司在被出具非标准审计意见后，市场累积报酬率是显著下降的，由此证明了在“脱钩改制”前，注册会计师的审计意见也是具有信息含量的。出乎意料的是，这一结果在 1998 年的样本回归中却发生了改变，Opinion 的回

归系数反而变成了正值，虽然不具有统计上的显著性；而在这之后的1999年和2000年，Opinion的系数均为负值，与预期符号一致，且在5%的水平上显著。以上结果的不一致应当是制度变迁方式所造成的。这一次的“脱钩改制”是由财政部发起的，而且推进速度非常快，是典型的强制性制度变迁，而当时我国股票市场的参与者主要以中小散户为主，他们对新制度的认可程度以及相关信息的理解消化都比较慢，从而造成了制度变迁效果的滞后性。

表4-15　　模型（4.4）回归结果（被解释变量：CAR）

解释变量	符号预测	1997年样本	1998年样本	1999年样本	2000年样本
截距	?	-2.191 (-0.821)	1.081 (-0.280)	1.112 (-0.127)	0.978 (0.614)
Opinion	-	-2.472*** (-2.719)	0.175 (0.273)	-0.011** (-2.197)	-0.031** (-2.105)
Size	+	0.015 (0.780)	0.028* (1.835)	0.017 (0.218)	0.147 (0.125)
ROA	+	0.538*** (8.299)	0.241*** (4.332)	0.697*** (4.526)	0.421*** (3.061)
CR	+	0.005 (0.251)	0.007 (0.384)	0.004 (0.286)	-0.010 (-0.676)
Lever	-	-0.058*** (-3.088)	-0.033*** (-2.850)	-0.017* (-2.184)	0.012 (0.187)
REC	+	0.015 (0.831)	0.116 (0.562)	0.016 (0.145)	0.021 (0.614)
INV	+	0.061*** (3.142)	0.126* (1.952)	0.147 (1.211)	0.101 (1.089)
Rights	-	-0.005 (-0.278)	-0.004 (-0.218)	-0.014 (-0.124)	0.412 (0.879)
De-list	-	-0.063*** (-3.510)	-0.158*** (-8.205)	-0.210** (2.038)	-0.198*** (3.214)
DEPS	+	4.581* (-1.099)	3.771*** (-4.611)	3.514** (2.712)	2.189* (1.998)

续表

解释变量	符号预测	1997年样本	1998年样本	1999年样本	2000年样本
DDIV	+	-0.911*** (-3.755)	-0.021 (-0.308)	0.212 (0.351)	0.781 (0.408)
N		644	718	919	1054
Adj R^2		0.112	0.104	0.124	0.147

注：括号中的数值是回归系数的T统计量；***、**、*分别表示在1%、5%和10%的水平上显著。

4.5　本章小结

会计师事务所“脱钩改制”是新中国注册会计师审计制度恢复以后最大的一次制度变迁，本章首先对我国注册会计师行业“脱钩改制”的原因和进程进行了回顾与反思，其次从事务所的经营业绩、审计市场的规模与结构以及审计质量三个角度对这一次制度变迁的绩效进行了统计分析与实证检验，结果如下：

（1）从事务所业绩角度。本章对我国注册会计师行业在“脱钩改制”前后的收入与利润进行了统计分析。结果发现，在“脱钩改制”全面完成后的1999年，全行业收入发生了小幅下降，2000年是整个行业在产权制度基础上运行的第一年，全行业的收入达到了80.94亿元，较上年增长37.6%。“脱钩改制”对事务所利润的影响更为明显，在“脱钩改制”前，全行业基本上是处于一个整体亏损的状态，可就在“脱钩改制”完成的当年（即1999年），尽管行业收入出现了下降，但依然实现了扭亏为盈；而改制后的第一年（2000年），全行业实现净利润2.06亿元，是上年的17倍还多。

（2）从审计市场的规模与结构角度。本章以我国A股上市公司以及具有证券期货业务资格的会计师事务所为样本，对“脱钩改制”前后审计市场的规模与结构进行了时间序列分析。结果发现，自沪深开市以来，整个证券审计市场的集中度不断下降，按客户资产额计算的CR_8从1993年的62.93%下降至1999年的最低值34.78%，根据贝恩的市场结构分类标准，我国的证券审计市场从最初的低集中寡占型转变为低集中竞争型。1999年，事务所

“脱钩改制”完成后，CR 值开始止跌回升，而且增长速度也不断加快，整个证券审计市场的结构重新回到低集中寡占型。

（3）从审计质量角度。本章以 1997 ~ 2000 年我国 A 股上市公司为样本，对“脱钩改制”前后注册会计师审计质量的变化情况进行了详细的实证研究。结果发现，“脱钩改制”后，上市公司被出具非标准无保留意见的概率显著高于“脱钩改制”之前，这说明注册会计师的独立性和审计质量是有所提高的，制度变迁的效果得以证明。另外，我们还以投资者对审计意见的市场反应作为审计质量的替代变量，检验了这一次制度变迁的效果，结果发现，在改制完成的当年（1998 年），投资者的市场反应并不明显，在这之后的 1999 年和 2000 年，投资者的市场反应与预期结果呈现出显著的一致性。这一结果说明制度变迁的效果存在着一定程度的滞后性。

| 第5章 |

注册会计师法律责任制度变迁的绩效研究

5.1 注册会计师法律责任概述

进入现代社会以后，注册会计师行业日益成为一个高风险的行业。其原因主要在于注册会计师所提供的审计服务的性质比较特殊。注册会计师接受客户委托，对其财务报告或其他信息进行审计，并出具相关的审计报告或签证意见，这与一般服务产品的生产并没有太大的区别。然而，这些审计报告或签证意见的使用者除了客户之外，通常还包括众多的利害关系第三人，如政府部门、银行、公司证券的持有人、债权人、供应商、企业员工以及潜在的投资者。这些利害关系人可能会根据注册会计师的审计报告或签证意见进行相关的决策，而注册会计师的不实报告或虚假陈述很容易导致其决策失误，由此给使用者带来巨大的经济损失。根据世界上很多国家的法律规定，注册会计师如果未能依法履行与委托人的合约义务，或者因为故意或重大过失行为而导致其所提供的审计报告或签证意见存在重大瑕疵，给利害关系第三人造成损失的，将承担相应的法律责任。与其他的违法犯罪行为一样，注册会计师承担法律责任的形式也包括：刑事责任、行政责任和民事责任。

刑事责任是指行为人因其犯罪行为所必须承受的，由司法机关代表国家所确定的否定性法律后果。刑事责任主要体现的是法律的惩罚性功能，它给行为人带来的不利影响或后果远比其他法律责任严重，是这三种法律责任形式中最为严厉的一种。证券市场中的虚假陈述是一种犯罪行为，注册会计师在执业过程中如果因为故意或重大过失，作出了违背事实真相的虚假记载、误导性陈述，或者在披露信息时发生重大遗漏，造成严重后果的，则应当承担相应的刑事责任。对于注册会计师刑事责任的追究最早见于美国 1933 年颁布的《证券法》。目前我国的《刑法》《证券法》《公司法》以及《注册会计师法》中对会计师事务所和注册会计师应当承担的刑事责任进行了原则性的规定，但条文相对比较简单，操作性不强，具体如表 5－1 所示。

表 5－1　我国现行法律、法规对于注册会计师法律责任的相关规定

责任类型	法律规定	条款	违法内容	法律责任	
				会计师事务所	注册会计师
刑事责任	证券法	第一百八十九条	在证券交易活动中作出虚假陈述或者信息误导，构成犯罪的	依法追究刑事责任	依法追究刑事责任
		第二百零二条	为证券的发行、上市或者证券交易活动出具审计报告、资产评估报告的内容弄虚作假，构成犯罪的	依法追究刑事责任	
	公司法	第二百一十九条	提供虚假证明文件构成犯罪的	依法追究刑事责任	
	注册会计师法	第三十九条	故意出具虚假审计报告、验资报告，构成犯罪的	依法追究刑事责任	依法追究刑事责任
	刑法	第二百二十九条	故意提供虚假证明文件；索取他人财物或者非法收受他人财物；严重不负责任，出具的证明文件有重大失实，造成严重后果		有期徒刑或拘役，单处或并处罚金
		第二百三十一条	单位犯本节第 221 条至 230 条规定之罪的	判处罚金	参照 229 条处理
	关于惩治违反公司法的犯罪决定	第六条	承担资产评估、验资、验证、审计职责的人员故意提供虚假证明文件，情节严重的	5 倍以下罚款	处 5 年以下有期徒刑或者拘役，可并处 20 万元以下的罚金

续表

责任类型	法律规定	条款	违法内容	法律责任	
				会计师事务所	注册会计师
行政责任	证券法	第二百二十三条	证券服务机构未勤勉尽责，所制作、出具的文件有虚假记载、误导性陈述或者重大遗漏的	责令改正，没收业务收入，暂停或者撤销证券服务业务许可，并处业务收入1～5倍的罚款	给予警告，撤销证券从业资格，并处3万元以上10万元以下的罚款
	公司法	第二百零七条	提供虚假证明文件，或因过失提供重大遗漏的报告	没收违法所得，责令改正，并处违法所得1～5倍的罚款，并可依法责令停业	吊销直接责任人员的资格证书
	注册会计师法	第三十九条	违反本法第20、21条出具报告	警告、没收违法所得，可并处1～5倍罚款，情节严重者可暂停其经营业务或予以撤销	警告，情节严重的可暂停执业或吊销注册会计师证书
民事责任	证券法	第一百七十三条	制作、出具的文件有虚假记载、误导性陈述或者重大遗漏，给他人造成损失	与发行人、上市公司承担连带赔偿责任	
		第二百三十二条	违反本法规定，应当承担民事赔偿责任和缴纳罚款、罚金，其财产不足以同时支付时	先承担民事赔偿责任	
	公司法	第二百零七条	出具的评估结果、验资或验证证明不实，给公司债权人造成损失的，除能够证明自己没有过错的外	在其评估或者证明不实的金额范围内承担赔偿责任	
	注册会计师法	第四十二条	违反本法规定，给委托人、其他利害关系人造成损失	应依法承担赔偿责任	

行政责任是指行政法律关系主体由于违反行政法律规范或不履行行政法律义务而依法应承担的行政法律后果。这是一种伴随社会的法治化进程而出现的公法责任。从法律责任的功能上讲，行政责任主要侧重于实现法律的惩罚和预防功能。对于注册会计师行政责任的追究，一般是指注册会计师在执业

时，发生错误、疏忽或故意等违法行为，给委托人或其他利害关系人造成损害，或虽未造成实际损害，但已经违反政府法律、法规，应由行政主管机关对其处以行政处罚的责任。我国是一个成文法系的国家，对于注册会计师行政责任的规定散见于《注册会计师法》《公司法》《证券法》《禁止证券欺诈行为暂行办法》《股票发行与交易管理暂行条例》等，具体条文规定如表 5 -1 所示。

民事责任是指民事主体因违反合同或不履行其他法律义务，侵害他人的财产、人身权利，而依法承担的民事法律后果。相较于刑事责任和行政责任，民事法律责任具有较弱的强制性，它以补偿受害人为基本目的，以实际损失为赔偿标准，以财产责任为主要责任承担方式且承担责任的财产归受害人所有，因而体现的主要是法律的补偿功能。注册会计师民事责任是指作为民事主体的注册会计师及会计师事务所在民事活动中，因违反民事法律规范（即发生了违约行为或侵权行为）而引起的法律后果所应承担的法律责任。从本质上讲，注册会计师的违法行为侵犯的主要是委托人以及信息使用者的经济利益，所以最公平合理的方法就是追究注册会计师的民事责任，赔偿受害者的经济损失，因此，在世界各国的法律体系中均引入了民事赔偿优先的原则，我国《公司法》和《证券法》中也明确规定："……违反本法规定，应当承担民事赔偿责任和缴纳罚款、罚金，其财产不足以同时支付时，先承担民事赔偿责任。"注册会计师在执业过程中不能按时完成工作、不能按专业要求出具合格的审计报告以及不能对执业过程中获知的商业秘密进行保密等行为，给委托人造成损失的，应当根据合同约定，承担相应的违约责任。责任的追究方式在相关法律中均有明确规定，执行起来较少发生争议。然而，注册会计师的虚假陈述行为对于利害关系第三人所造成的损失应当如何承担相关的民事责任（如第三人的范围、归责原则、举证责任、损害赔偿的计算、诉讼方式等），长期以来在学术界以及法律和会计职业界一直存在着较大的争议，目前比较一致的看法是：注册会计师在执业过程中如果违反高度注意义务，给以信息使用者为主的利害关系第三人造成损失时，应当承担侵权责任；在归责原则上多采用举证倒置的过错推定原则，损害赔偿以弥补受害人的损失为限；由于原告人数众多且不构成一个固定组织，在诉讼时一般采用群体诉讼的方式。目前，我国的《证券法》和《注册会计师法》对于注册会计师应当承担的相关民事责任也进行了原则上的规定，如表 5 -1

所示。但由于追究其对利益关系第三人民事责任的方式比较复杂，所以最高人民法院还先后发布了一系列的通知和司法解释，例如，2002 年 1 月 15 日最高人民法院发布《关于受理证券市场因虚假陈述引发的民事侵权纠纷案件有关问题的通知》，2003 年 1 月 9 日最高人民法院发布《关于审理证券市场因虚假陈述引发的民事赔偿案件的若干规定》，2007 年 6 月 11 日最高人民法院发布《关于审理涉及会计师事务所在审计业务活动中民事侵权赔偿案件的若干规定》。这些通知和规定对案件的性质、起诉的前置条件、过错及损失的认定、归责原则以及注册会计师的免责事由等均进行了具体规范，以下在本章中将有详细介绍。

5.2　美国注册会计师法律责任的制度安排与变迁

美国是目前世界上注册会计师行业最发达的国家，其完善的法律制度体系对于保证审计服务的质量以及整个行业的健康发展起着至关重要的作用。美国是一个普通法系的国家，然而对于注册会计师法律责任的追究除了可以依据习惯法下联邦法院以及各级地方法院的判例外，在以《证券法》和《证券交易法》为代表的成文法中也进行了非常严格的规定。自 20 世纪 30 年代以来，不管是习惯法下的判例，还是成文法中的规定，对于注册会计师法律责任的追究方式都发生了极为复杂的改变，以下本章将对其变迁轨迹做一个简单的回顾。

5.2.1　成文法下美国注册会计师法律责任制度的变迁

20 世纪 20 年代末，美国股市的暴跌引发了全国范围内的经济大萧条，大量企业破产倒闭、工人失业，无数投资者血本无归，整个社会陷入极度的混乱。危机过后，人们对导致这次事件的原因进行了深刻的反思，原因诚然是多方面的。然而，企业财务信息严重失实，注册会计师审计形同虚设，使得投资者根本无法了解企业真实的财务状况和经营成果，这无疑是一个非常重要的原因。以至于公司的会计师和财务报告的审计者被认为是这次危机的“罪魁祸首”，这虽然有点夸大其词，寻找“替罪羊”的意思，但注册会计师作为公认的证券市场的“看门人（Watching dog)”，没有发挥其应有的作用却是毫无疑问的。亡羊补牢，为了保证证券市场信息的公开透明，维护投资者的合法权益，美国国会于1933年通过了《证券法》(Securities Act)，这部法律也被后人称为“证券的真谛（Truth in Securities)”，其中对于注册会计师提供虚假证明文件应当承担的法律责任及追究方法进行了具体规定，如表5-2所示。乱世用重典，《证券法》在原告的范围、责任要件、举证责任等方面极大地增加了注册会计师的法律责任，甚至超过了其能够承担的合理范围，遭到了业界人士的强烈置疑和反对。当时的会计界领袖 George O. May 对此提出了严厉的批评：“我不认为这项法律是公正的，或者能够长期产生效果，它使股票购买者从其他非买卖关系人那里获得其投资损失的补偿成为可能，而这种可能性的存在只是因为他在决定购买股票之前，有一些他其实并不知道或者根本没有看到过的文件，而且这些文件中恰好存在错漏……，这部法律不仅抛弃了‘谁主张，谁举证’的诉讼基本原则，而且还否定了原告损失与被告的过错程度和赔偿之间应存在的因果关系，这是令人遗憾的，应当被废除。”因此，在随后颁布的《证券交易法》（Securities Exchange Act）中，对注册会计师法律责任的追究上有所放松。例如，责任要件从一般过失缩小为重大过失或欺诈，增加了原告的举证责任以及被告的抗辩理由。但总的来说，这两部法律奠定了注册会计师虚假陈述法律责任追究制度的基础，在世界范围产生了极为深远的影响。

表5-2　《证券法》和《证券交易法》中对注册会计师法律责任的规定

法律规定	涉及的报告文件	起诉理由	责任要件	原告范围	举证责任方式	被告抗辩理由
《证券法》第11条	首次公开发行证券的公司呈送证监会的登记表及公开说明文件	呈送文件存在重大错误或遗漏	一般过失	证券的原始购买人	被告承担举证责任，原告只须证明呈送文件存在缺陷	被告无过失，已恪尽职守；被告的过失非原告受损失的直接原因；原告在购买证券之前，早已知悉文件的错误
《证券交易法》第10、18条	受证监会管辖的公司所呈送的年度报告	呈送文件存在虚假内容或误导性陈述	重大过失或欺诈	证券的买方和卖方	原告须证明是依赖报告中错误陈述作出决策，并且这种决策直接导致其损失的产生	被告的行为是出于善意，且不存在故意隐瞒、操纵和欺诈

1970 年，美国国会通过了《贪污欺诈与腐败组织法案》（Racketeer-Influenced and Corrupt Organization，RICO），该法案原本是用于规范在谋杀、纵火、贪污、贿赂等有组织犯罪案件中对于受害者的损失赔偿问题，后来被广泛用于民间的商务诉讼案件。根据该法案精神，被告如果通过虚假信息进行欺诈，且符合“欺诈行为模式”（即 10 年内有两次或两次以上违法行为），遭受损失的原告可以提起民事诉讼，且在起诉过程中，原告只须证明其受损的事实，就可获得 3 倍以上的损害赔偿金。这一法案在民间商务诉讼中的广泛运用，使注册会计师陷入了前所未有的困境，并为此付出了高昂的诉讼成本，诉讼费用和保险费用成为会计师事务所的第二大支出，占到整个行业收入的 9% ~12%（潘秀丽等，2001）。这种情形一直持续了将近 20 年，被称为美国注册会计师行业发展史上的“诉讼爆炸”时代。时任美国注册会计师协会（AICPA）主席的 Robert Mednick 曾这样描述：“这可能是美国所有工商企业及会计职业界承担的最为高昂的诉讼成本……，截至 1995 年底，约有总额超过 300 亿美元的针对‘六大’会计师事务所的索赔要求，是事务所的资本金总和的 20 倍。”会计职业界对这一状况极为不满，“六大”会计师事务所曾联合发布了一份题为《美国的责任危机对会计师职业界的影响》的形势报告，尖锐地指出：“现在的责任制度使得法律诉讼像传染病一样在会计职业界和整个社会传染开来，它威胁着独立审计职能的发挥和财务报告制度，威胁着美国资本市场的发展和美国经济的独立性……，众多无理由的诉讼和强制清偿已经成为会计师职业界发展面临的最大威胁。”

经过消除滥用证券诉讼联盟①长期不懈的游说和抗争，1995 年，美国国会不顾当时的总统克林顿的反对，通过了《私人证券交易诉讼改革法案》（*Private Securities Litigation Reform Act*，PLSRA）②，在业界引起了巨大的轰动。《私人证券交易诉讼改革法案》在很大程度上减轻了工商企业和会计师事务所在证券交易中的民事责任，具体体现在以下几个方面：①将案件中被告的连带赔偿责任改成比例责任；②对原告的起诉条件进行了严格的限制；

① 一个由“六大”会计师事务所和 180 家工商企业联合成立的组织。

② 克林顿总统开始否决了这一法案，后来国会众议院以 319 票赞成，100 票反对，参议院以 68 票赞成，30 票反对否决了总统的决定，这也是克林顿总统执政期间国会行使的唯一一次对于总统的否决权。

③增加了“安全港”条款[①]；④证券欺诈行为不再被认为是《贪污欺诈与腐败组织法案》中的“本质的行为”，原告不能根据该法案提出高额的惩罚性损失赔偿。

《私人证券交易诉讼改革法案》作为联邦政府法案，在很大程度上减轻了工商企业以及注册会计师的法律责任，所以很多原告将证券欺诈案件的诉讼转移到法律责任较重的各州法院进行。为了防止此类行为的发生，1998年，美国国会通过了《统一标准法案》。该法案为证券欺诈诉讼案件确定了统一的法律标准，即联邦法律优先于各州的法律，除了法案规定的特殊情况外，联邦法律是对证券欺诈案件进行诉讼救济的唯一途径。

进入21世纪以后，安然、世通、施乐等大公司会计舞弊造假事件的爆发，再一次引发了美国社会公众对于注册会计师审计质量的强烈不满。为了恢复投资者对资本市场的信心，美国国会于2002年7月通过了《萨班斯—奥克斯利法案》（*Sarbanes-Oxley Act*），该法案对上市公司的治理结构、内部控制以及高管人员的行为进行了前所未有的严格规范，还极大地增加了对于注册会计师等相关人员违法行为的处罚力度。例如，对故意进行证券欺诈的个人最高可判处25年有期徒刑，对犯罪的个人和公司最高可处罚金500万美元和2500万美元[②]；对于故意销毁或伪造文件以阻止或妨碍联邦调查的行为将被视为严重犯罪，最高可判处20年有期徒刑或罚款，或两者并处；会计师事务所的工作底稿最少应保存5年，任何故意违反此项规定的行为，最高可处以10年以下的有期徒刑或罚款。这是迄今为止对于证券欺诈案件以及注册会计师违法行为最为严厉的处罚。

通过对以上六部相关法案基本内容演变情况的回顾，可在看到，在美国成文法下，对于注册会计师违法责任的追究总体上呈现出从严厉到宽容再到严厉的变迁轨迹，具体体现在责任范围、责任程度、举证方式以及处罚方式等几个方面。

---

① 根据此条款，被告如果能够证明自己是以诚实、公正态度出具的报告，可以无须承担法律责任。

② 根据之前《证券法》的规定，违反该法案的注册会计师最高可处以1万美元的罚金或5年以下的有期徒刑，或两者并处；根据《证券交易法》的规定，违反该法案的注册会计师最高可处以100万美元的罚金或10年以下的有期徒刑，或两者并处。

5.2.2　习惯法下美国注册会计师法律责任制度的变迁

如前所述，注册会计师的违法行为，往往还会给审计业务委托人以外的第三者带来损害。在美国，注册会计师对第三人法律责任的追究，主要是依据联邦法院以及各州地方法院的判例来进行的。从 20 世纪 30 年代以来，注册会计师对第三人法律责任的对象范围、责任程度以及举证方式均发生了较大的变化，以下本章将对其作一简要回顾。

1931 年，发生在美国纽约市的厄特马斯公司诉道奇尼文会计师事务所一案拉开了追究注册会计师对第三人民事赔偿责任的序幕。案件的大致情况是这样的：道奇尼文会计师事务所受聘为弗雷德·斯特公司进行财务报表审计。弗雷德·斯特公司以经事务所审计过的资产负债表和损益表向金融机构申请贷款。厄特马斯公司作为一家主要从事应收账款抵押业务的金融公司，曾先后向弗雷德·斯特公司提供了三笔共计 16.5 万美元的贷款。后来，弗雷德·斯特公司因经营不善而宣告破产，无力偿还向厄特马斯公司的贷款。厄特马斯公司作为原告，对弗雷德·斯特公司财务报表的审计者道奇尼文会计师事务所提起了诉讼，认为其在审计时存在过失甚至欺诈行为，因而应对原告无法收回的债权承担损失赔偿责任。该案是美国历史上第一起由审计报告使用者提起的针对注册会计师的民事诉讼。由于之前并无此类案件的判例，因此这一案件经过了多次的审判和上诉，最终纽约上诉法庭大法官 Cardozo 判定原告厄特马斯公司并非审计报告的直接受益第三者，犯有普通过失的注册会计师不须对其承担责任，因而免于赔偿。但法庭也同时指出，如果注册会计师犯有重大过失或欺诈，则应对未指定的第三者负责。此案所确立的这一诉讼原则，在其后的很长一段时间，被广泛应用于注册会计师对第三人民事责任案件的审判，在世界范围内影响深远。

1968 年，Rusch Factors 公司诉注册会计师 Levin 一案则将注册会计师对第三人民事责任的范围从厄特马斯案的直接受益人扩展到应预见到的受益人。应预见到的受益人是指注册会计师事先不知道详细姓名及其他具体情况的第三者，但这些人会依赖审计意见进行某些特定目的的决策行为是注册会计师可以合理预计到的。该案的被告注册会计师 Levin 接受委托对一家公司的财务报表进行了审计，财务报表显示，该公司具有足够的偿债能力，注册会计师也因此出具了无保留审计意见。公司以被审计报表及其审计意见为依据，向 Rusch Factors 公司申请贷款获得成功。但不久以后，公司就破产了。Rusch Factors 起诉 Levin 在执业过程中没有履行应尽的注意义务，出具了不当的审计意见，导致其受损，因而应当承担相应的赔偿责任。法庭同意了原告的诉讼请求，认定原告 Rusch Factors 公司为注册会计师应当预见到的审计报告受益人，因此须向其承担法律责任。然而，对于向应预见第三人承担法律责任的范围和条件，在美国法律界仍存在着较大的争议。有些法官认为注册会计师只有在重大过失和欺诈条件下才须向应预见第三人承担法律责任，也有一些法官认为一般过失下也须承担相应责任，因此各州法院的具体判决也有所不同。

1976 年，发生在明尼苏达州的 Bonhiver 诉 Graff 一案则将注册会计师对第三人民事责任的范围进一步扩展到可预见的第三人。可预见到的第三人是指那些注册会计师在执行业务时无法识别的，但在未来可能与企业发生关系的人，如潜在的投资者、债权人、证券分析师、公司的雇员、客户、供应商等。在 Bonhiver 诉 Graff 案中，注册会计师被判存在一般过失，应对包括地方保险机构在内的可预见利益关系第三人承担赔偿责任。原因是地方保险机构是州保险委员会的下属机构，而州保险委员会在对企业进行审查时，会依据注册会计师的工作底稿，因此地方保险机构是注册会计师工作的可预见利益关系第三人。

通过以上对相关案例的回顾中可以看出，虽然就注册会计师向利害关系第三人承担法律责任的范围、过失程度等方面在美国各级法院的判例中仍存在差异，但习惯法下注册会计师民事法律责任呈不断扩大的趋势却是不争的事实。

5.3 我国注册会计师法律责任发展历程回顾

新中国的注册会计师审计制度于 1980 年正式恢复，在此后的很长一段时间里，服务的对象比较单一，主要是为“三资”企业提供验资、所得税汇算清缴、会计咨询等服务，审计信息的使用者则主要是政府相关部门。而当时的会计师事务所作为“国家批准的依法独立承办注册会计师业务的事业单位”，注册会计师即便在工作出现了过失和错误，由于缺乏明确的法律依据，也很少能够追究其法律责任。

1986 年 7 月，国务院颁布了《注册会计师条例》，这是我国注册会计师行业第一部正式的行政法规，条例首次对注册会计师应当承担的法律责任进行了原则性规定：注册会计师违反工作规则造成不良后果的，由主管的财政机关根据情况分别给予下列处分：警告；罚款；暂停执行业务；吊销注册会计师证书。注册会计师如果触犯刑律，构成犯罪的，由司法机关依法惩处。

20 世纪 90 年代初，上海、深圳证券交易所相继成立，明确规定上市公司的财务报告必须由注册会计师进行审计并出具审计报告。注册会计师的服务对象空前扩大。但由于注册会计师法律意识淡薄，在职业过程中缺乏应有的职业道德素质和专业技术能力，审计质量普遍不高，更为恶劣的是一些注册会计师与上市公司串通一气，出具虚假审计报告，并导致了“深圳原野案”“长城机电案”和“农行衡水信用证诈骗案”（俗称“老三案”）等一系列震惊整个全国的舞弊造假案件的发生，投资者损失惨重，也使正处于起步阶段的中国股票市场遭受沉重的打击。事后，涉案的事务所和注册会计师均被追究了相应的行政责任，但由于缺乏相应的民事责任追究机制，投资者所遭受到的巨额损失并没有得到弥补，法律的公平正义无法体现。当时恰逢《注册会计师法》的起草和审议，国家对这三大案件义愤填膺，下决心“用法律把这个行业管起来”。1993 年 10 月，八届全国人大四次会议通过了《注册会计师法》，明确提出了注册会计师的违法行为应当承担民事责任。与此同时，《公司法》《股票发行与交易暂行条例》《禁止证券欺诈行为暂行办法》等一系列法律法规也相继颁布，从而确立了我国注册会计师法律责任的基本框架。

1996 年，四川德阳会计师事务所验资诉讼案开启了追究注册会计师民事责任的先河。事情的经过大致如此：1993 年 5 月，四川德阳东方贸易公司与山西太原南郊化工厂签订了购货合同，南郊化工厂按照合同规定发货后，东方贸易公司一直拒不付款，化工厂讨债无门，只好将贸易公司告上法庭。案件虽然胜诉，但被告东方贸易公司根本没有资产可供清偿债务。法院对东方贸易公司进行调查后发现，公司在 1992 年注册成立时，投资者根本没有投入任何资产，是一个典型的“皮包”公司。而四川德阳会计师事务所为其出具了验资报告，并在验资报告附件中承诺“以上货币资金及固定资产业经逐项验证属实，如有虚假，由我单位负责承担证明金额内的赔偿责任”。鉴于以上事实，1996 年 4 月 4 日，最高人民法院发布《最高人民法院关于会计师事务所为企业出具虚假验资证明应如何处理的复函》（法函〔1996〕56 号，以下简称 56 号文），判定东方贸易公司应当承担相应债务的偿还责任，德阳会计师事务所在其验资证明金额内对东方贸易公司无力偿还的部分承担赔偿责任。56 号文还同时指出：“即使会计师事务所出具的虚假验资证明无特别注明，给委托人、其他利害关系人造成损失的，根据《中华人民共和国注册会计师法》第四十二条的规定，亦应当依法承担赔偿责任。”此后，最高人民法院又相继发函①，进一步强化了注册会计师虚假验资的民事赔偿责任，注册会计师行业面临法律风险空前扩大。仅 1997 年一年，针对注册会计师验资的诉讼案件就高达 500 余起。以至于只要发生了涉及企业之间经济纠纷的案件，都会将注册会计师列为被告，要求其承担民事赔偿责任，甚至出现了注册会计师被列为第十七被告的荒唐事情。

与此同时，在证券市场上，上市公司信息披露的乱象依然层出不穷。有的公司通过“包装”报表业绩，骗取上市资格；有些公司利用关联交易、资产重组、债务重组等业务进行非法盈余管理，恶意操纵利润，欺骗广大投资者；还有些公司擅自改变募集资金用途，却不进行相关信息的披露。这其中以“琼民源”“成都红光”“东方锅炉”等公司的造假手段最为恶劣（俗称“新三案”）。而注册会计师作为这些公司虚假信息的审计者，自然难辞其咎。案发后，涉案的会计师事务所和注册会计师均受到了证监会的行政处罚。但区区几十万元的罚款与其所获得的巨额收益以及投资者所受到的损失来说，根本不值一提，类似案件依旧层出不穷。显然，行政处罚的力度不足以震慑违法者，而刑事处罚的程序复杂，犯罪事实的认定、举证要求都非常

---

① 1997 年 12 月 5 日，最高人民法院发布了《关于会计师事务所出具虚假验资证明应如何承担责任》（法释〔1997〕10 号）；1998 年 6 月 19 日，发布了《关于会计师事务所出具虚假验资证明应如何承担责任问题的批复》（法释〔1998〕13 号）；2002 年 2 月 9 日发布了《关于金融机构为企业出具不实或者虚假验资报告资金证明如何承担民事责任问题的通知》（法释〔2002〕21 号）。

严格，很难启动。而当中小投资者提起民事诉讼时，由于当时还缺乏具体的法律条文依据及相关判例，法院一般都不予受理[①]。因此这一时期注册会计师面临的法律风险虽然明显增加，但真正承受的法律后果并不严重。

进入 21 世纪后，随着我国法制化进程的不断加速，对于证券市场屡禁不止的虚假陈述行为的民事责任追究机制终于启动。2002 年 1 月 15 日，最高人民法院发布了《关于受理证券市场因虚假陈述引发的民事侵权纠纷案件有关问题的通知》（以下简称《1.15 通知》）。《1.15 通知》首次明确了证券市场信息披露义务人虚假陈述行为的民事侵权责任性质，并对法院受理此类案件的前置条件进行了规定：①只受理已被证券监管部门作出生效处罚决定的案件；②只受理在信息披露中进行虚假陈述的民事索赔案件；③不受理集团诉讼；④只有直辖市、省会市、计划单列市或经济特区中级人民法院可以受理此类案件。时隔一年之后，2003 年 1 月 9 日，最高人民法院又发布了《关于审理证券市场因虚假陈述引发的民事赔偿案件的若干规定》（以下简称《1.19 规定》）。《1.19 规定》对虚假陈述案件的认定、案件的受理与管辖、起诉方式、归责原则、免责事由、侵权责任的承担方式以及投资人损失的认定与计算等问题均进行了详细的规定与解释。《1.15 通知》和《1.19 规定》的颁布标志着我国证券市场虚假陈述行为的民事责任追究机制真正进入司法实践阶段，也是迄今为止注册会计师法律责任发展历程中一个最重要的里程碑。

由于《1.15 通知》和《1.19 规定》是针对证券市场虚假陈述行为的全部责任人所作出的法律规范，而注册会计师审计服务及审计意见的性质比较特殊，因此，2007 年 6 月 11 日，最高人民法院又发布了专门针对注册会计师行业的《关于审理涉及会计师事务所在审计业务活动中民事侵权赔偿案件的若干规定》（以下简称《6.11 规定》）。《6.11 规定》厘清了会计职业界和法律界对于注册会计师法律责任问题上存在的一些重大分歧，为有效审理注册会计师审计业务活动中的民事侵权案件提供了直接依据，具体体现在以下几个方面：①明确了利害关系人的范围；②承认注册会计师执业准则的法律地位；③适用过错推定和举证责任倒置的归责原则；④明确了此类案件的诉

---

① 最高人民法院曾专门发文说明对此类案件“暂不予受理”。

讼条件和诉讼主体列置等程序性规定；⑤明确了会计师事务所应承担补充责任和连带责任的具体情形；⑥强调了过失比例责任及责任顺位；⑦认定会计师事务所过错责任的具体方法；⑧明确了注册会计师免责和减轻责任的事由；⑨强调了审判程序的重要性（奚晓明，2007）。

尽管有了以上明确的司法解释和规定，但法院对于证券市场虚假陈述案件的审理过程及结果仍无法令人广大投资者满意。以“中国证券市场虚假陈述民事赔偿第一案”的银广夏案为例。银广夏（股票代码：000557）于1994年6月17日在深圳证券交易所上市。2001年8月2日，著名的《财经》杂志发表署名文章《银广夏陷阱》，声称其财务报告中存在着严重的虚假信息，在证券市场上引起轩然大波，股价暴跌，投资者损失惨重。经调查后发现，银广夏在1998～2001年，通过编造经济业务、伪造原始凭证等行为，累计虚构销售收入104962.60万元，少计费用4845.34万元，导致利润虚增77156.70万元。2002年4月23日，中国证监会认定银广夏的财务报告存在严重的虚假陈述，并对其做出了相应的行政处罚决定。由于证监会已经对银广夏做出了行政处罚，根据《1.15通知》和《1.19规定》，法院应当立即受理投资者的民事诉讼请求，但是案件的管辖法院——银川中院以行政处罚决定存在着被处罚人要求行政复议或行政诉讼的可能性为理由，决定暂缓受理民事赔偿案件，从而引起了广大投资者的强烈不满。直到3个月后的2002年7月30日，上海六股民诉“银广夏”案才被法院正式受理。但立案开放时间只持续了两周，法院又宣布暂缓立案，理由是法院正在审理银广夏原高管人员的刑事诉讼案件。直到2004年4月20日，在“银广夏”案的民事诉讼时效即将到期前一个月，法院才又宣布开始受理案件。由于时间太短，投资者纷纷要求延长案件受理期限，迫于压力，银川中院决定将“银广夏”案诉讼时效延长至2004年8月14日，最终共有836名投资者的诉讼请求被法院受理。之后案件进入了漫长的审理程序。2007年1月19日，银川中院宣布了“银广夏”案民事诉讼的终审判决，判定银广夏向原告赔偿损失金额共计7312万元（含部分利息）。从起诉到结案，历时4年6个月，漫长的审理过程、复杂的举证程序、有限的损失赔偿使广大中小投资者只能望洋兴叹。如何让高悬在注册会计师头顶的达摩克利斯之剑发挥其应有之威力，看来仍有很长的一段路要走。

5.4　注册会计师法律责任制度变迁对审计质量影响的实证研究

5.4.1　理论分析与研究假设

作为“理性经济人”，注册会计师在执业过程中，自然会对相关的成本和收益进行权衡，然后做出最大化其经济利益或其他利益的决策。注册会计师的执业成本、收益及利润如下：

$$P = I - C_A - C_O - C_P \tag{5.1}$$

其中，P 表示注册会计师执业的净收益，I 为审计服务的收入，C_A 为执业过程中所耗费的人力、物力等固定或变动成本。C_O 为机会成本，它是注册会计师因保持其独立性，拒绝与委托人合谋进行虚假陈述所放弃的额外非法收益；C_P 为违法成本，它是注册会计师因发生审计失败或其他原因被追究法律责任所受到的惩罚。

根据以上公式，在没有法律风险及违法成本（C_P）的情况下，注册会计师作为“理性经济人”，肯定会尽可能地降低审计投入（C_A），并选择与委托人合谋，降低机会成本（C_O），从而最大化其经济收益（P）。而审计服务的质量是注册会计师发现并报告客户财务报表中存在重大错报的联合概率。其中，发现重大错报的概率取决于注册会计师的专业技术能力及其所投入的审计成本，而是否将已经发现的重大错报反映在审计意见中，则是由注册会计师的独立性所决定的（De Angelo，1981）。较低的审计投入与较差的独立性通常会导致审计服务质量的降低。然而，与一般商品或服务的购买者不同，注册会计师的审计服务主要是委托人为了满足政府的监管需要而产生的一种强制性需求，所以委托人本身对于审计服务的质量并没有太高的要求。在这种缺乏内在动力的情况下，为了使注册会计师能够提供高质量的审计服务，维护广大信息使用者的合法权益，增加其违法成本就成了唯一的选择。只有当违法成本超过审计服务的最佳投入成本与违法行为的机会成本之和时，注册会计师才会选择提供高质量服务。

如前所述，我国注册会计师行业自20世纪80年代初恢复以来，相关的法律责任制度经历了一个从无到有、由松到紧的变迁过程。进入21世纪以后，最高人民法院于2002年1月和2003年1月相继发布了《1.15通知》和《1.19规定》，这是迄今为止我国注册会计师法律责任发展历程中一个最重要的里程碑。它使对于证券市场虚假陈述行为的民事责任追究机制正式进入司法实践阶段，从而极大地增加了注册会计师审计失败的法律风险与法律责任。这一制度变迁对注册会计师的执业行为及审计质量究竟产生了怎样的影响？是否达到了制度设计的预期目标？以下本书将对此进行实证检验。

盈余管理是企业管理当局为了误导外部会计信息使用者对企业经营业绩的理解或影响那些基于会计数据的契约的结果，通过编报财务报告和“构造”交易事项以改变财务报告判断和会计选择的过程（魏明海，2000）。在法律责任日趋严格的条件下，注册会计师通过高质量的审计，可以在很大程度上降低上市公司财务报表的盈余管理水平（Heninger，2001；Bartov et al.，2000；张奇峰和雷光勇，2006；刘峰和周福源，2007）。据此，本章特提出以下研究假设：

H5－1：《1.15通知》和《1.19规定》发布之后，上市公司财务报告的盈余管理水平有所降低。

目前，我国上市公司对财务报表进行盈余管理的现象非常较普遍。盈余管理行为无疑会降低会计信息的质量，但企业的这些行为通常是在会计准则允许的范围内进行的，如果企业不配合的话，注册会计师也无法强制性地要求其作出调整，而只能通过出具不同类型的审计意见来提醒信息使用者，同时也降低其自身可能承担的法律风险与法律责任。因为注册会计师出具的审计意见类型与其可能承担法律责任程度存在着直接关系。当被审计报表存在重大错报或漏报且构成虚假陈述时，如果注册会计师出具的是否定意见或拒绝表示意见，通常不需要承担法律责任。如果出具的是保留意见，且保留意见事项就是构成虚假陈述的事项，也不需要承担责任；如果出具的是带解释说明段的无保留意见，则有可能要承担一定的法律责任；如果出具的是标准无保留意见，很可能要承担较大的法律责任。注册会计师作为“理性经济人”，面对日趋严格的法律责任，从保护自身利益的角度出发，应当会选择出具更加严格的审计意见。据此，特提出以下研究假设：

H5－2：《1.15 通知》和《1.19 规定》发布之后，注册会计师对盈余管理水平较高的财务报告更多地出具了非标准审计意见。

5.4.2 模型设定与变量定义

为了对研究假设 H5－1 和假设 H5－2 进行检验，我们建立了以下多元线性回归模型（5.2）和二元 Logistic 回归模型（5.3），模型中各变量的具体定义如表 5－3 所示。

$$EM = \beta_0 + \beta_1 Year_{2002} + \beta_2 Year_{2003} + \beta_3 Size + \beta_4 ROA + \beta_5 Lever + \beta_6 Growth + \beta_7 REC + \beta_8 INV + \beta_9 Rights + \beta_{10} De\text{-}list + \beta_{11} Big4 + \varepsilon \quad (5.2)$$

$$Ln(P_{Opinion}/1 - P_{Opinion}) = \beta_0 + \beta_1 Year_{2002} + \beta_2 Year_{2003} + \beta_3 Size + \beta_4 ROA + \beta_5 Lever + \beta_6 Growth + \beta_7 REC + \beta_8 INV + \beta_9 Rights + \beta_{10} De\text{-}list + \beta_{11} Big4 + \beta_{12} EM + \beta_{13} Year_{2002} \times EM + \beta_{14} Year_{2003} \times EM + \varepsilon \quad (5.3)$$

表 5－3　　变量定义

变量名称	变量符号	变量说明
盈余管理程度	EM	根据截面琼斯模型（Jones，1991）计算出的操纵性应计数的绝对值
审计意见类型	Opinion	如果公司当年的审计意见为标准无保留意见，其值为0；否则为1
公司规模	Size	公司当年年末总资产的自然对数
总资产收益率	ROA	公司当年营业利润/年末总资产
资产负债率	Lever	公司当年年末长期负债总额/资产总额
营业收入增长率	Growth	（公司当年营业收入－上年营业收入）/上年营业收入
应收账款比率	REC	公司当年年末应收账款净额/资产总额
存货比率	INV	公司当年年末存货余额/资产总额
保牌	De-list	虚拟变量，如果公司年末净资产收益率处于［0，1%］之间，其值为1，否则为0
配股资格	Rights	虚拟变量，如果公司年末净资产收益率处于［6%，7%］之间，其值为1，否则为0
事务所品牌	Big4	如果为公司进行审计的事务所为国际4大会计师事务所在中国的合伙所，其值为1，否则为0
年度控制变量	$Year_{2002}$	如果样本公司数据年度为2002年，其值为1，否则为0
年度控制变量	$Year_{2003}$	如果样本公司数据年度为2003年，其值为1，否则为0

5.4.3 样本选择与数据来源

本章以 2001 ~2003 年我国 A 股上市公司作为基础样本，并按下列标准进行了样本剔除：①金融行业公司；②上市时间不足两年的公司（因为根据 Johns 模型计算公司报表的盈余管理水平，需要连续两年的财务数据）；③关键数据缺失的公司。最后得到样本公司年度观测值 3439 个，样本公司的选择及年度分布情况如表 5 -4 所示。为了消除极端值对实证分析结果的影响，我们对所有连续型变量在 1% 和 99% 的水平上进行 Winsorize 处理。

表 5 -4　　　　样本选择过程及样本公司年度分布

年份	2001	2002	2003	合计
沪、深 A 股上市公司总数	1202	1236	1312	3750
金融保险行业公司	7	7	11	25
上市时间不足两年的公司	139	75	71	285
关键数据缺乏的公司	0	1	0	1
样本公司数量	1056	1153	1230	3439

样本公司的财务与审计数据信息主要来自 Wind 数据库，部分缺失数据通过手工查阅公司在巨潮资讯网上公布的年度报告获得。数据的处理是通过 Excel 和 SPSS 16.0 完成的。

5.4.4 实证结果

（1）描述性统计。

表 5 -5 中列示的是模型（5.3）和模型（5.4）中关键变量的描述性统计结果。可以看到，在《1.15 通知》发布后的 2002 年，上市公司可操纵性应计数绝对值（EM）的均值为 0.1052，与 2001 年的均值 0.0848 相比，反而有所上升，而在《1.19 规定》出台的 2003 年，均值又降至 0.0872，EM 的三年均值为 0.979，总体来变化不大，这可能与注册会计师审计质量的黏性有关。制度变迁后，注册会计师很难立刻就能提高识别企业盈余管理行为

的水平，制度变迁的效果需要一段时间之后才能体现出来。与之相对应的是，上市公司在2002年被出具非标准审计意见的比例也是最高的，达到了12.38%，这说明注册会计师还是意识到了上市公司报表中的盈余管理现象，出于法律风险等方面的考虑，在审计意见中有所体现。值得注意的是，在制度变迁之后的2003年，注册会计师出具非标准审计意见的比例为8.08%，低于2001年的11.15%和2002年的12.38%，如果单从这一结果来看，审计质量反而是有所降低的。然而，通过对非标准意见的构成分析（见表5-6），我们发现，这主要是因为带说明段无保留意见的比例明显下降，分别比2001年和2002年下降了34.78%和49.58%，而拒绝表示意见的比例则明显上升，分别比2001年和2002年上升了200%和23.53%。这一降一升说明注册会计师在执业过程中，面对日趋严格的法律责任，所表现出的一种特殊心态。在明知出具带说明段无保留意见已无法降低其法律风险的情形之下，为了留住宝贵的上市公司客户资源，又不敢出具过于严厉的保留意见或否定意见，只能用消极的拒绝表示意见进行应对。但以上结论只是针对样本整体特征所做出的推测，法律制度变迁和法律责任的加重究竟对注册会计师审计质量产生了怎样的影响，还需要作更进一步的分析。

表5-5　　描述性统计

变量	均值	标准差	最小值	最大值
EM	0.0979	0.1322	0.0000	1.4759
EM2001	0.0848	0.0856	0.0000	0.9037
EM2002	0.1052	0.1241	0.0001	1.4759
EM2003	0.0872	0.1066	0.0000	1.3592
Opinion	0.1048	0.1711	0.0000	1.0000
Opinion2001	0.1115	0.1784	0.0000	1.0000
Opinion2002	0.1238	0.2674	0.0000	1.0000
Opinion2003	0.0808	0.2104	0.0000	1.0000
Size	20.9370	0.9421	16.8801	25.7300
ROA	0.2571	0.1487	-5.3011	1.0112
Lever	0.4921	0.6132	0.0101	23.8100
Growth	1.3190	2.0790	-3.4152	7.8801

续表

变量	均值	标准差	最小值	最大值
REC	0.198	0.462	0.002	0.782
INV	0.218	0.269	0.003	0.751
De-list	0.0131	0.1107	0.0000	1.0000
Rights	0.0257	0.2451	0.0000	1.0000
Big4	0.0752	0.2124	0.0000	1.0000

表 5-6　　　　上市公司审计意见类型分布

年度	上市公司总数	标准无保留意见		带说明段无保留意见		保留意见		拒绝表示意见	
		数量	占比	数量	占比	数量	占比	数量	占比
2001	1202	1068	88.85%	92	7.65%	35	2.91%	7	0.58%
2002	1236	1083	87.62%	119	9.63%	17	1.38%	17	1.38%
2003	1312	1206	91.92%	60	4.57%	25	1.91%	21	1.60%
合计	3750	3357	89.52%	271	7.23%	77	2.05%	45	1.20%

（2）回归分析。

为了进一步考察法律制度变化对注册会计师审计质量的影响，我们对模型（5.3）和模型（5.4）进行了回归分析，结果如表 5-7 所示。从表中可以看到，在模型（5.3）中，衡量制度变迁效果的年度控制变量 $Year_{2002}$ 的回归系数为正（$\beta=0.008$，$t=0.962$），与预期符号相反，$Year_{2003}$ 的系数虽然为负（$\beta=-0.024$，$t=-1.576$），但也不具统计上的显著性，这一结果说明，在加重注册会计师民事法律责任的《1.15 通知》和《1.19 规定》发布后，被审计报表的盈余管理水平并没出现明显的下降，从这个角度来说，注册会计师的审计质量并没有提高，与研究假设 H5-1 明显不符。其原因可能是企业的盈余管理行为，大多是利用会计核算中需要运用主观估计及专业判断的特点，在会计准则允许的范围内进行的。虽然过度的盈余管理肯定会降低会计信息的质量，但注册会计师也无法强制性要求企业进行调整。在控制变量方面，我们发现应收账款与存货的回归系数显著为正，净资产收益率位于保牌区间和配股区间的公司，其盈余管理水平也显著更高，这与其他学者的研究结果基本一致。总资产收益率（ROA）的回归系数为负，且在 1% 的水平上高度显著，这说明我国上市公司进行盈余管理的行为可能非常普遍，会计利润中的操纵性成分很大。Big4 的回归系数为负，且5%的水平上显著，这说明国际“四大”能够较好抑制上市公司的盈余管理水平，审计质量比本土事务所要高，与其他学者的研究结论也基本一致。

表5-7　　　　回归结果

模型（5.3）			模型（5.4）		
解释变量	预期符号	回归系数	解释变量	预期符号	回归系数
截距	?	0.161 (0.304)		?	0.049** (2.366)
Size	?	0.045 (1.112)	EM	+	0.015*** (5.318)
ROA	-	0.018*** (8.431)	Size	?	-0.436*** (-13.442)
Growth	+	0.001 (0.804)	ROA	-	-0.033*** (60.178)
Lever	-	-0.106 (-1.363)	Growth	-	-0.141 (1.479)
REC	+	0.065*** (6.977)	Lever	+	0.001 (0.929)
INV	+	0.017*** (3.597)	REC	+	0.762 (0.485)
De-list	+	0.014* (1.976)	INV	+	-2.440** (5.986)
rights	+	1.559* (1.799)	De-list	+	0.099 (0.052)
Big4	-	-0.174** (-2.038)	Rights	+	0.425*** (7.056)
$Year_{2002}$	-	0.008 (0.962)	Big4	-	0.305 (0.687)
$Year_{2003}$	-	-0.024 (-1.576)	$Year_{2002}$	+	0.182* (2.472)
			$Year_{2003}$	-	0.031 (1.916)

续表

模型（5.3）			模型（5.4）		
解释变量	预期符号	回归系数	解释变量	预期符号	回归系数
			$Year_{2002}*EM$	+	3.639*** (28.517)
			$Year_{2003}*EM$	+	0.031* (2.687)
N	3439		N	3439	
Adjust R^2		0.071	Cog & Snell R^2		0.302

注：括号中的数值是回归系数的 t（Wald）统计量，***、**、*分别表示在 1%、5% 和 10% 的水平上显著。

模型（5.4）的因变量为注册会计师出具的审计意见类型（Opinion），从回归结果可以看到，可操纵性应计数绝对值（EM）的系数为正，且在 1% 的水平上显著，而 EM 与 $Year_{2002}$ 和 $Year_{2003}$ 交叉项的系数也分别在 1% 和 10% 的水平上显著为正，与预期符号完全一致，这一结果充分说明注册会计师在审计过程中的确注意到了企业的盈余管理行为，并且在审计意见中进行了反映，而且在制度变迁之后的 2002 年和 2003 年，注册会计师针对企业财务报表中存在的盈余管理现象，出具非标准无保留意见的概率显著高于变迁之前的 2001 年，以上结果不仅支持了研究假设 H5－2，也充分证明法律责任的加重的确有利于提高注册会计师的独立性和审计质量，在很大程度上实现了政府部门推动此次制度变迁的目的。

5.4.5 稳健性检验

在模型（5.4）中，我们是通过加入年度控制变量 $Year_{2002}$、$Year_{2003}$ 及其与盈余管理（EM）的交叉项来考察制度变迁前后注册会计师审计质量的变化情况，虽然回归系数的符号和显著性可以在很大程度上反映这一变化趋势，但不同年度的样本公司数据在同一个模型中进行回归分析，可能会产生自相关和异方差等问题，影响结果的可靠性。为此，我们对模型（5.4）进行了修正，即删除了年度控制变量 $Year_{2002}$、$Year_{2003}$ 及其与盈余管理（EM）的交叉项，然后针对变迁前后不同年度的样本进行了分年度回归分析，结果如表5-8所示。从表中可以看到，在制度变迁前的2001年，EM的回归系数为-0.021，与预期符号不一致，而制度变迁之后的2002年和2003年，EM的回归系数不仅为正，且分别在10%和1%的水平上显著，以上结果进一步说明法律风险的加大的确让注册会计师的执业行为有所改变，对盈余管理水平高的公司更多地出具了非标准审计意见，审计质量显著提高，制度变迁的效果再次得以证明。

表5-8　　　　　　　　分年度回归结果

年份		2001	2002	2003
解释变量	预期符号	回归系数	回归系数	回归系数
	?	0.049** (2.366)	0.049** (2.366)	0.049** (2.366)
EM	+	-0.021 (1.543)	0.065* (2.318)	0.121*** (3.054)
Size	?	-0.561*** (35.612)	-0.553*** (-32.374)	-0.575*** (-35.910)
ROA	-	-0.213*** (20.741)	-0.372*** (33.224)	-0.156*** (23.186)
Growth	-	0.214 (1.479)	-0.158* (2.403)	0.189 (1.821)
Lever	+	0.233 (0.901)	0.318 (0.215)	0.421 (0.831)
REC	+	0.112 (0.885)	0.241 (0.441)	0.527 (0.698)
INV	+	-1.15* (2.986)	-1.440*** (6.574)	-1.217** (3.547)
De-list	+	0.018* (1.992)	0.201** (2.890)	0.187** (3.052)
rights	+	0.125* (2.015)	0.411 (0.056)	0.524 (0.187)

续表

年份		2001	2002	2003
解释变量	预期符号	回归系数	回归系数	回归系数
Big4	-	0. 010 (0. 918)	0. 0235 (1. 461)	0. 257 (0. 157)
N		1056	1153	1230
Cog & Snell R^2		0. 322	0. 318	0. 326

注：括号中的数值是回归系数的 Wald 统计量；*** 、** 、* 分别表示在 1% 、5% 和 10% 的水平上显著。

5.5 本章小结

本章首先对中、美两国注册会计师法律责任制度的变迁历程进行了回顾。其次，针对我国最高人民法院于 2002 年、2003 年发布的两个司法解释这一制度变迁事件，以 2001 ~2003 年我国 A 股 3349 家上市公司为样本，通过实证研究，考察了法律责任变化对于注册会计师审计质量的影响。研究结果如下：

(1) 实证研究结果表明，在加重注册会计师民事责任的《1. 15 通知》和《1. 19 规定》发布后，被审计报表的盈余管理水平变化不大。如果单从这个角度看，注册会计师的审计质量并没有得到明显的改善，与研究假设不符。其原因可能是企业的盈余管理行为，大多是利用会计核算中需要运用主观估计及专业判断的特点在会计准则允许的范围内进行的。虽然过度的盈余管理无疑会降低会计信息的质量，但注册会计师也无法强制性要求其进行调整。

(2) 通过实证研究，我们还发现注册会计师的确注意到了企业会计报表中存在的盈余管理现象，并通过出具非标准无保留意见进行反应；而且在制度变迁之后的 2002 年和 2003 年，注册会计师对盈余管理水平高的公司更多地出具了非标准审计意见。这一结果充分证明法律责任的加重的确有利于提高注册会计师的独立性和审计质量，在很大程度上实现了政府部门推动此次制度变迁的目标。

| 第6章 |

审计师轮换制度变迁的绩效研究

6.1 关于审计师轮换制度的争议与讨论

审计任期是指审计师（包括会计师事务所和注册会计师）连续为同一企业提供审计服务的年限。审计师轮换意味着审计任期的结束。根据轮换性质的不同，审计师轮换又可以分为自愿轮换与强制轮换。前者是指被审计单位每隔若干年主动变更审计师的行为，这往往是被审计单位为提高审计质量而制定的一种内部控制机制；后者是指一国的政府监管部门对审计师任期进行的一种强制性规范，它要求被审计单位在聘请某一审计师连续提供法定审计服务达到一定年限后，必须对审计师进行更换。根据世界各国相关法律规范的不同，又可以分为会计师事务所强制轮换和注册会计师强制轮换。

然而，关于审计任期与审计师轮换制度究竟会对注册会计师的专业胜任能力和独立性以及最终的审计质量产生怎样的影响，在会计职业界和学术界一直存在着较大的争议。美国的杜邦公司早在20世纪初，便开始定期对审计师进行轮换。1910～1945年，其所聘请会计师事务所的审计任期均不超过3年，而且在前18年中，公司每年都更换了审计师。然而，公司董事会的这种做法在公司内部一直备受争议，经过长时间的实践，杜邦公司决定放弃事务所的定期轮换政策，从1945年开始，永久聘请普华永道作为其财务报告的审计师。

1938 年，发生在美国纽约州的麦克森·罗宾斯公司倒闭事件是注册会计师审计发展历史上一个重要的里程碑，它不仅导致了世界上第一份独立审计准则的出台①，也引发了人们对于审计师轮换问题的关注。麦克森·罗宾斯公司是一家从事药材生产与贸易的企业，一直聘请著名的普华永道会计师事务所（PW）对公司的财务报表进行审计，而 PW 在长达 15 年的审计过程中，居然未发现公司经理菲利普·科斯特及其同伙穆西卡等人，都是有犯罪前科的诈骗犯。他们与公司财务会计的负责人勾结串通，肆意虚构资产、收入及利润，欺骗投资者和债权人。事后，美国证监会（SEC）的官员除了就 PW 的审计程序等问题提出质疑外，还首次提出了审计师的轮换问题。对此学术界反应不一，以 Blough 和 McLaren 为代表的大多数学者认为，过高的初始审计成本以及审计师在长期审计过程中积累的与特定客户相关的专用资产价值的丧失使审计师强制轮换制度弊大于利。也有学者认为应当区分不同类型的审计业务，对于那些不涉及公众利益的业务领域，如税收筹划、管理咨询等业务，出于成本、信任以及审计师专业胜任能力积累等因素的考虑，应当进行审计师的连续聘用，但对于那些涉及社会公众利益的法定审计业务，则应当进行审计师的定期强制轮换。尽管如此，最终 SEC 仍选择了接受大多数人的意见，没有正式引入审计师的强制轮换制度。

进入 20 世纪 70 年代以后，审计师轮换问题再次在学术界和会计职业界引发争议。1976 年 6 月，美国著名的公民活动家、现代消费者权益保护之父拉尔夫·纳德（Ralph Nader）与公司社会责任研究小组成员联合建议美国国会通过立法，要求上市公司每 5 年必须更换审计师，以便可以让事务所之间进行相互的业务检查，防止审计失败的发生。为此，美国参议院商业委员会专门召开听证会，听取社会各界人士对这一问题的意见。同年 12 月，参议院政府工作委员会下设的会计报告和管理小组委员会发布了题为“*The Accounting Establishment*”的研究报告，即著名的 Metcalf 报告，报告认为以国际“八大”为首的会计师事务所长期垄断了上市公司的审计业务，导致审计师独立性严重缺失，这是造成大公司财务报表中不当行为没有被揭露的主要

① 详见本书第 7 章的相关内容。

原因。报告同时提出了16条建议，其中的第4条建议便是要求对上市公司的审计师进行定期的强制性轮换，以提高审计师的独立性，更好地维护社会公众的利益。对此，会计职业界反应强烈。1978年1月，美国注册会计师协会（AICPA）下属的科恩委员会发文称事务所强制轮换的成本太高，通过事务所内部人员的轮换同样可以达到提高审计独立性的目的。此后，AICPA采取了一系列措施（如同业互查、合伙人复核等）来增强社会公众对于审计师保持独立性的信心。1992年，AICPA发表了题为《关于公众公司审计事务所强制轮换立场声明》（*Statement of Position on Regarding Mandatory Rotation of Audit Firm of Publicly Held Companies*）的报告。报告指出，没有任何确凿的证据表明，事务所强制轮换制度可以改善审计质量，在其他措施如定期轮换合伙人、合伙人复核的保护下，同样可以达到提高审计独立性和审计质量的目的；相反，审计师的强制轮换会大大增加事务所、被审计单位以及社会公众的成本，而且削弱了审计师最有用的审计工具之一，即审计师在长期审计过程中积累的与特定客户相关的专用资产价值，从而导致审计质量的降低。鉴于上述理由，报告认为审计师强制轮换制度并不符合社会公众的利益。

然而，进入21世纪以来，以美国安然、世通、施乐等公司为代表的一系列财务报告舞弊案件的发生，不仅给投资者造成了严重的损失，也引发了人们对于注册会计师审计质量的强烈不满。事后，社会各界对导致审计失败的原因进行了全方位的反思，其中的一个共同现象引起了证券市场监管部门的关注，那就是担任这些公司财务报表审计的事务所任期过长。例如，从1985年开始，安然公司的财务报表一直由安达信负责审计，时间长达16年；世通公司的审计师也是由安达信担任，截至案发时的2002年，审计任期为13年；毕马威作为施乐公司的审计师，任期更是长达42年。为了防止审计任期过长对于审计质量可能产生的不利影响，美国国会于2002年7月通过了《2002年公众公司会计改革和投资者保护法案》，即著名的《萨班斯—奥克斯利法案》（*Sarbanes-Oxley Act*，SOX法案），首次决定在美国上市公司范围内实施审计师强制轮换制度。法案第203条款明确规定会计师事务所为某一审计客户提供审计服务时，担任审计工作的项目合伙人以及负责复核该审计项目的合伙人的连续任职年限均不得超过5年。

由于在美国国会举行的听证会上，社会各界对于审计师强制轮换制度仍存在着较大的争议，因此在SOX法案的第207条款中，要求美国会计总署（GAO）就这一制度的潜在影响作进一步的研究与讨论。随后，GAO通过问卷调查和面谈等方式，向会计师事务所、上市公司、机构投资者以及社会公众广泛征求他们对于以下问题的意见：①审计师的知识和经验对其发现错报的影响；②会计师事务所在处理财务报告问题时所面临的压力；③会计师事务所强制轮换如何影响审计独立性；④会计师事务所强制轮换如何影响审计人员配置；⑤会计师事务所强制轮换如何影响其对于审计计划的投资；⑥会计师事务所强制轮换是否会影响目前会计师事务所自愿变更的信息含量；⑦强制轮换对于审计成本和收费的潜在影响；⑧与竞争相关的问题。

GAO对于上述问题的调查结果显示：①大多数事务所认为，对客户经营管理系统和财务报告惯例的了解对于审计师发现重大会计错报极其重要或非常重要，而且审计失败的风险在审计任期的初始年份较高，但对强制轮换是否会影响新任审计师发现重大会计错报的能力持不同观点，仅有25%的公司认为能力会降低。②大多数事务所和上市公司并不认为，较长审计任期下审计师与客户的长期关系以及保留客户的愿望会增加审计失败的风险，因此强制轮换不会对新任审计师恰当处理重大会计错报问题的能力产生影响。相反，诉讼风险和监管处罚能产生更强的压力。③尽管多数公司认为强制轮换会提高个人投资者对审计师保持独立性的信心，但大部分事务所和公司认为资本市场和机构投资者并不会受到影响。④多数事务所认为在强制轮换制度下，当审计任期临近届满时，他们会将最了解公司情况和最有经验的审计人员转移到其他工作，以增强其吸引或保留其他客户的能力，但他们也认为这会增加审计失败的风险。⑤尽管多数事务所和公司认为强制轮换后平均审计任期会缩短，但事务所却不认为这将会降低其投资于特定客户相关资源的积极性。⑥大部分事务所和公司不认为强制轮换会改变当前投资者对审计变更做出的市场反应。⑦绝大多数事务所认为强制轮换会增加审计成本和营销成本，但他们会以提高审计收费的方式转嫁给公司；公司方面也认为审计轮换会导致较高的审计收费，而且还会导致额外的选择成本和支持成本的产生。⑧在审计市场竞争方面，一半以上的事务所认为，强制轮换会增加事务所参与审计服务竞争的机会，但可能会减少有愿意且有能力参与公司审计服务竞争的事务所的实际数量。绝大多数的被调查者认为轮换后审计市场份额可能会更加集中于少数大所，对某些特殊行业更是如此。

最后，GAO 给出了其自身对于审计师强制轮换制度的总体意见：事务所强制轮换肯定会导致额外成本的产生，但是其潜在收益却难以预计和量化。考虑到额外的审计成本、审计师对上市公司连续审计过程中所获得的经验的损失以及当前正在实施的改革措施，审计师强制轮换可能并不是增强审计独立性和提高审计质量的最有效途径。如果上市公司的审计委员会能够根据公司的具体情况经常评价事务所轮换是否必要，并积极参与有助于保证审计独立性和审计质量的工作，审计师轮换的许多效果是可以通过审计委员会的主动参与来实现的。但是 GAO 并没有完全否定审计师轮换制度，建议当前最谨慎的做法是由 SEC 和 PCAOB 对现有的旨在提高审计独立性和审计质量措施的有效性进行持续的监督和评价。

在中国证券市场上，上市公司串通注册会计师进行会计舞弊造假的案件也是屡禁不止，如银广夏、蓝田股份等公司，案件性质及恶劣程度与美国的安然、世通相比是有过之而无不及。受 SOX 法案的影响，我国政府相关部门也对审计师任期进行了强制性规范。2003 年 10 月 8 日，财政部与证监会联合下发了《关于证券期货审计业务签字注册会计师定期轮换的规定》（以下简称《轮换规定》），要求从 2004 年 1 月 1 日起，执行审计业务的签字会计师连续为同一机构提供服务的年限不得超过 5 年，并且在被轮换之后的两年以内，不得重新为该机构提供审计服务；为首次公开发行证券公司提供审计服务的签字注册会计师，在该公司上市后连续提供审计服务的期限，不得超过两个完整会计年度。此后，国资委又相继发布了《中央企业财务决算审计工作规则》和《关于加强中央企业财务决算审计工作的通知》等文件，对中央企业审计师的任期进行了规范。文件规定为中央企业提供年度财务决算审计业务的会计师事务所连续任期不得超过 5 年，但也不得小于 2 年。

审计师的强制轮换能否真正提高审计质量？我国政府这种出台的制度实施效果究竟如何？以下本章将就这些问题展开详细的实证分析。

6.2 签字会计师强制轮换规定实施效果的实证检验

6.2.1 样本选择与数据来源

由于《轮换规定》自2004年1月1日起正式实施，2003年上市公司的年报审计就必须执行这一制度的相关规定，也就是说，如果签字注册会计师在2002年之前已经为企业连续提供审计服务达到5年或5年以上，就必须进行强制性轮换。2003年我国A股共有上市公司1312家，剔除掉不能准确计算注册会计师审计任期的公司，必须进行签字会计师轮换的上市公司共有184家，通过手工查阅上市公司的审计报告，我们发现其中的98家公司已按规定进行了签字会计师的轮换，另外的86家公司未进行轮换，轮换公司比例为53.26%。从这些上市公司的行业分布情况看，其中批发和零售行业，信息传输、软件和信息技术服务行业，租赁和商务服务行业均实现了100%的轮换，而制造行业，电力、热力、燃气及水生产和供应行业，房地产行业，科学研究和技术服务行业以及建筑行业的轮换率均不足50%，也就是说，在这些行业中，有一半以上的应轮换公司并未按照《轮换规定》的要求进行签字会计师轮换。其原因可能是证监会负责人在2003年10月31日就《轮换规定》的具体实施问题在回答记者提问时进行了例外解释，即上市公司如果在这之前已经签订了审计业务约定书，确定了2003年年度报告的主审会计师，即便这些会计师的审计任期已满5年，也可暂不进行轮换，任期可延长至2003年年报审计结束；如果两名签字会计师的审计任期均已满5年，在2003年可只轮换一名会计师，另一名则必须在2004年年报审计结束后进行轮换。鉴于以上情况，本章将2004年也纳入《轮换规定》实施效果的检验期。2004年，按照《轮换规定》要求必须进行审计师轮换的上市公司共有163家，其中的141家进行了轮换，另外的22家公司仍然未进行轮换，整体轮换比例上升至86.51%。未轮换公司主要分布在制造行业，这可能是因为制造行业的上市公司数量比较多，再加上制造企业的会计业务核算比较复杂，进行审计师轮换的难度比较高，而相关文件也并未就上市公司违反《轮换规定》的行为提出任何具体的处罚措施，以至于这些公司并没有进行签字会计师的轮换。根据以上数据，我们将2003年和2004年进行了审计师轮换的239家上市公司作为轮换样本，而未按规定进行轮换的108家上市公司作为非轮换样本，展开下一步的实证检验。样本公司的年度与行业分布情况如表6-1所示。

表6-1　　　　样本公司年度、行业分布情况

行业代码	行业名称	2003年			2004年			全样本	
		轮换	未轮换	轮换率	轮换	未轮换	轮换率	轮换	未轮换
A	农、林、牧、渔业	2	1	66.67%	2	1	66.67%	4	2
C	制造业	45	49	47.87%	81	15	84.38%	126	64
D	电力、热力、燃气及水生产和供应业	2	5	28.57%	10	0	100.00%	12	5
E	建筑业	0	1	0.00%	2	1	66.67%	2	2
F	批发和零售业	7	0	100.00%	3	0	100.00%	10	0
G	交通运输、仓储和邮政业	8	6	57.14%	7	1	87.50%	15	7
H	住宿和餐饮业	16	7	69.57%	11	0	100.00%	27	7
I	信息传输、软件和信息技术服务业	1	0	100.00%	1	0	100.00%	2	0
J	金融业	5	3	62.50%	8	0	100.00%	13	3
K	房地产业	4	6	40.00%	6	1	85.71%	10	7
L	租赁和商务服务业	1	0	100.00%	1	0	100.00%	2	0
M	科学研究和技术服务业	7	8	46.67%	9	3	75.00%	16	11
合计		98	86	53.26%	141	22	86.50%	239	108

6.2.2 单变量分析

审计质量是审计师发现并报告客户财务报表中存在重大错报的联合概率（De Angelo，1981）。关于审计质量的衡量，在学术界主要有以下三种思路：

第一，审计报告意见的准确性（Beatty，1989；Davidson and Neu，1993；李树华，2000）；第二，被审计报表的质量，如报表的盈余管理程度（Heninger，2001；Myers et al.，2003；陈信元和夏立军，2006）、会计稳健性（陈旭东和黄登仕，2007；刘峰和周福源，2006）、是否发生财务报告重述（马晨，2014）等；第三，投资者对审计报告发布后公司股价的市场反应（Teoh and Wong，1993；Ghosh and Moon，2005；于李胜等，2008）。本节的实证分析中将分别以审计意见类型（Opinion）①、被审计报表的盈余管理水平（EM）② 以及会计盈余的市场反应系数（CAR）③ 作为审计质量的替代变量，对轮换公司与未轮换公司之间审计质量的差异以及轮换公司在签字会计师轮换前后审计质量的变化情况进行实证检验，以考察这一次制度变迁的效果。

表6-2中列示的是对上述三个变量进行均值差异的卡方检验结果。从表中可以看到，进行了签字会计师轮换的上市公司被出具非标准无保留意见的比例（Opinion）为5.14%，不仅高于未轮换公司，也高于轮换之前（在5%水平上显著）；但从被审计报表的盈余管理水平（EM）来看，轮换公司的均值为0.0781，不仅显著高于未轮换公司，也高于其未轮换之前的水平。至于投资者对于会计盈余的市场反应（CAR），不同的样本公司之间并不存在统计上显著的差异。以上相互矛盾的检验结果说明了审计师强制轮换制度对审计质量影响的复杂性。注册会计师被轮换后，审计独立性应当是有所提高的，以至于上市公司更多地被出具了非标准审计意见，但新任会计师由于对被审计单位的经营业务流程、公司治理、内部控制等不太熟悉，缺乏对于客户特定风险的了解，以至于在盈余管理行为的识别和评估方面不如经验丰富、审计任期较长的注册会计师。而投资者作为上市公司的利害关系人以及会计信息的使用者，其对于被审计报表的市场反应应当能够很好地反映审计质量。但由于我国A股市场投资者中散户比例较高，他们在进行股票购买决策时大多依据自己的经验或一些所谓的“内幕消息”，较少考虑上市公司的财务经营状况，对其会计报表信息及其质量的关注也比较少，从而造成了审计师轮换制度的实施在股票市场上的反应并不显著。

---

① Opinion：如果注册会计师出具的审计意见为标准无保留意见，其值为0，否则为1。

② EM：根据截面琼斯模型（Jones，1991）计算出的操纵性应计数的绝对值。

③ CAR：为上市公司第t年5月至t+1年4月经过市场回报率调整的累计超额报酬率。

表6-2　审计师轮换对审计质量影响的单变量分析

变量	轮换组均值	未轮换组均值	轮换组在轮换前均值	轮换 VS 未轮换均值差异	轮换前 VS 轮换后均值差异
Opinion	0.0514	0.0462	0.0286	0.0052	0.0228 **
EM	0.0781	0.0706	0.0512	0.0075 *	0.0269 *
CAR	-0.0691	-0.0853	-0.101	0.0162	0.0319
样本量	239	108	239		

注：** 、* 分别表示均值 T 检验（卡方检验）结果在5%和10%的水平上显著。

6.2.3　回归分析

影响注册会计师审计质量的因素非常多，如被审计单位资产的规模和特点、融资结构、经营业绩、所处行业以及审计师自身的素质、事务所的品牌声誉等。为了控制这些因素可能对审计质量产生的影响，我们借鉴国内外学者的研究成果，建立以下二元 Logistics 回归模型（6.1）和多元线性回归模型（6.2）至模型（6.3），以便更好地考察这一次制度变迁的实施效果。

$$\begin{aligned}\mathrm{Ln}(P_{Opinion}/1-P_{Opinion}) = &\beta_0+\beta_1 Rotate+\beta_2 Size+\beta_3 ROA+\beta_4 Lever\\ &+\beta_5 CR+\beta_6 Big4+\beta_7 Age+\beta_8 ST\\ &+\beta_{9-1\sim11} Indus_{1-11}+\varepsilon \end{aligned} \tag{6.1}$$

$$\begin{aligned}EM = &\beta_0+\beta_1 Rotate+\beta_2 Size+\beta_3 ROA+\beta_4 Lever+\beta_5 CR+\beta_6 Big4\\ &+\beta_7 Age+\beta_8 ST+{}_{9-1\sim11} Indus_{1-11}+\varepsilon \end{aligned} \tag{6.2}$$

$$\begin{aligned}CAR = &\beta_0+\beta_1 EPS+\beta_2 EPS\times Rotate+\beta_3 EPS\times Size+\beta_4 EPS\times TobinQ\\ &+\beta_5 EPS\times Beta+\beta_6 EPS\times Opinion+\beta_7 EPS\times Big4\\ &+\beta_8 EPS\times Age+\beta_{9-1\sim11} Indus_{1-11}+\varepsilon \end{aligned} \tag{6.3}$$

模型中各变量的具体定义如表6-3所示。

表6-3　变量定义

变量名称	变量符号	变量说明
审计意见类型	Opinion	如果公司当年的审计意见为标准无保留意见，其值为0；否则为1
盈余管理	EM	根据截面琼斯模型（Jones，1991）计算出的操纵性应计数的绝对值
累计超额报酬率	CAR	为上市公司当年5月1日至次年4月30日经过市场回报率调整的累计超额报酬率

续表

变量名称	变量符号	变量说明
审计师轮换	Rotate	如果公司当年轮换了签字会计师，其值为1，否则为0
轮换公司	Treat	如果公司是在2003年或2004年进行了签字会计师轮换的上市公司，其值为1，否则为0
轮换之后	Post	如果样本数据年度为签字会计师轮换当年或者之后，其值为1，否则为0
公司规模	Size	公司当年年末总资产的自然对数
盈利能力	ROA	公司当年净利润/年末总资产
流动比率	CR	公司当年年末流动资产/流动负债
资产负债率	Lever	公司当年年末长期负债总额/资产总额
事务所类型	Big4	如果公司所聘请的事务所为国际“四大”所，其值为1，否则为0
上市年数	Age	公司已累计上市年数
特殊交易处理	ST	如果公司当年被ST或ST*，其值为1，否则为0
每股收益	EPS	公司当年每股净利润/当年12月31日的股票价格
TobinQ值	TobinQ	(股票市值+净债务)/有形资产价值①
Beta系数	Beta	根据CCER数据库所公布的公司股票的Beta系数
行业控制变量	Indus1－11	根据证监会对我国上市公司行业的划分情况，特引入11个行业控制变量

我们以在2003年和2004年进行了签字会计师轮换的239家上市公司以及未按规定进行轮换的108家上市公司作为样本，对以上模型（6.1）至模型（6.3）进行了回归分析，回归结果如表6－4所示。从表中可以看到，Rotate的回归系数估计值在三个模型中均未达到统计上的显著性水平，也就是说，与未轮换公司相比，轮换公司的审计质量并没有表现出明显的差异，签字会计师强制轮换制度的实施效果未能得到有效的证据支持。其原因可能是在轮换当年，新任会计师虽然保持了较高的独立性，但对于被审计单位的经营情况、业务流程以及会计核算模式均不太熟悉，以至于在识别被审计报表中是否存在重大错报和盈余管理方面不如经验丰富、审计任期较长的注册

① 净债务＝负债总额－应付工资－应付福利费－应付股利－应交税金－其他应交款－预提费用－递延税款贷项；有形资产价值＝资产总额－待摊费用－无形资产及其他资产－递延税款借项，股票市值＝A股当年最后一个交易日的收盘价格×总股数（包括流通股、受限流通股和非流通股）。

会计师，从而削弱了制度变迁的效果。至于强制性轮换与会计盈余的价值相关性系数也未能达到统计上的显著性水平，这可能是因为投资者已经意识到了强制性轮换制度的实施不可能立刻提高注册会计师的审计质量，因而对其市场反应并不强烈。

表 6-4　　　　回归结果

模型（6.1）		模型（6.2）		模型（6.3）	
解释变量	回归系数	解释变量	回归系数	解释变量	回归系数
截距	2.155* (2.041)	截距	0.161 (1.506)	截距	-1.251 (-1.944)
Rotate	0.122 (1.071)	Rotate	0.015 (1.318)	EPS	1.437** (2.375)
Size	-0.875*** (36.801)	Size	-0.018 (-0.431)	EPS × Rotate	0.519 (0.211)
ROA	-1.588 (0.436)	ROA	-0.547*** (-3.432)	EPS × Size	0.669* (2.168)
CR	1.223 (1.701)	CR	0.106 (1.618)	EPS × TobinQ	2.237*** (3.358)
Lever	2.835*** (6.492)	Lever	-0.015 (-1.177)	EPS × Beta	-0.866*** (-2.678)
Big4	-0.073 (1.867)	Big4	0.017 (1.597)	EPS × Opinion	-1.253** (-2.057)
Age	0.033** (4.975)	Age	-0.559*** (-3.799)	EPS × Big4	-0.129 (-1.478)
ST	2.369*** (50.577)	ST	0.074** (2.138)	EPS × Age	-0.028 (-0.791)
Indus1-11①	控制	Indus1-11	控制	Indus1-11	控制
N	347	N	347	N	347

注：括号中的数值是回归系数的 t（Wald）统计量；***、**、* 分别表示在 1%、5% 和 10% 的水平上显著。

---

① 篇幅原因，行业变量的回归系数未报告，但都没有达到统计上的显著性水平。

在控制变量方面，我们发现，被审计单位的资产规模与注册会计师出具非标准无保留意见显著负相关（$\beta = -0.875$，Wald = 36.801），这可能是因为公司规模越大，其公司治理、内部控制等制度通常都比较完善，会计核算流程规范，财务报表本身的质量就比较高，因而注册会计师对这些公司更多地出具了标准无保留意见。在模型（6.1）中，Lever 和 ST 的回归系数显著为正，这说明注册会计师为了降低审计风险，对于那些财务风险和经营风险较高的公司更多地出具了非标准无保留意见。在模型（6.2）中，ROA 和 Age 的回归系数均显著为负，这说明上市公司的经营业绩越好，上市时间越长，其财务信息的质量也越高。在模型（6.3）中，每股盈余（EPS）及其与 Size、TobinQ、Beta 和 Opinion 交叉项系数均达到了统计上的显著性水平，这一结果说明我国投资者在进行股票购买决策时，日趋理性，对于公司相关信息的敏感程度都比较高，这也是我国 A 股市场有效性不断提高的重要证据。

6.2.4 双重差分分析

由于轮换公司和未轮换公司之间可能存在着固有的特征性差异，而以上混合样本数据回归模型无法准确地区分公司特征差异和政策变迁冲击的影响，因此以下我们将按照《轮换规定》要求在 2003 年和 2004 年进行了签字会计师轮换的上市公司作为实验组（Treatment Group），将未按规定进行轮换的上市公司作为参照组（Control Group），建立以下双重差分模型（Differences-in-Differences，DID）。如模型（6.4）至模型（6.6）所示，来比较实验组样本和控制组样本在政策实施前后审计质量的差异，以便进一步地检验《轮换规定》的实施效果。

$$
\begin{aligned}
Ln(P_{Opinion}/1 - P_{Opinion}) = {} & \beta_0 + \beta_1 Treat + \beta_2 Post + \beta_3 Treat \times Post + \beta_4 Size \\
& + \beta_5 ROA + \beta_5 Lever + \beta_6 CR + \beta_7 Big4 \\
& + \beta_8 ST + \beta_{9-1\sim11} Indus_{1-11} + \varepsilon
\end{aligned} \tag{6.4}
$$

$$
\begin{aligned}
EM = {} & \beta_0 + \beta_1 Treat + \beta_2 Post + \beta_3 Treat \times Post + \beta_4 Size + \beta_5 ROA + \beta_5 Lever \\
& + \beta_6 CR + \beta_7 Big4 + \beta_8 ST + \beta_{9-1\sim11} Indus_{1-11} + \varepsilon
\end{aligned} \tag{6.5}
$$

$$CAR = \beta_0 + \beta_1 EPS + \beta_2 Treat + \beta_3 Post + \beta_4 EPS \times Treat \times Post + \beta_5 EPS$$

$$\times Size + \beta_6 EPS \times TobinQ + \beta_7 EPS \times Beta + \beta_8 EPS \times Opinion + \beta_9 EPS \times Big4 + \beta_{10} EPS \times Age + \beta_{9-1\sim11} Indus_{1-11} + \varepsilon \qquad (6.6)$$

模型中各变量的具体定义如表6-3所示。

我们以2002~2005年实验组公司与参照组公司的平衡面板数据为样本，对模型（6.4）至模型（6.6）进行了回归分析，回归结果如表6-5所示。从表中可以看到，在模型（6.4）和模型（6.5）中，Treat×Post的回归系数估计值均达到了统计上的显著性水平，也就是说，通过引入参照组样本控制了宏观环境因素和公司特征差异影响之后，与轮换之前相比，注册会计师对轮换公司出具非标准审计意见的比例显著提高，而被审计报表的盈余管理水平则显著下降，以上结果说明《轮换规定》的确提高了注册会计师的审计质量，制度的实施效果在一定程度上得到了证明。然而，在模型（6.5）中，EPS×Treat×Post的回归系数估计值虽然为正，但未达到统计上的显著性水平，制度变迁的市场绩效没有得到证明。其原因是完全可以理解的。《轮换规定》从颁布到实施，仅有短短的不到三个月时间，再加上我国A股市场的投资者，主要是以中小散户为主的非专业投资者，要真正理解并认可这一项制度变迁，显然是非常困难的事情。这也是强制性制度变迁固有的缺陷。

表6-5　　　　回归结果

模型（6.4）		模型（6.5）		模型（6.6）	
解释变量	回归系数	解释变量	回归系数	解释变量	回归系数
截距	0.834 (0.041)	截距	0.215*** (4.568)	截距	-1.251* (-1.944)
Treat	0.102 (1.071)	Treat	-0.0014 (-0.397)	EPS	-3.554*** (-2.987)
Post	0.004* (1.987)	Post	-0.021 (-1.211)	Treat	0.213 (0.357)
Treat×Post	0.024** (2.795)	Treat×Post	-0.018* (-1.505)	Post	1.201 (0.108)
Size	-0.795*** (38.214)	Size	-0.016*** (-3.991)	EPS×Treat×Post	0.118 (0.874)

续表

模型（6.4）		模型（6.5）		模型（6.6）	
解释变量	回归系数	解释变量	回归系数	解释变量	回归系数
ROA	-0.418 (1.436)	ROA	-0.418*** (-5.017)	EPS × Size	-1.882* (-1.979)
CR	0.102 (0.515)	CR	0.147 (0.458)	EPS × TobinQ	0.906 (-0.147)
Lever	1.569*** (6.287)	Lever	-0.004 (-0.835)	EPS × Beta	-2.271*** (-2.510)
Big4	-0.068 (0.567)	Big4	0.027 (1.216)	EPS × Opinion	-0.983 (-0.872)
Age	0.031** (4.781)	Age	-0.498** (-2.675)	EPS × Big4	-1.559 (-0.775)
ST	2.748*** (49.127)	ST	0.017** (2.438)	EPS × Age	-0.069 (-0.105)
Indus1 - 11①	控制	Indus1 - 11	控制	Indus1 - 11	控制

注：括号中的数值是回归系数的 t（Wald）统计量；***、**、* 分别表示在 1%、5% 和 10% 的水平上显著。

6.3 强制性轮换、审计任期与审计质量之间关系的实证研究

6.3.1 理论分析与研究假设

审计质量是审计师发现并报告被审计单位财务报表中存在重大错报的联合概率，其中发现重大错报的概率取决于注册会计师的专业胜任能力，而将所发现的错报通过审计意见或其他方式反映出来则取决于注册会计师的独立

① 篇幅原因，行业变量的回归系数未报告，但都没有达到统计上的显著性水平。

性（De Angelo，1981）。注册会计师在审计过程中获得的关于客户或其所在行业的知识、经验和技能等专用资产，是其专业胜任能力的重要组成部分（Bonner and Lewis，1990）。随着审计任期的延长，有些资产会随着注册会计师专用性投资的增加而增加，如审计师针对客户特定的业务流程所设计的计算机程序；而有些资产随着审计任期的延长会自然增长，如对客户会计处理程序的熟悉和了解，与客户之间所建立起来的相互信任关系等。这对于注册会计师专业胜任能力以及审计质量的提高是非常有利的。然而，这些专用资产又是一把“双刃剑”，它在提高注册会计师专业胜任能力的同时也增加其对于特定客户的经济依赖，从而对独立性产生巨大威胁。这些专用资产的价值取决于审计师与客户之间契约关系的存续与否。如果客户事后机会主义地终止了与审计师的契约关系，这些专用资产的价值将会消失。经济依赖性的增加使得客户在与审计师的谈判中处于较有利的地位，审计师为了维持与客户之间的契约关系，确保其专用投资的价值能够得到实现，有可能做出有损害独立性的行为，如容忍报表中的重大错报、出具客户所偏好的审计意见类型，从而导致审计质量的降低。

鉴于审计任期在理论上可能对审计质量产生以上两种截然相反的影响，国内外的众多专家学者一直想通过实证研究来考察现实世界中审计任期与审计质量之间的真实联系，但研究结果仍存在着较大的分歧。例如，Davis 等（2000）以操纵性应计和分析师预测误差作为被审计报表盈余管理水平的衡量指标，考察了审计任期与盈余管理之间的关系。结果表明，审计任期与可操纵性应计的绝对值正相关，但与分析师预测误差的绝对值负相关。这意味着随着审计任期的增长，管理者报告的灵活性增加，更容易迎合分析师的盈利预测，审计质量有所降低。Myers 等（2003）以操纵性应计水平直接作为审计质量的替代变量，研究了审计任期与审计质量之间的关系，结果发现，审计任期越长的公司，其操纵性应计的绝对值更低，即审计质量越高。Carcello 和 Nagy（2004）研究了审计任期与公司经审计过的财务报告存在虚假陈述之间的关系，结果发现，相对于较长任期（4 ~ 8 年），审计任期低于 3 年的公司更可能出具存在虚假陈述的财务报告，从而支持了审计任期与审计质量正相关的假设。Carey 和 Simnett（2006）以注册会计师对财务困境公司发表持续经营存在不确定性审计意见的可能性、流动性项目的异常应计以及是否迎合盈余基准值作为审计质量的替代变量，考察了审计质量与审计合伙人任期之间的关系。研究结果表明，审计合伙人任期越长的公司越不可能被出具持续经营否定意见，但越可能迎合盈余基准值，从而支持了较长任期损害审计质量的研究假设。

我国学者也从不同的角度对审计任期与审计质量之间的关系展开研究。刘启亮（2006）以1998～2004年我国A股上市公司为样本，对事务所任期与被审计报表盈余管理水平之间的关系进行了详细的实证检验。结果发现，事务所任期与可操纵性应计的绝对值呈显著的正相关关系，即事务所任期越长，其可操纵性应计的绝对值越高；通过进一步考虑到盈余管理的方向，还发现公司在进行正向盈余管理时，随着事务所任期的延长，盈余管理的增长趋势呈"U"形，即当事务所任期小于5年时，事务所任期与可操控性应计显著负相关，当事务所任期长于5年时，事务所任期与可操控性应计显著正相关。在进行负向盈余管理时，随着事务所任期的延长，盈余管理的增长趋势呈倒"U"形，从而得出了审计任期越长，特别是超过5年，注册会计师审计质量越低的结论。陈信元和夏立军（2006）的实证研究结果也表明，我国会计师事务所的审计任期与审计质量之间呈倒"U"形关系：即当审计任期不足6年时，审计任期的增加能够提高审计质量，而当审计任期超过6年时，随着审计任期的增加，审计质量呈下降趋势。江伟和李斌（2011）研究了审计师任期与独立性之间的关系，结果发现，无论是事务所任期还是主审会计师任期，均与其独立性显著负相关。宋衍蘅和付皓（2012）从审计风险的角度研究了事务所的审计任期与审计质量之间的关系，结果发现，审计任期与审计质量之间的负相关关系仅存在于审计风险较低的上市公司里，而在审计风险较高的公司中，审计任期对审计质量的影响并不显著。程小可等（2016）以实施内部控制与财务报告整合审计的我国A股上市公司为样本，研究了审计任期对被审计公司内部控制缺陷披露的影响，结果发现，事务所审计任期越长，公司披露内部控制缺陷的可能性越小，而且这一相关关系在规模较小的会计师事务所中更为显著，从而支持了审计任期与审计质量负相关的研究假设。

然而，以上我国学者在进行研究设计时，并未考虑《轮换规定》的实施可能对审计师行为产生的影响，直接将制度变迁前后的样本放在一起进行分析，这显然是不够严谨的。强制轮换降低了审计师所面临的解聘压力及其所投资的客户专用资产的预期价值，在很大程度上消除了审计任期对于独立性的不利影响，有利于审计质量的提高。其原因主要有以下两点：第一，强制性轮换意味着客户必须定期更换审计师，这一限制使客户以中止契约关系来威胁注册会计师的可能性降低，从而降低了注册会计师保持独立性的机会成本；第二，强制性轮换通常会导致审计任期的缩短，注册会计师所投资的客户专用资产价值的现值必然会随之下降，这也有利于注册会计师保持较高的独立性。据此，我们提出以下研究假设：

H6-1：在签字会计师强制轮换制度下，审计任期与审计质量正相关。

目前，我国会计师事务所的数量已超过8000家，但规模实力相差悬殊，既有年收入数十亿元的大型事务所，也有为数众多的中小型事务所。对于大型事务所来说，审计失败不仅会给事务所的品牌声誉造成严重的不利影响，而且大型事务所因为其经济实力更强，在面临法律诉讼时，往往被判承担更多的赔偿责任，因而给事务所造成的损失也会更大，这就是所谓的“深口袋理论”。因此，大型事务所一般都建立了非常严格的质量控制体系，对注册会计师的专业胜任能力和独立性的要求通常也会更高。另外，事务所规模越大，其所服务的客户数量也会越多，对于某一客户的经济依赖性必然降低，审计师的独立性因此也会高于一般的中、小规模事务所。据此，我们提出以下研究假设：

H6-2：在签字会计师强制轮换制度下，审计任期与审计质量之间的关系在不同规模的事务所之间存在差异。

6.3.2　样本选择与数据来源

我们以2016年我国A股上市公司为基础样本，共得到3230个样本观测值。然后，剔除了以下公司：①金融类公司69家；②上市时间少于1年的公司411家，即2016年1月1日以后上市的公司；③2017年被暂停上市的公司1家（*ST烯碳，2016年未公布年报）。最终选择了2749家公司作为研究样本。

样本公司的财务数据以及审计师的相关信息主要来自Wind数据库，部分缺失数据通过手工查阅公司在巨潮资讯网上公布的年度报告获得。数据的处理是通过 Excel 和 SPSS 16.0 实现的。

6.3.3 变量定义

(1) 被解释变量。

关于审计质量的衡量，在学术界主要有以下三种思路：第一，审计报告意见的准确性（Beatty，1989；Davidson and Neu，1993；李树华，2000）；第二，被审计报表的质量，如报表的盈余管理程度（Heninger，2001；Myers et al.，2003；陈信元和夏立军，2006）、稳健性（陈旭东和黄登仕，2007；刘峰和周福源，2006）、是否发生财务报告重述（马晨，2014）等；第三，投资者对审计报告发布后公司股价的市场反应（Teoh and Wong，1993；Ghosh and Moon，2005；于李胜等，2008）。在本节的实证分析中，我们将采用审计师出具的审计意见类型以及被审计报表的盈余管理水平作为审计质量的替代变量。

(2) 解释变量。

考虑到会计师事务所任期和注册会计师任期可能对审计质量产生的不同影响，我们分别计算了事务所的审计任期和签字注册会计师的审计任期，作为研究假设的解释变量。

衡量事务所规模的指标有很多，如事务所的审计收入、注册会计师的人数、客户数量、客户的资产规模等。中注协每年都会根据这些指标对我国会计师事务所进行综合评价。根据中注协公布的事务所年度排名信息，我们将事务所分成“十大所”和“非十大所”，作为事务所规模的替代变量。考虑到国际“四大”会计师事务所的影响力以及学术界的研究惯例，我们还设置了“四大所”和“非四大所”这一解释变量，对研究假设进行检验。

(3) 控制变量。

为了控制其他与公司相关的特定因素可能对审计质量产生的影响，我们还引入了公司规模、盈利能力、债务风险、内部控制质量、行业类型、上市时间、上市地点以及是否被交易所特殊处理等控制变量。

各变量的具体定义和说明如表 6－6 所示。

表 6-6　　变量定义

变量类型	变量名称	变量符号	变量说明
被解释变量	审计意见类型	Opinion	如果公司当年的审计意见为标准无保留意见，其值为 0；否则为 1
	盈余管理水平	EM	根据截面琼斯模型（Jones，1991）计算出的操纵性应计数的绝对值
解释变量	事务所任期	Yfirm	公司当年所聘事务所的连续服务年数（上溯到 2005 年止①）
	注册会计师任期	YCPA	公司当年审计报告两位签字会计师连续服务年数的较大值（上溯到 2005 年止）
	事务所规模	Big4	如果公司当年聘请的事务所为国际“四大”，其值为 1，否则为 0
		Big10	如果公司所聘请的事务所为当年排名前十位的事务所②，其值为 1，否则为 0。
控制变量	公司规模	Size	公司当年年末总资产的自然对数
	盈利能力	ROA	公司当年净利润/年末总资产
	负债比率	Lever	公司当年年末负债总额/资产总额
	上市年限	Age	公司累计上市年数
	内部控制质量	IC	如果公司当年的内部控制审计意见为标准无保留意见，其值为 0；否则为 1
	上市地点	Local	如果公司的上市地点为上海证券交易所，其值为 1，否则为 0
	特殊交易处理	ST	如果公司当年被 ST 或 ST*，其值为 1，否则为 0

注：① 本书选择 2005 年作为审计任期计算的起点，其原因主要在于《轮换规定》是从 2004 年 1 月 1 日起开始实施，之前累计超期的公司大多在 2003 年和 2004 年进行了轮换，2005 年正式进入签字会计师强制轮换制度的稳定实施期。

② 根据中注协发布的事务所年度排名。在稳健性检验中，是根据事务所的上市公司客户数量进行排名。

6.3.4 模型设定

根据 6.3.3 所定义的相关变量，我们建立了以下 Logistic 回归模型和线性回归模型，对研究假设进行检验。模型（6.7）至模型（6.10）用来检验假设 H6-1，模型中 $P_{Opinion}$ 为上市公司被出具非标准无保留意见的概率。模型（6.11）至模型（6.18）中加入了审计任期与事务所规模的乘积项，用来检验假设 H6 - 2。

$$Ln(P_{Opinion}/1-P_{Opinion})=\beta_0+\beta_1 Yfirm+\beta_2 Size+\beta_3 ROA+\beta_4 Lever+\beta_5 Age+\beta_6 Local+\beta_7 ST+\beta_8 IC+\varepsilon \tag{6.7}$$

$$Ln(P_{Opinion}/1-P_{Opinion})=\beta_0+\beta_1 YCPA+\beta_2 Size+\beta_3 ROA+\beta_4 Lever+\beta_5 Age+\beta_6 Local+\beta_7 ST+\beta_8 IC+\varepsilon \tag{6.8}$$

$$EM=\beta_0+\beta_1 Yfirm+\beta_2 Size+\beta_3 ROA+\beta_4 Lever+\beta_5 Age+\beta_6 Local+\beta_7 ST+\beta_8 IC+\varepsilon \tag{6.9}$$

$$EM=\beta_0+\beta_1 YCPA+\beta_2 Size+\beta_3 ROA+\beta_4 Lever+\beta_5 Age+\beta_6 Local+\beta_7 ST+\beta_8 IC+\varepsilon \tag{6.10}$$

$$Ln(P_{Opinion}/1-P_{Opinion})=\beta_0+\beta_1 Yfirm+\beta_2 Big4+\beta_3 Yfirm*Big4+\beta_4 Size+\beta_5 ROA+\beta_6 Lever+\beta_7 Age+\beta_8 Local+\beta_9 ST+\beta_{10} IC+\varepsilon \tag{6.11}$$

$$Ln(P_{Opinion}/1-P_{Opinion})=\beta_0+\beta_1 Yfirm+\beta_2 Big4+\beta_3 YCPA*Big4+\beta_4 Size+\beta_5 ROA+\beta_6 Lever+\beta_7 Age+\beta_8 Local+\beta_9 ST+\beta_{10} IC+\varepsilon \tag{6.12}$$

$$Ln(P_{Opinion}/1-P_{Opinion})=\beta_0+\beta_1 Yfirm+\beta_2 Big10+\beta_3 Yfirm*Big10+\beta_4 Size+\beta_5 ROA+\beta_6 Lever+\beta_7 Age+\beta_8 Local+\beta_9 ST+\beta_{10} IC+\varepsilon \tag{6.13}$$

$$Ln(P_{Opinion}/1-P_{Opinion})=\beta_0+\beta_1 Yfirm+\beta_2 Big10+\beta_3 YCPA*Big10+\beta_4 Size+\beta_5 ROA+\beta_6 Lever+\beta_7 Age+\beta_8 Local+\beta_9 ST+\beta_{10} IC+\varepsilon \tag{6.14}$$

$$EM=\beta_0+\beta_1 Yfirm+\beta_2 Big4+\beta_3 Yfirm*Big4+\beta_4 Size+\beta_5 ROA+\beta_6 Lever+\beta_7 Age+\beta_8 Local+\beta_9 ST+\beta_{10} IC+\varepsilon \tag{6.15}$$

$$EM=\beta_0+\beta_1 Yfirm+\beta_2 Big4+\beta_3 YCPA*Big4+\beta_4 Size+\beta_5 ROA+\beta_6 Lever+\beta_7 Age+\beta_8 Local+\beta_9 ST+\beta_{10} IC+\varepsilon \tag{6.16}$$

$$EM=\beta_0+\beta_1 Yfirm+\beta_2 Big10+\beta_3 Yfirm*Big10+\beta_4 Size+\beta_5 ROA+\beta_6 Lever+\beta_7 Age+\beta_8 Local+\beta_9 ST+\beta_{10} IC+\varepsilon \tag{6.17}$$

$$EM=\beta_0+\beta_1 Yfirm+\beta_2 Big10+\beta_3 YCPA*Big10+\beta_4 Size+\beta_5 ROA+\beta_6 Lever+\beta_7 Age+\beta_8 Local+\beta_9 ST+\beta_{10} IC+\varepsilon \tag{6.18}$$

6.3.5　实证分析结果

6.3.5.1　描述性统计

图 6－1、图 6－2 是事务所审计任期和注册会计师审计任期的频数分布直方图。从事务所任期的分布情况看，任期为 5 年的公司数量最多，这应该与国资委规定的事务所 5 年轮换期有关，其次是 12 年，这也是本次样本的最长任期。如果以 5 年作为长短任期的分界点的话，选择长任期的公司数量是大于短任期的公司数量。这说明我国上市公司在聘请事务所时，仍倾向选择熟悉的事务所，并不愿意轻易更换审计师。而注册会计师的任期则以 2 年为最多，与样本均值基本保持一致，其余任期的公司数量差别不大，并未呈现出明显的规律性特征。

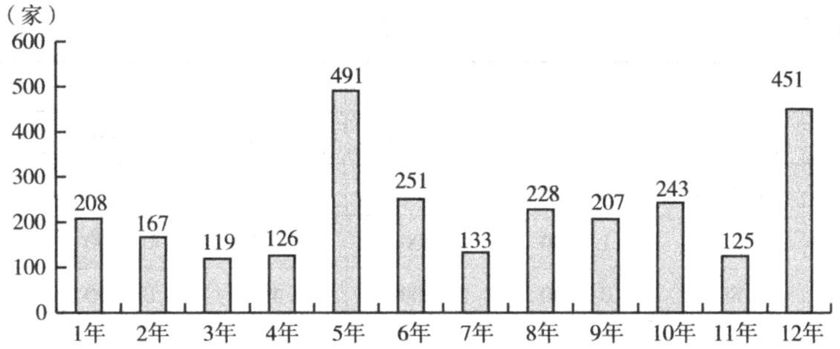

图 6－1　事务所任期分布图

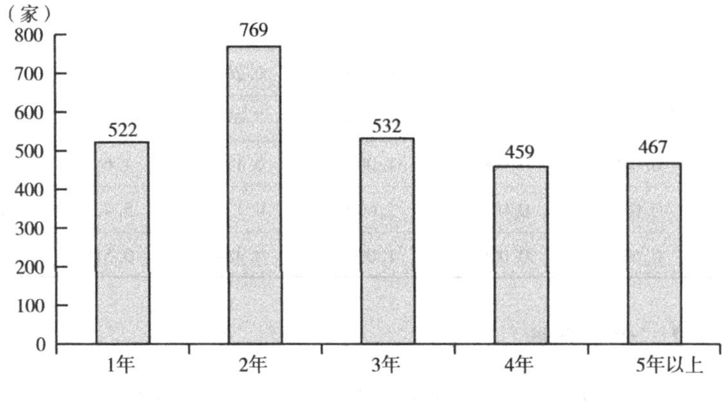

图 6－2　注册会计师任期分布图

表6-7中列示的是相关研究变量的描述性统计结果。从表中可以看到，我国上市公司中有5%左右的公司选择了“四大”合作所进行审计，选择国内“十大所”的比例为59%，这说明我国上市公司在选择审计师时还是比较看重事务所的品牌声誉。事务所审计任期的均值为6.93年，但注册会计师的平均任期却只有2.86年，两者之间的差距明显，说明存在着事务所内部签字会计师的轮换。3.8%的公司被出具了非标准无保留意见，与过去5年的数据相差不大（牛艺琳，2016），即总体比例偏低，且呈下降趋势。操纵性应计数绝对值的均值为0.0644，最大值为4.5104，是均值的70倍，峰度与偏度系数也都远远超过正态分布水平，这说明我国上市公司在会计业务处理过程中存在着非常极端的情况。总资产收益率的均值仅为2.61%，偏度系数为-26.2784，峰度系数高达1009.8784，这说明我国上市公司总体收益率偏低，且公司之间的差异巨大，大部分公司的收益率都低于平均水平。

表6-7　描述性统计

变量	均值	最小值	最大值	标准差	偏度系数	峰度系数
Big4	0.0500	0.0000	1.0000	0.2240	3.9880	13.9120
Big10	0.5900	0.0000	1.0000	0.4920	-0.3740	-1.8620
Yfirm	6.9300	1.0000	12.0000	3.5110	-0.0200	-1.1740
YCPA	2.8600	0.0000	12.0000	1.4150	0.5380	0.6810
Opinion	0.0378	0.0000	1.0000	0.1910	4.8470	21.5130
EM	0.0644	0.0000	4.5104	0.1186	21.2850	741.4600
Size	12.8166	7.5769	18.9772	1.1862	0.4930	1.3000
ROA	0.0261	-5.0097	0.3961	0.1244	-26.2784	1009.8784
Lever	0.3378	0.0000	8.3800	0.2668	10.4630	303.6360
Age	11.5700	1.0000	26.0000	7.0760	0.2540	-1.3270
IC	0.0400	0.0000	1.000	0.1980	4.640	19.5450
ST	0.0300	0.0000	1.0000	0.1730	5.4230	27.4250
Local	0.6300	0.0000	1.0000	0.4840	-0.5180	-1.7330

6.3.5.2　*方差分析*

表6-8中列示的是对分别选择“四大”所和“非四大”所审计的上市

公司①进行方差分析的结果。从表中数据可知，“四大”所公司的审计任期均值低于“非四大”所公司，方差分析结果也显示这两类公司的事务所任期的确存在显著差异（Sig =0.009）。比较出乎意料的是，“四大”所出具标准无保留意见的比例反而高于“非四大”所，且差异非常显著（Sig =0.044）。其原因一方面可能是因为“四大”所公司的经营能力和盈利水平通常高于一般公司，财务报告也比较规范；另一方面则可能如刘峰和许菲（2002）所指出的，由于法律风险较低等因素的影响，国际“四大”所在我国并没有提供显著的高质量审计。在盈余管理方面（EM），“四大”所公司的均值虽然略高“非四大”所公司，但方差分析结果表明这种差异不具有统计上的显著性。在公司特征方面，“四大”所公司的规模、盈余能力、债务水平、上市年限均显著高于“非四大”所公司。

表6-8　方差分析结果（“四大”所公司与“非四大”所公司）

变量	类别	样本量	均值	标准差	最小值	最大值	F统计量	显著性（Sig.）
Yfirm	“非四大”所	2603	6.9700	3.4760	1.0000	12.0000	6.8210	0.009
	“四大”所	146	6.1900	4.0300	1.0000	12.0000		
YCPA	“非四大”所	2603	2.8700	1.4060	0.0000	12.0000	0.0600	0.806
	“四大”所	146	2.8400	1.5630	1.0000	12.0000		
Opinion	“非四大”所	2603	0.0400	0.1950	0.0000	1.0000	4.0690	0.044
	“四大”所	146	0.0100	0.0830	0.0000	1.0000		
EM	“非四大”所	2603	0.0647	0.1212	0.0000	4.5104	0.2360	0.627
	“四大”所	146	0.0597	0.0578	0.0004	0.2913		
ROA	“非四大”所	2603	0.0249	0.1270	-5.0097	0.3662	5.0140	0.025
	“四大”所	146	0.0486	0.0604	-0.1344	0.3961		
Lever	“非四大”所	2603	0.3340	0.2688	0.0000	8.3800	9.8600	0.002
	“四大”所	146	0.4054	0.2175	0.0001	0.8530		
Age	“非四大”所	2603	11.4300	7.0760	1.0000	26.0000	18.3570	0.000
	“四大”所	146	14.0000	6.6250	1.0000	26.0000		

① 以下分别简称为“四大”所公司和“非四大”所公司。

续表

变量	类别	样本量	均值	标准差	最小值	最大值	F 统计量	显著性（Sig.）
IC	“非十大”所	2603	0.0400	0.2010	0.0000	1.0000	1.346	0.246
	“十大”所	146	0.0200	0.1470	0.0000	1.0000		
ST	“非四大”所	2603	0.0300	0.1770	0.0000	1.0000	2.9830	0.084
	“四大”所	146	0.0100	0.0830	0.0000	1.0000		
Local	“非四大”所	2603	0.6400	0.4790	0.0000	1.0000	61.8990	0.000
	“四大”所	146	0.3200	0.4690	0.0000	1.0000		
Size	“非四大”所	2603	12.7187	1.0922	7.5769	16.6781	371.9980	0.000
	“四大”所	146	14.5503	1.4269	10.8647	18.9772		

表6－9中列示的是对选择“十大”所和“非十大”所审计的上市公司①进行方差分析的结果。从审计任期来看，“非十大”所公司的审计任期均值略长于“十大”所公司。均值统计结果表明，在审计质量方面，不管是出具标准无保留意见的比例，还是被审计报表盈余管理水平，“十大”所均高于“非十大”所。但方差分析结果显示，除公司规模外，其他变量之间的差异并未达到统计上的显著性水平，说明“十大”所公司和“非十大”所公司之间的差异并不明显。

表6－9　方差分析结果（“十大”所公司与“非十大”所公司）

变量	类别	样本量	均值	标准差	最小值	最大值	F 统计量	显著性（Sig.）
Yfirm	“非十大”所	1122	7.0000	3.7620	1.0000	12.0000	0.747	0.388
	“十大”所	1627	6.8800	3.3270	1.0000	12.0000		
YCPA	“非十大”所	1122	2.8900	1.4310	1.0000	12.0000	0.630	0.427
	“十大”所	1627	2.8100	1.4030	0.0000	12.0000		
Opinion	“非十大”所	1122	0.0400	0.2040	0.0000	1.0000	1.776	0.183
	“十大”所	1627	0.0300	0.1810	0.0000	1.0000		
EM	“非十大”所	1122	0.0640	0.0855	0.0001	1.5572	0.024	0.878
	“十大”所	1627	0.0647	0.1369	0.0000	4.5104		

① 以下分别简称为“十大”所公司和“非十大”所公司。

续表

变量	类别	样本量	均值	标准差	最小值	最大值	F统计量	显著性(Sig.)
ROA	“非十大”所	1122	0.0243	0.0807	-1.6906	0.3030	0.394	0.530
	“十大”所	1627	0.0274	0.1472	-5.0097	0.3961		
Lever	“非十大”所	1122	0.3400	0.3269	0.0000	8.3800	0.122	0.727
	“十大”所	1627	0.3364	0.2160	0.0001	1.2859		
Age	“非十大”所	1122	11.6700	7.0810	1.0000	26.0000	0.379	0.538
	“十大”所	1627	11.5000	7.0730	1.0000	26.0000		
IC	“非十大”所	1122	0.0400	0.1930	0.0000	1.0000	0.209	0.648
	“十大”所	1627	0.0400	0.2020	0.0000	1.0000		
ST	“非十大”所	1122	0.0300	0.1710	0.0000	1.0000	0.024	0.877
	“十大”所	1627	0.0300	0.1740	0.0000	1.0000		
Local	“非十大”所	1122	0.6300	0.4830	0.0000	1.0000	0.074	0.786
	“十大”所	1627	0.6200	0.4850	0.0000	1.0000		
Size	“非十大”所	1122	12.6677	1.0464	8.3951	16.6062	29.771	0.000
	“十大”所	1627	12.9192	1.2637	7.5769	18.9772		

6.3.5.3　回归分析

表6-10中列示的是对模型（6.7）至模型（6.8）以及模型（6.11）至模型（6.14）进行Logistic回归的结果。首先，从模型的整体拟合情况来看，似然比统计量及Nagelkerke's R^2值都比较理想，6个模型的预测准确率均到了95%以上，这说明模型的整体设定是有意义的，能够较好地对我国上市公司审计质量与审计任期之间的关系进行解释和预测。其次，从相关变量的系数估计值来看，不管是事务所任期（Yfirm），还是注册会计师任期（YCPA），在所有模型中均显著为负，这说明随着审计任期的增加，审计师出具非标准无保留意见的概率是不断下降的，与研究假设H6-1不符。其原因可能是在中国这样一个讲交情、重关系的人情社会里，注册会计师在与客户的长期交往过程中，很容易与其建立起一种超乎于经济利益之上的亲密关系。这种关系一旦形成，注册会计师通常会选择信任客户，或者主动地去维护客户的利益，不愿意出具对其不利的审计意见。这也充分证明了我国政府监管部门推行审计师强制性轮换制度的必要性。

表 6-10　　　　回归结果（1）

解释变量	模型 (6.7)	模型 (6.8)	模型 (6.11)	模型 (6.12)	模型 (6.13)	模型 (6.14)
Yfirm	-0.097*** (8.892)		-0.095*** (8.568)		-0.128*** (7.942)	
YCPA		-0.211** (5.477)		-0.205** (-2.164)		-0.380*** (7.51)
Big4			0.010 (0.987)	14.959 (0.000)		
Big10					-0.572 (1.685)	-0.937* (3.532)
Big4 × Yfirm			0.000 (0.987)			
Big4 × YCPA				-14.789 (0.000)		
Big10 × Yfirm					0.067 (1.057)	
Big10 × YCPA						0.309* (2.887)
Size	-0.570*** (36.79)	-0.561*** (35.654)	-0.553*** (33.321)	-0.545*** (32.374)	-0.571*** (36.555)	-0.562*** (35.91)
ROA	-0.958 (-1.029)	-1.095 (1.357)	-0.935 (0.955)	-1.066 (1.305)	-0.887 (0.891)	-1.040 (1.254)
Lever	2.233*** (20.778)	2.372*** (23.412)	2.239*** (33.321)	2.373*** (23.517)	2.242*** (20.765)	2.372*** (23.186)
Age	0.039** (4.89)	0.036** (4.052)	0.039** (4.882)	0.037** (4.187)	0.039** (4.878)	0.038** (4.453)
Local	-0.203 (0.666)	-0.171 (0.468)	-0.215 (0.746)	-0.180 (0.519)	-0.208 (0.700)	-0.186 (0.553)
ST	2.450*** (58.861)	2.433*** (57.588)	2.423*** (57.885)	2.406*** (57.159)	2.482*** (59.753)	2.459*** (58.945)
IC	2.546*** (61.142)	2.584*** (63.970)	2.538*** (60.789)	2.582*** (63.901)	2.567*** (62.635)	2.603*** (63.544)
似然比统计量	628.350	631.793	624.766	629.706	626.642	628.234
预测准确率	96.5%	96.2%	96.5%	96.2%	96.5%	96.5%
Nagelkerke's R^2	0.322	0.318	0.326	0.321	0.324	0.322

注：括号中的数值是变量回归系数的 Wald 统计量；***、**、* 分别表示在 1%、5% 和 10% 的水平上显著。

在模型（6.11）和模型（6.12）中，我们加入了“四大”所及其与审计任期的交叉项，从回归结果看，系数均不显著。这一方面说明“四大”所可能并没有在中国审计市场中提供显著的高质量审计服务；另一方面也可能与“四大”所样本公司的数量较少有关（仅占全部样本数量的5.3%），从而影响了回归结果的可靠性。因此，当我们在模型（6.13）和模型（6.14）中把事务所的规模从“四大”所换成“十大”所时，系数的显著性有了明显提高。值得注意的是，在模型（6.14）中，Big10 的系数虽然仍为负值，但 Big10 × YCPA 的系数却显著为正，也就是说，在“十大”所中，随着注册会计师审计任期的增加，其出具非标准无保留审计意见的概率也随之增加，审计质量相对高于“非十大”所。其原因很可能与《轮换规定》中对注册会计师审计任期的限制有关。从前面的描述性统计结果可知，注册会计师的平均任期只有2.86年。在短短的两三年时间，要与客户建立起非常亲密的关系显然有一定的困难，而审计任期的增加对于注册会计师了解客户的经营状况，准确地评估审计风险却是非常有帮助的，以至于对审计质量产生了积极影响。研究假设H6－2在一定程度上得到支持。

在控制变量方面，公司规模、债务水平、内部控制质量及其被交易所特殊处理均与审计意见显著相关，这与其他学者的研究结果基本一致。在模型中，我们还控制了公司的上市时间和上市地点，结果发现，公司的上市年限与其被出具非标准无保留意见的概率是显著正相关的，也就是说，新近上市公司财务报告的质量要显著优于老公司，这也是我国股市正在朝着健康方向发展的一个间接证据。

在模型（6.9）至模型（6.10）以及模型（6.15）至模型（6.18）中，我们将审计质量的替代变量换成了被审计报表的盈余管理水平（EM），然后进行了最小二乘回归，回归结果如表6－11所示。模型的整体拟合情况仍然比较理想，调整 R^2 值均超过了0.5。然而，从变量的回归结果来看，除了控制变量外，解释变量及其交叉项系数的 t 统计量均未达到统计上的显著性水平。其原因可能是盈余管理水平（EM）虽然在很大程度上反映了被审计报表的质量，但盈余管理行为往往是上市公司在会计准则允许的范围内对当期损益所作的调整，其性质与纯粹的会计舞弊造假有所不同。注册会计师虽然需要对被审计报表整体的真实性和公允性发表意见。但从国内外众多的审计失败案例来看，注册会计师需要真正承担法律责任的主要是未能发现的会计舞弊以及由此引发的虚假陈述行为①。因此，注册会计师只要能够证明公司财务报表中不存在重大的虚假陈述，对于管理层一般的盈余管理行为，通常并不会强制性要求其进行调整，这也是造成我国上市公司财务报表质量不高的一个重要原因。

表 6-11　　　　回归结果（2）

解释变量	模型（6.9）	模型（6.10）	模型（6.15）	模型（6.16）	模型（6.17）	模型（6.18）
Yfirm	0.021 (1.536)		0.018 (1.25)		0.027 (-1.353)	
YCPA		-0.009 (-0.697)		-0.010 (-0.700)		-0.007 (-0.336)
Big4			0.033 (1.301)	0.019 (0.667)		
Big10					0.000 (0.017)	0.016 (0.534)
Big4 × Yfirm			-0.013 (-0.501)			
Big4 × YCPA				0.006 (0.200)		
Big10 × Yfirm					0.014 (0.428)	
Big10 × YCPA						-0.005 (-0.147)
Size	-0.003 (-0.202)	-0.003 (-0.233)	-0.010 (-0.676)	-0.011 (-0.731)	-0.004 (-0.286)	-0.004 (-0.309)
ROA	-0.697*** (-48.472)	-0.698*** (-48.433)	-0.697*** (-48.503)	-0.698*** (-48.526)	-0.697*** (-48.466)	-0.697*** (-48.484)

① 在我国最高人民法院发布的《关于受理证券市场因虚假陈述引发的民事侵权纠纷案件有关问题》等司法解释中，将注册会计师等中介机构承担民事法律责任的范围明确界定为经中国证券监督管理委员会及其派出机构调查并作出处罚决定的虚假陈述行为。

续表

解释变量	模型（6.9）	模型（6.10）	模型（6.15）	模型（6.16）	模型（6.17）	模型（6.18）
Lever	-0.017 (-1.184)	-0.016 (-0.156)	-0.017 (-1.166)	-0.017 (-1.168)	-0.016 (-1.157)	-0.016 (-1.153)
Age	0.047*** (3.176)	0.045*** (3.062)	0.047*** (3.198)	0.045*** (3.068)	0.047*** (3.204)	0.045*** (3.061)
Local	0.006 (0.431)	0.006 (0.399)	0.008 (0.561)	0.008 (0.523)	0.006 (0.417)	0.006 (0.382)
ST	0.030** (2.055)	0.030** (2.083)	0.030** (2.043)	0.031** (2.104)	0.030** (2.038)	0.031** (2.105)
IC	-0.006 (-0.305)	-0.005 (-0.268)	-0.005 (-0.267)	-0.005 (-0.256)	-0.006 (-0.318)	-0.005 (-0.285)
调整 R^2	0.504	0.503	0.504	0.505	0.504	0.503

注：括号中的数值是变量回归系数的 t 统计量；*** 、** 分别表示在1%、5%的水平上显著。

6.3.6 稳健性检验

（1）为了进一步检验审计师强制轮换制度下，事务所规模对于审计任期与审计质量之间关系的影响，我们将全部样本公司分为两组，一组是由国内排名前十位的事务所进行审计的公司（“十大”组），另一组则由其他事务所进行审计的公司（“非十大”组），分别对模型（6.7）至模型（6.10）进行了回归分析，结果如表6-12所示。数据表明，“十大”组公司审计任期的回归系数均未达到统计上显著的水平，而在“非十大”组，不论是事务所的任期，还是签字会计师的任期均与非标准审计意见的出具概率负相关，且在1%的水平上高度显著。模型（6.9）的回归结果还显示事务所的任期与公司盈余管理水平显著正相关。以上结果进一步支持了研究假设H6-2，即事务所的规模越大，审计师的独立性也越高，从而能够较好地抑制审计任期过长对于审计质量的不利影响。

表 6-12　稳健性检验结果（1）

解释变量	"十大"组（Big10=1）				"非十大"组（Big10=0）			
	模型（6.7）	模型（6.8）	模型（6.9）	模型（6.10）	模型（6.7）	模型（6.8）	模型（6.9）	模型（6.10）
Yfirm	-0.053 (1.298)		0.011 (0.685)		-0.128*** (7.738)		0.049* (1.762)	
YCPA		-0.06 (0.250)		-0.009 (-0.566)		-0.386*** (7.519)		-0.009 (-0.338)
Size	-0.517*** (19.504)	-0.52*** (19.547)	0.000 (0.025)	0.000 (0.029)	-0.644*** (16.028)	-0.613*** (14.788)	-0.042 (-1.444)	-0.044 (-1.525)
ROA	-0.129 (0.051)	-0.132 (0.056)	-0.779*** (-47.866)	-0.779*** (-47.880)	-5.707*** (7.412)	-6.345*** (9.071)	-0.318*** (-10.451)	-0.320*** (-10.502)
Lever	3.450*** (19.504)	3.527*** (27.458)	-0.009 (-0.561)	-0.009 (-0.520)	0.487 (0.816)	0.557 (0.414)	0.020 (0.704)	0.019 (0.653)
Age	0.045* (3.395)	0.044* (3.149)	0.043*** (2.607)	0.042** (2.528)	0.034 (1.671)	0.035 (0.197)	0.091*** (2.962)	0.086*** (2.813)
Local	-0.243 (0.517)	-0.232 (0.465)	0.001 (0.039)	0.000 (0.017)	-0.066 (0.030)	-0.008 (0.000)	0.019 (0.638)	0.018 (0.615)
ST	2.574*** (38.971)	2.593*** (39.153)	0.018 (0.273)	0.018 (1.113)	2.398*** (24.044)	2.309*** (21.713)	0.105*** (3.514)	0.108*** (-10.502)
IC	2.49*** (31.814)	2.500*** (31.760)	-0.029 (-1.358)	-0.030 (-1.380)	2.639*** (27.799)	2.577*** (26.278)	0.076** (2.252)	0.078 (2.314)
R^2	0.339	0.336	0.620	0.620	0.343	0.344	0.161	0.159

注：括号中的数值是变量回归系数的 Wald（t）统计量；***、**、*分别表示在 1%、5%和 10%的水平上显著。

（2）将事务所当年的上市公司客户数量排名作为事务所规模的替代变量，挑选出客户数量排名在全国前十的会计师事务所，作为 Big10 的替代变量，并进行了相应的回归分析，结果如表 6-13 所示，各变量回归系数的符号和显著性水平并未发生实质性改变，由此可见 6.3.5.3 的分析结果是比较可靠的。

表6-13　　　　　　　稳健性检验结果（2）

变量	被解释变量：Opinion		被解释变量：EM	
Yfirm	-0.292*** (-3.219)		-0.006 (-0.205)	
YCPA		-0.310** 2.677		0.042 (1.306)
Big10	-0.486 (-0.857)	-0.865 (2.077)	0.014 (0.370)	0.068 (1.712)
Big10 × Yfirm	0.064 (0.703)		-0.003 (-0.733)	
Big10 × YCPA		0.308 (1.953)		-0.106** (-2.179)
Size	-0.604*** (32.271)	-0.612*** (32.948)	-0.015 (-0.780)	-0.016 (-0.835)
ROA	-0.693 (0.608)	-0.703 (0.634)	-0.538*** (-28.299)	-0.538*** (-28.332)
Lever	2.044*** (14.666)	2.126*** (15.799)	0.005 (0.251)	0.007 (0.384)
Age	0.043** (4.323)	0.043** (4.269)	0.058*** (3.088)	0.053*** (2.850)
Local	-0.081 (0.087)	-0.042 (0.024)	0.015 (0.831)	0.016 (0.862)
ST	2.281*** (39.469)	2.322*** (40.525)	0.061*** (3.142)	0.061*** (3.152)
IC	2.548*** (61.066)	2.576*** (62.486)	-0.005 (-0.278)	-0.004 (-0.218)
调整 R^2	0.409	0.409	0.327	0.325

注：括号中的数值是回归系数的Wald（t）统计量；***、**、*分别表示在1%、5%和10%的水平上显著。

6.4　本章小结

关于是否应当实施审计师强制轮换制度，在学术界和会计职业界曾进行过长时间的争论，由于反对意见强烈，一直未能付诸实施。进入21世纪以后，以美国安然、世通、施乐等公司为代表的一系列重大财务报告舞弊案件的发生，促使美国国会于2002年7月通过了《萨班斯—奥克斯利法案》，首次决定在上市公司范围内实施审计师的强制轮换制度。受此影响，我国政府相关部门也进行了类似的制度设计与安排，决定自2004年1月1日起，在上市公司公司范围内实施签字会计师定期轮换制度。本章从以下三个方面对这一制度的实施效果进行了实证检验。

（1）将按照《轮换规定》要求在2003年、2004年年报审计中实施了签字会计师轮换的上市公司和未按定要求进行轮换的上市公司作为样本，对轮换公司与未轮换公司以及轮换公司在轮换前后审计质量的差异及变化情况进了单变量检验和回归分析，结果发现，不管是上市公司被出具非标准审计意见的比例（概率）、被审计报表的盈余管理水平，还是会计盈余的市场反应系数，不同样本之间均不存在统计上显著的差异。

（2）通过建立双重差分模型（DID），在控制了宏观环境因素和公司特征差异之后，结果发现，与轮换之前相比，注册会计师对被审计报表出具非标准审计意见的比例以及在盈余管理的控制方面均有了显著改善，审计质量有所提高，此次制度变迁的效果在一定程度上得以证明。然而，会计盈余的市场反应系数在签字会计师轮换之后，并没有发生显著变化。

（3）我们还对审计师强制轮换制度下，审计师任期与审计质量之间的关系进行了实证研究。结果发现，不管是事务所任期还是签字会计师任期，均与非标准审计意见的出具概率呈显著的负相关关系。这说明随着审计任期的增加，审计质量是不断下降的，从而证明了实施审计师强制轮换的必要性。通过在模型中加入事务所规模及其与审计任期的交叉项进行回归分析，我们还发现，在我国排名前十位的事务所中，随着签字会计师审计任期的延长，其出具非标准审计意见的概率是显著增加的，与“非十大”所相比，审计质量有所提高。这一结果说明审计师强制轮换制度的实施效果还取决于事务所的规模与品牌声誉。

| 第7章 |

风险导向审计准则实施的绩效研究

7.1 独立审计准则发展变迁概述

7.1.1 国外独立审计准则发展的历史回顾

独立审计准则是注册会计师在执行审计签证及其他业务过程中应当遵循的行为准则，它不仅为注册会计师开展审计工作提供了技术指导，同时也是提高审计效率和审计质量的重要保证。独立审计准则的产生最早可以追溯到20世纪初的美国。当时美国企业的融资方式比较单一，主要是向银行进行借款。而银行为了评价企业的偿债能力，通常要求其提供经注册会计师审计过的资产负债表。为了保证审计服务的质量，应联邦贸易委员会的要求，当时的美国会计师协会（美国注册会计师协会的前身）起草了《资产负债表审计备忘录》，并于1917年4月正式公布，后更名为《经批准的资产负债表编制方法》（以下简称《编制办法》）。这份文件可以说是独立审计准则的最初萌芽，它针对企业资产负债表的不同科目设计了详细的审计程序。与此同时，《编制办法》也指出这些程序主要适用于中小型企业的审计，在大型企业中，由于经济业务数量巨大，对会计凭证和账簿的详细检查几乎不可能，因此需要借助内部核对（Internal Check，内部控制的前身）进行抽查测试。此后，美国注册会计师协会（AICPA）先后于1929年、1934年和1936年对《编制办法》进行了三次修订，进一步突出了内部控制与抽查测试在审计工作中的重要性。《编制办法》的颁布实施无疑大大提高了注册会计师审计工作的效率，但与此同时也埋下审计失败风险的种子。

1938 年，发生在美国纽约州的麦克森·罗宾斯公司倒闭事件是独立审计准则发展历史上一个极为重要的里程碑，它导致了世界上第一份独立审计准则的诞生。事情的经过是这样的：麦克森·罗宾斯公司是一家从事药材生产与贸易的企业。长期以来，一直聘请著名的普华永道会计师事务所（PW）对公司的财务报表进行审计，事务所对该公司长达 13 年的财务报表均发表了“正确、适当”的无保留审计意见。1938 年，长期给麦克森·罗宾斯公司提供贷款的朱利安·汤普森公司发现其流动资金与存货的金额存在重大疑问，决定不再继续提供贷款，并请求纽约证券交易委员会调查此事。调查人员对麦克森·罗宾斯公司 1937 年的财务状况与经营成果进行了重新审核。结果发现，在其合并资产负债表中，共虚构资产 1907.5 万美元，其中包括存货 1000 万美元，应收账款 900 万美元，银行存款 7.5 万美元；在合并损益表中，虚构销售收入 1820 万美元，销售毛利 180 万美元。公司实际上已经“资不抵债”，应立即宣布破产。汤普森公司认为自己之所以给麦克森·罗宾斯公司提供贷款，主要是信赖了 PW 事务所出具的审计报告。因此，他们要求 PW 赔偿其全部损失。而 PW 则认为他们在审计过程中严格遵循了《编制办法》中规定各项规则及程序，麦克森·罗宾斯公司的财务舞弊是其经理与会计人员串通合谋所为，审计人员对此不应承担任何责任。双方各执一词，争执不下，最后在美国证券交易委员会（SEC）的调解下，PW 退回历年所收取的审计费用共计 50 万美元，作为对汤普森公司损失的赔偿。

受此事件的影响，AICPA 下属的审计准则委员会（ASB）于 1939 年 10 月颁布了《审计程序公告第 1 号——审计程序的扩大》，对《编制办法》中所规定的审计程序进行了重要修改，要求审计人员在审计过程中必须对企业内部控制的有效性进行测试，还增加了对应收账款和存货等敏感性资产进行函证与实地盘查等审计程序。之后，ASB 开始着手对“公认审计准则”进行系统性的研究，并于 1947 年发布了《审计准则暂行公告》。公告所提出了注册会计师在审计过程中应遵循的 9 条基本准则（1954 年修订时又增加了一条）：包括一般准则 3 条、外勤工作准则 3 条和报告准则 4 条。这些 9 条基本准则一直沿用至今，构成了美国独立审计准则体系的第一层次。此后所颁布的审计准则公告（SAS）均是对这些基本准则的解释和具体应用。1948 年 9 月《审计准则暂行公告》在美国会计师年会上被正式通过，成为世界上第一部正式的独立审计准则。

《审计准则公告》奠定了在评价企业内部控制基础上进行抽样审计的制度导向审计模式（System-Oriented Audit Approach）在注册会计师审计工作中的主导地位。公告的外勤工作准则第二条明确规定：注册会计师应当对内部控制获取足够的了解，以确定将要进行的实质性测试的性质、时间和范围。制度导向审计模式的核心在于评价和测试企业内部控制设计的合理性与实施的有效性。对于经过测试证明可以信赖的内部控制环节，注册会计师可以对其所涉及的交易及账户进行抽样审计，而对于内部控制存在缺陷或漏洞的环节，则应将其作为审计的重点，进行详细的实质性测试，从而大大减少了注册会计师审计的工作量以及审计费用，提高了审计工作的效率。

然而，制度导向审计虽然提高了审计工作的效率，但也增加了注册会计师的审计风险。这一方面是因为内部控制存在着固有缺陷，当两个或两个以上的内部员工勾结串通或者管理层越权时，内部控制失效（COSO，1992）；另一方面则是因为审计风险通常还受到企业管理人员的品行素质、所处行业环境、经营业务性质、资产的构成及特点等固有风险因素的影响，注册会计师仅通过实施以控制测试为基础的抽样审计很难将审计风险降低到可以接受的水平。为了解决这一实践难题，理论界与会计职业界人士进行了不懈的努力与尝试，逐步发展出了一种新的审计模式——风险导向审计（Risk-Oriented Audit Approach）。

1983 年，ASB 发布了《审计准则公告第 47 号——审计风险和重要性》，对审计风险的概念、构成要素及其之间的关系进行了系统的解释，并提出了著名的审计风险模型：即审计风险 = 固有风险 × 控制风险 × 检查风险，它要求注册会计师在充分评估企业固有风险与控制风险的基础上，根据事先确定的重要性水平，设计相关账户与交易的实质性测试程序，从而将检查风险和审计风险控制在合理水平。这一准则公告的发布奠定了风险导向审计模式的基础。此后，ASB 又发布了一系列的准则公告，如《审计准则公告第 22 号——审计计划》《审计准则公告第 45 号——在资产负债表日前实施实质性程序》《审计准则公告第 55 号——财务报表审计中对内部控制的考虑》，为风险导向审计模式的具体运用提供了详细的技术指导。

进入20世纪90年代以后，经济全球化和信息技术现代化的浪潮席卷整个世界，企业的生产经营环境发生了巨大的变化。与此同时，企业的规模不断扩大，经营业务日趋复杂，融资结构和商业模式也不断创新，这一切在给企业带来巨大收益回报的同时，也加剧了其经营失败的风险。根据以上传统的风险导向审计模式，注册会计师在审计过程中所实施的实质性测试的性质、时间和范围，主要取决于对固有风险和控制风险的评估。由于固有风险评估的复杂性，注册会计师往往将其简单地确定为高水平，仍然将审计的重点集中在控制测试以及账户和交易层次的实质性测试。由于缺乏对于企业经营风险的系统评估，很容易犯“只见树木，不见森林”的错误，特别是当企业管理层串通舞弊导致内部控制失效时，注册会计师是很难发现企业财务报表中存在的重大错报或舞弊现象的。会计职业界人士通过对长期实践经验与教训的总结，对传统风险导向审计模式进行了大胆的改进，提出了经营（战略）风险导向审计（Business Risk Approach to Auditing）。改进后的风险导向审计模式具有以下特点：一是注重对被审计单位发展战略和持续经营能力的评估，以便从宏观上把握审计工作所面临的风险；二是注重运用分析性复核程序，以识别财务报表中可能存在的重大错报风险；三是在评价企业内部控制为有效的情况下，减少对于接近预期值的账户余额的实质测试程序，对例外项目则进行详细审计；四是扩大了审计证据的内涵。即注册会计师形成审计结论所依据的证据不仅包括通过实施控制测试和实质性测试获取的证据，还包括了解企业及其经营环境获取的证据（陈毓圭，2004）。

会计职业界对于传统风险导向审计技术的改进，引起了审计准则制定机构的密切关注。2000年初，国际会计师联合会（IFAC）下设的国际审计与鉴证准则理事会（IAASB）与ASB成立了联合风险评估究小组。通过与会计职业界人士的沟通交流以及对这一新型审计模式的调查分析，联合工作组发布了研究报告——《大型会计师事务所的审计方法发展》。报告认为，传统风险导向审计方法仍然是有效与适当的，但需要进行一些完善，以提高审计的效果与质量，同时建议准则制定机构对现行审计准则进行修订。此后，研究小组在对不同事务所采用的审计程序和方法进行充分了解与评估的基础上，发布了4项经修订后的审计准则征求意见稿。2003年10月，征求意见稿在 IAASB 东京会议上获得通过，并于 2004 年 12 月 15 日正式施行。这 4 项准则分别是：《ISA200——会计报表审计的目标和基本原则》《ISA315——了解被审计单位及其环境并评估重大错报风险准则》《ISA500——审计证据准则》和《ISA330——注册会计师对评估的重大错报风险实施的审计程序准则》，其中前三项准则主要是对现行准则的修订与合并，而《ISA330——注册会计师对评估的重大错报风险实施的审计程序准则》是重新拟订的，以下我们对这四个准则的基本内容作一简要介绍。

（1）《ISA200——会计报表审计的目标和基本原则》。

修订后的《会计报表审计的目标和基本原则》将原审计风险模型中的固有风险和控制风险合并为重大错报风险，提出了新的审计风险模型：审计风险 = 重大错报风险 × 检查风险。准则同时还要求注册会计师在执业过程中应保持高度的职业怀疑态度，充分考虑可能导致会计报表产生重大错报的因素。

（2）《ISA315——了解被审计单位及其环境并评估重大错报风险准则》。

修订后的《了解被审计单位及其环境并评估重大错报风险准则》对注册会计师如何评估重大错报风险进行了详细指导，一是要求注册会计师应了解被审计单位的经营环境及其内部控制各构成要素的特点，以便识别和评估可能导致审计失败的企业经营风险，并确定应当实施的风险评估程序；二是要分别评估会计报表总体层次和认定层次的重大错报风险，充分考虑企业会计报表中各类交易、账户余额的特点，以识别可能存在的重大错报风险；三是评价被审计单位针对这些风险所采取的控制措施，并确定这些控制措施是否得到一贯的执行；四是与公司治理机构和管理层进行充分的沟通。

（3）《ISA330——注册会计师对评估的重大错报风险实施的审计程序准则》。

这是 IAASB 针对新的风险导向审计模式的特点而制定的一个全新的审计准则，它要求注册会计师针对已经识别的会计报表总体层次和认定层次的重大错报风险分别确定不同的应对措施和审计程序（包括控制测试和实质性程序），并对测试中所获取的审计证据的充分性、适当性进行评价。

（4）《ISA500——审计证据准则》。

与原则相比，修订后的《审计证据准则》的最大变化就是将审计证据的内涵进行了扩大，修改为“注册会计师据以得出审计结论，支持审计意见的所有信息”。这些信息既包括原准则中规定的来自控制测试和实质性测试中所获得的审计证据，还包括注册会计师实施风险评估程序所获取的信息。其次，该准则还将注册会计师获取审计证据的程序区分为总体审计程序和具体审计程序。总体审计程序包括风险评估程序、控制测试和实质性程序；具体审计程序则包括检查相关记录和文件、检查有形资产、观察、询问、函证、重新计算、重新执行以及分析性测试等。

新准则体系将审计的起点由原准则的了解与评价企业的内部控制，前移和扩大到评估企业的战略与经营风险。它要求注册会计师不仅要对企业的固有风险和控制风险进行评估，还要对宏观经济环境、行业发展态势、企业的战略规划、经营策略、持续经营能力、管理人员所面临的压力和动力等风险因素进行分析评价，充分了解财务报表重大错报风险产生的根源，并将审计资源集中在可能产生错报的重点领域。这不仅有利于提高审计工作的质量与效率，同时也大大降低了注册会计师可能承担的审计风险，是对传统风险导向审计技术的改进与完善，充分体现了现代战略风险导向审计的思想。

7.1.2 我国独立审计准则制定与发展的历史回顾

我国注册会计师审计制度于20世纪80年代初正式恢复。1986年国务院发布了《中华人民共和国注册会计师条例》，明确规定注册会计师和会计师事务所的主管单位，在全国为财政部，在各地区为省、自治区、直辖市财政厅（局）。1988年11月15日，中国注册会计师协会（以下简称“中注协”）正式成立，作为财政部的直属单位，被赋予了独立审计准则的制定权限。中注协也忠实地履行了这一职责，迄今为止，我国独立审计准则的制定过程可以分为以下三个阶段。

（1）准则制定的起步阶段（1991～1993年）。

中注协自成立伊始，就设立了专业标准部，负责独立审计准则的制定工作。经过三年的积极准备，1991～1993年，中注协先后发布了《注册会计师检查验证会计报表规则（试行）》《注册会计师查账报告规则（征求意见稿）》《注册会计师验资（试行）规则》《注册会计师查账验证工作底稿规则

（试行）》《注册会计师查账验证报告规则（试行）》《注册会计师查账验证计划规则（试行）》《注册会计师管理建议书规则（试行）》等 7 个执业准则以及《中国注册会计师职业道德守则（试行）》和《会计师事务所业务检查办法（试行）》。这些文件对于规范我国注册会计师早期的执业行为，提高审计质量以及整个行业走向正规化、法制化和专业化的发展道路起到了非常积极的作用。

（2）准则体系的建立与完善阶段（1994～2003 年）。

1993 年 10 月 31 日，第八届全国人民代表大会常务委员会第四次会议审议通过了《中华人民共和国注册会计师法》，明确规定由中国注册会计师协会依法拟订注册会计师执业准则、规则，报国务院财政部门批准后施行。1994 年 5 月，中注协正式启动了独立审计准则体系的制定工作，截至 2003 年年中，中注协先后制定（修订）了 6 批独立审计准则，包括 1 个准则序言、1 个独立审计基本准则、28 个独立审计具体准则和 10 个独立审计实务公告、5 个执业规范指南。与此同时，中注协还制定了 3 个相关基本准则（职业道德基本准则、质量控制基本准则和后续教育基本准则），共计 48 个项目，构成一个完整的注册会计师执业准则体系。这一套准则体系的建立不仅借鉴了国际审计准则以及英、美等国独立审计准则制定的成功经验，同时也考虑了审计实务未来的发展趋势，初步体现了风险导向审计的理念与思想。

（3）准则体系的国际趋同阶段（风险导向审计准则的制定与修订阶段）（2006 年至今）。

中国加入世界贸易组织（WTO）之后，根据政府的相关承诺，在独立审计等服务领域必须与国际惯例保持一致。如本章第一节所述，国际审计与鉴证准则理事会（IAASB）于 2004 年对国际审计准则进行了重大修订，并发布了最新的风险导向审计准则。为此，中注协于 2005 年成立了审计准则委员会①，负责新准则的制定与修订工作。2006 年 2 月 15 日，财政部正式颁布了新的《中国注册会计师执业准则》，自 2007 年 1 月 1 日起在所有会计师事

---

① 审计准则委员会由 30 名专家组成，其中政府部门官员 11 名，注册会计师 10 名，中注协秘书处 1 名，证券行业从业者 1 名，会计、审计学者各 3 名，法律专家 1 名。

务所施行。《中国注册会计师执业准则》包括：1 项中国注册会计师鉴证业务基本准则、41 项具体审计准则、1 项审阅准则、2 项其他鉴证业务准则、2 项相关服务准则和 1 项会计师事务所质量控制准则，共计 48 项。这一套新的准则体系虽然在准则数量上与原准则保持了一致，但对其中若干项准则进行了重大修订，并颁布了两个新的审计准则，“其核心在于将风险导向审计模式引入已有的准则中，并出台了识别、评估和应对重大错报风险的 4 项审计风险准则（杨志国，2006），现将主要变化简要概括如下：

第一，颁布了新的审计准则《中国注册会计师审计准则第 1101 号——注册会计师的总体目标和审计工作的基本要求》，以替代原来的《独立审计准则第 1 号——会计报表审计》。在准则中，明确了会计报表审计的目标和一般原则，引入了职业怀疑态度、合理保证以及审计风险等概念，同时还修改了原准则的审计风险模型。

第二，修改了原《独立审计具体准则第 2 号——审计证据》，引入了各类交易、账户余额、表达与披露等概念，作为注册会计师评估重大错报风险、设计和执行进一步审计程序的基础，并将获取审计证据的程序区分为总体审计程序和具体审计程序。

第三，将《独立审计具体准则第 9 号——内部控制与审计风险》《独立审计具体准则第 20 号——计算机信息系统环境下的审计》和《独立审计具体准则第 21 号——了解被审计单位情况》合并为《中国注册会计师审计准则第 1231 号——了解被审计单位及其环境并评估重大错报风险》，进一步明确了注册会计师对于审计风险的评估程序。

第四，颁布了一项新的具体审计准则《中国注册会计师审计准则第 1231 号——针对评估的重大错报风险采取的应对措施》，要求注册会计师应首先针对所评估的财务报表层次的重大错报风险水平确定总体应对措施，然后针对所评估的认定层次的重大错报风险水平设计和实施进一步审计程序，以便将总体审计风险降至可接受的水平。

与此同时，为保证风险导向审计准则的具体落实，财政部还对原《独立审计具体准则第 8 号——错误和舞弊》和《独立审计具体准则第 6 号——审计工作底稿》做出了重大修改，在审计技术层面进行了大胆的突破和创新。这些突破和创新包括：重塑了审计工作的基本流程，以提高审计的效率与效果；要求注册会计师建立与公司治理层的信息沟通机制，以增强注册会计师的独立性；明确了注册会计师发现舞弊的责任；严格了审计证据要求，加大了审计证据对审计意见的支撑力度；要求注册会计师应重视原始信息的记录、强调原始记录的保存。

2008 年，国际金融危机暴发，使企业的经营环境和注册会计师的执业环境发生了重大变化，中注协根据国际审计准则的最新变化情况，也开始着手对我国的审计准则进行修订。2010 年 11 月，财政部发布了修订后《中国注册会计师审计准则第 1101 号——注册会计师的总体目标和审计工作的基本要求》等 38 项具体准则，自 2012 年 1 月 1 日起正式施行。修订后的审计准则体现了原则导向精神，将一些细节规定和解释性内容放在了附录和指南中，而不在准则正文中作具体规定，从而实现了与国际审计准则的持续全面趋同。

7.2　风险导向审计准则的实施对审计效率的影响研究

在经济学中，效率通常是指投入与产出之间的比例关系。审计效率又称为审计生产效率、会计师事务所运营效率，是指会计师事务所在开展审计业务时的投入与产出或者成本与收益之间的对比关系，反映了事务所将各种要素资源转化为审计服务的能力。影响审计效率的因素有很多，既包括注册会计师和会计师事务所等审计主体相关的因素，也包括被审计客户相关的因素，同时还受到审计环境等因素的影响。而审计准则作为注册会计师开展审计工作的技术指导，对审计效率的影响是非常重大而深远的。

如前所述，财政部于 2006 年 2 月 15 日正式颁布了新的《中国注册会计师执业准则》。这一套准则体系全面贯彻了现代战略风险导向审计理念，它要求注册会计师从企业的经营环境和业务流程入手，采用“自上而下”的方式，全面评估可能导致企业财务报表出现重大错报的战略经营风险，并以此确定实质性测试的范围、时间和程序，对于那容易出现错弊的关键业务流程环节，必须投入额外的审计资源进行重点审计，而对于那些风险控制有效或重要性较低的业务流程环节，则可以将实质性测试集中于例外事项上，以节约审计资源。此外，这一套审计准则还在技术层面就注册会计师如何提高审计效率进行了详细的规范与指导。例如，准则第 1231 号《针对评估的重大错报风险采取的应对措施》提出“注册会计师可以考虑在评价控制设计和获取其得到执行的审计证据的同时测试控制运行的有效性，以提高审计效率”；准则第 1314 号《抽样审计》要求“注册会计师应当根据具体情况并运用职业判断，确定使用统计抽样或非统计抽样方法，以最有效率地获取审计证据”；准则第 1621 号《对小型被审计单位审计的特殊考虑》简化了对小规模企业的审计程序等。这些规定对于注册会计师节约审计资源的投入，提高审计效率无疑具有极为重要的指导意义。

然而，以上毕竟只是准则条文上的规范，这一套风险导向审计准则的实施效果究竟如何？是否真正地提高了会计师事务所和注册会计师的审计效率？以下我们将以 2005 ~ 2008 年我国具有证券期货业务资格的会计师事务所为样本，采用数据包络分析（Data Envelopment Analysis，DEA）对每一家事务所的审计效率进行计算，通过考察准则实施前后事务所审计效率的变化情况，来检验这一次制度变迁的效果。

7.2.1 描述性统计

DEA 是目前学术界应用最为广泛的一种效率分析方法。它是由著名的运筹学家 Charnes 等人于 1978 年首先提出的。DEA 是一个线性规划模型，通过它可以将多种形式的投入和产出转化为效率比率的分子和分母，从而计算出每个决策单元（Decision Making Unit，DMU）的综合效率。与其他效率评价方法比较，DEA 具有以下明显的优点：①DEA 方法可以解决多输出—多输入的 DMU 效率评价问题；②DEA 假定每个输入都关联到一个或者多个输出，且输入、输出之间存在某种联系，但不必事先确定这种关系的显性表达式；③DEA 建立模型前无须对数据进行无量纲化处理；④DEA 不需要事先进行变量权重假设，它可以根据 DMU 输入、输出的实际数据求得最优权重，从而排除了主观因素对于权重计算的干扰，具有较强的客观性。

采用 DEA 来计算 DMU 的综合效率，关键在于投入、产出指标的选择。

中注协从2002年起每年都会公布全国百强会计师事务所的相关信息。本书借鉴许汉友等（2008）、王咏梅和陈磊（2012）等人的研究成果，从中注协披露的百强所信息中选取注册会计师人数和领军后备人才数量作为投入变量，选择事务所的年度总收入、上市公司客户数量作为产出变量，来计算事务所的DEA综合技术审计效率。

由于新风险导向审计准则于2006年2月15日公布，从2007年1月1日起生效，也就是说，2006年上市公司的年报审计是新准则实施的第一年。因此，我们将2005年作为准则实施前的参照期，将2006~2008年作为新准则实施效果的检验期，分别计算事务所每一年的审计效率。样本的选择标准为当年出现在中注协公布的百强所名单中，且参与了我国A股上市公司年报审计的会计师事务所（为了降低样本差异性，我们剔除了上市公司客户数量不足5家的事务所），最终所确定的事务所样本数量为：2005年57家、2006年58家、2007年53家、2008年52家。样本的投入、产出数据主要来自中注协公布的百强所相关信息，上市公司客户数量是通过手工收集获得的。DEA审计效率的计算是采用MaxDEA完成的，数据的预处理与统计分析是采用Excel和SPSS 16.0完成的。2005~2008年各事务所的投入、产出指标以及DEA审计效率的计算结果分别如表7-1、表7-2、表7-3、表7-4所示。

表7-1　　2005年会计师事务所投入、产出指标与DEA效率

会计师事务所名称	CPA数量	领军人才数量	上市公司客户数量	总收入（万元）	DEA效率	百强排名
安徽华普会计师事务所	78	0	37	3152	0.3083	63
安永大华会计师事务所	94	4	29	11152	1.0000	14
安永华明会计师事务所	240	3	15	97166	0.8995	2
北京京都会计师事务所	195	1	40	8093	0.4271	19
北京天华中兴会计师事务所	305	1	8	10596	0.4784	11
北京天圆全会计师事务所	99	0	5	3309	0.5139	54
北京五联方圆会计师事务所	136	0	31	6785	0.6142	25
北京兴华会计师事务所	139	0	28	5148	0.7583	32
北京中天华正会计师事务所	192	0	28	6226	0.7984	21

续表

会计师事务所名称	CPA数量	领军人才数量	上市公司客户数量	总收入（万元）	DEA效率	百强排名
毕马威华振会计师事务所	234	1	16	91478	1.0000	4
大信会计师事务所	273	1	34	10311	1.0000	13
德勤华永会计师事务所	415	1	26	90876	0.8506	3
福建华兴会计师事务所	73	0	23	2805	1.0000	74
广东恒信德律会计师事务所	96	0	17	3080	0.2912	61
广东立信羊城会计师事务所	98	1	17	5606	0.5243	30
广东正中珠江会计师事务所	90	1	28	4390	0.6627	47
河北华安会计师事务所	74	0	22	2109	0.3842	96
湖南开元会计师事务所	86	1	22	3018	0.4058	64
江苏公证会计师事务所	119	0	30	7122	0.8942	23
江苏天衡会计师事务所	71	1	33	3583	0.6692	52
利安达信隆会计师事务所	261	1	35	9597	0.3639	15
辽宁天健会计师事务所	94	1	19	2977	0.4213	73
南京永华会计师事务所	62	1	16	2333	0.8421	92
普华永道中天会计师事务所	461	4	47	180296	1.0000	1
山东汇德会计师事务所	96	1	16	2264	0.2978	84
山东天恒信会计师事务所	102	0	10	2232	0.3387	86
山东正源和信会计师事务所	114	0	16	3353	0.6891	50
上海东华会计师事务所	130	0	6	5330	0.5730	39
上海立信长江会计师事务所	308	1	87	18324	0.4830	5
上海上会会计师事务所	66	0	32	3675	1.0000	53
上海众华沪银会计师事务所	83	0	20	7038	1.0000	22
深圳大华天诚会计师事务所	106	0	45	4064	0.5237	42
深圳南方民和会计师事务所	103	0	38	4688	0.5019	37
深圳鹏城会计师事务所	134	0	70	5333	0.6246	31
深圳天健信德会计师事务所	47	0	5	2471	0.4048	94
四川华信（集团）会计师事务所	78	1	26	3422	0.4719	78
四川君和会计师事务所	126	1	25	3402	0.4975	45
天健华证中洲（北京）会计师事务所	289	2	7	11054	0.3862	12
天津五洲联合会计师事务所	85	1	24	3365	0.2533	55

续表

会计师事务所名称	CPA 数量	领军人才数量	上市公司客户数量	总收入（万元）	DEA 效率	百强排名
天职国际会计师事务所	162	1	19	9148	0.5143	17
万隆会计师事务所	256	2	12	13844	0.3857	8
武汉众环会计师事务所	128	1	31	4844	0.5388	35
西安希格玛会计师事务所	83	0	14	3512	0.5273	70
信永中和会计师事务所	282	1	33	14957	0.3969	7
亚太集团会计师事务所	80	1	10	2656	1.0000	79
亚太中汇会计师事务所	154	0	13	4752	0.6874	34
岳华会计师事务所	479	4	33	16405	0.4517	6
浙江东方中汇会计师事务所	142	2	8	6701	0.2945	20
浙江天健会计师事务所	163	3	77	7518	0.6129	18
中和正信会计师事务所	295	1	38	8979	0.3765	16
中磊会计师事务所	190	0	28	5249	0.6101	26
中勤万信会计师事务所	185	0	15	4114	0.4807	46
中瑞华恒信会计师事务所	250	4	20	13050	0.3435	10
中审会计师事务所	317	0	9	13367	0.3647	9
中喜会计师事务所	179	0	16	5666	0.6959	24
中兴华会计师事务所	117	0	6	3738	0.7078	49
重庆天健会计师事务所	90	1	23	3507	0.2748	59

表 7－2　　2006 年会计师事务所投入、产出指标与 DEA 效率

会计师事务所名称	CPA 数量	领军人才数量	上市公司客户数量	总收入（万元）	DEA 效率	百强排名
安永大华会计师事务所	80	4	21	9508	0.4569	18
安永华明会计师事务所	382	6	18	159833	0.9276	2
北京京都会计师事务所	244	1	44	9251	0.9458	19
北京立信会计师事务所	204	0	24	7242	0.6124	21
北京天华中兴会计师事务所	287	0	9	14050	0.4065	12
北京天圆全会计师事务所	102	0	5	4294	0.4096	48
北京五联方圆会计师事务所	172	0	29	7034	0.4829	30
北京五洲联合会计师事务所	82	1	21	3170	0.2838	73

续表

会计师事务所名称	CPA数量	领军人才数量	上市公司客户数量	总收入（万元）	DEA效率	百强排名
北京兴华会计师事务所	163	0	28	7036	0.5785	24
北京永拓会计师事务所	194	1	6	5701	0.9574	29
北京中证天通会计师事务所	124	0	6	4288	0.3366	43
毕马威华振会计师事务所	308	1	17	123747	1.0000	4
大信会计师事务所	339	0	47	14304	0.3414	11
德勤华永会计师事务所	482	2	24	138564	0.9295	3
福建华兴会计师事务所	73	0	24	3391	0.9827	70
广东恒信德律会计师事务所	106	0	26	3369	0.4258	64
广东正中珠江会计师事务所	93	1	36	4158	1.0000	52
湖南开元会计师事务所	81	1	23	3609	1.0000	82
华普天健会计师事务所	82	0	37	3493	0.2948	66
江苏公证会计师事务所	119	0	29	7024	0.5016	27
江苏苏亚金诚会计师事务所	150	3	6	7917	0.3876	20
江苏天衡会计师事务所	104	2	37	5331	0.7490	39
立信会计师事务所	361	1	112	21983	0.5043	5
立信羊城会计师事务所	108	1	20	5773	0.3899	33
利安达信隆会计师事务所	302	1	47	11557	1.0257	13
辽宁天健会计师事务所	100	1	17	2771	0.2579	89
普华永道中天会计师事务所	499	3	47	203762	1.0000	1
山东汇德会计师事务所	89	1	18	2644	0.2687	84
山东天恒信会计师事务所	85	0	11	2677	0.3217	95
山东正源和信会计师事务所	101	0	13	4008	0.3978	54
上海东华会计师事务所	134	0	5	5159	0.5043	51
上海上会会计师事务所	68	0	33	4799	0.7319	44
上海众华沪银会计师事务所	84	0	21	8342	1.0000	22
深圳大华天诚会计师事务所	110	0	44	4251	0.6997	46
深圳南方民和会计师事务所	137	0	41	5537	0.6476	34
深圳市鹏城会计师事务所	125	0	87	5804	0.6295	37
四川华信（集团）会计师事务所	85	1	27	3789	0.4038	83
四川君和会计师事务所	147	1	28	4588	0.5234	41

续表

会计师事务所名称	CPA数量	领军人才数量	上市公司客户数量	总收入（万元）	DEA效率	百强排名
天健华证中洲（北京）会计师事务所	294	1	73	11056	0.6071	15
天职国际会计师事务所	181	1	30	11457	1.0000	16
万隆会计师事务所	303	2	20	15232	0.3945	10
武汉众环会计师事务所	136	1	31	6508	0.4415	28
西安希格玛会计师事务所	91	0	15	3804	0.9979	80
信永中和会计师事务所	356	1	47	20252	0.3145	7
亚太集团会计师事务所	60	0	9	2336	0.3841	99
亚太中汇会计师事务所	158	0	16	5800	0.3017	31
岳华会计师事务所	440	4	37	21049	0.4219	6
浙江东方（中汇）会计师事务所	90	2	7	4157	0.4213	50
浙江天健会计师事务所	184	3	85	8717	0.9211	17
中和正信会计师事务所	316	1	43	10854	0.2701	14
中磊会计师事务所	224	0	35	7097	0.3107	23
中勤万信会计师事务所	181	0	15	4712	0.3001	67
中瑞华恒信会计师事务所	338	4	39	16888	0.2489	9
中审会计师事务所	324	0	14	18551	0.3512	8
中喜会计师事务所	168	0	18	6859	0.3923	25
中兴华会计师事务所	141	0	5	4557	0.5469	45
中准会计师事务所	133	0	20	5448	0.3935	36
重庆天健会计师事务所	92	1	22	3759	0.4058	59

表 7-3　　2007 年会计师事务所投入、产出指标与 DEA 效率

会计师事务所名称	CPA数量	领军人才数量	上市公司客户数量	总收入（万元）	DEA效率	百强排名
安徽华普会计师事务所	94	1	38	4585	0.4441	58
安永大华会计师事务所	83	4	19	11977	1.0000	18
安永华明会计师事务所	564	5	23	231580	1.0000	2
北京京都会计师事务所	242	2	50	12294	0.4512	17
北京天圆全会计师事务所	129	0	6	5105	0.5484	49
北京五联方圆会计师事务所	189	2	28	6701	0.2415	35

续表

会计师事务所名称	CPA数量	领军人才数量	上市公司客户数量	总收入（万元）	DEA效率	百强排名
北京兴华会计师事务所	197	0	32	10597	0. 5644	19
北京永拓会计师事务所	210	1	8	7570	0. 3621	32
北京中证天通会计师事务所	144	1	7	5790	0. 5916	45
毕马威华振会计师事务所	351	1	21	194496	1. 0000	4
大信会计师事务所	328	1	69	22907	0. 5015	8
德勤华永会计师事务所	549	2	23	212428	1. 0000	3
福建华兴会计师事务所	87	1	30	4349	0. 4918	66
广东恒信德律会计师事务所	110	1	25	4678	0. 3011	54
广东正中珠江会计师事务所	96	1	47	5172	0. 7758	52
江苏公证会计师事务所	106	0	43	9036	0. 5978	30
江苏苏亚金诚会计师事务所	136	3	6	9427	0. 6572	25
江苏天衡会计师事务所	99	2	45	9064	0. 6109	31
开元信德会计师事务所	187	1	30	9399	0. 4212	28
立信会计师事务所	417	1	160	37140	0. 7690	6
立信羊城会计师事务所	126	2	23	7558	0. 5232	43
利安达信隆会计师事务所	368	0	66	18778	0. 4631	10
辽宁天健会计师事务所	97	1	16	3104	0. 3541	96
普华永道中天会计师事务所	460	3	50	262571	1. 0000	1
山东汇德会计师事务所	107	2	25	3205	0. 2745	77
山东天恒信会计师事务所	102	0	13	3063	0. 3249	97
山东正源和信会计师事务所	92	0	11	3977	0. 4018	99
上海东华会计师事务所	126	0	7	6172	1. 0000	44
上海上会会计师事务所	93	1	34	6328	1. 0000	46
上海众华沪银会计师事务所	100	0	26	11275	1. 0000	21
深圳大华天诚会计师事务所	110	0	43	7437	0. 7245	38
深圳南方民和会计师事务所	136	0	37	7113	0. 6948	50
深圳市鹏城会计师事务所	115	0	98	8169	0. 6957	40
四川华信（集团）会计师事务所	95	1	26	4084	0. 4139	67
四川君和会计师事务所	117	2	27	4109	0. 2947	62
天华会计师事务所	515	0	7	16837	0. 3015	12

续表

会计师事务所名称	CPA数量	领军人才数量	上市公司客户数量	总收入（万元）	DEA效率	百强排名
天职国际会计师事务所	296	2	38	18308	0.5553	14
万隆会计师事务所	371	2	17	19441	0.4312	9
五洲松德联合会计师事务所	122	1	21	5389	0.3266	48
武汉众环会计师事务所	144	3	44	8705	0.4702	29
西安希格玛会计师事务所	105	0	14	4125	0.6567	84
信永中和会计师事务所	482	1	62	25432	0.5671	7
亚太中汇会计师事务所	168	1	26	6739	1.0000	36
浙江天健（东方）会计师事务所	201	5	89	18150	0.9514	13
中和正信会计师事务所	379	2	46	14687	0.4525	15
中磊会计师事务所	268	1	39	10991	0.4338	20
中勤万信会计师事务所	163	0	17	5495	0.8099	80
中瑞岳华会计师事务所	1000	10	108	50467	0.5402	5
中审会计师事务所	322	0	23	18831	0.5021	11
中喜会计师事务所	177	0	21	7195	0.6835	33
中兴华会计师事务所	130	0	7	4885	0.8258	60
中准会计师事务所	163	0	39	7205	0.2715	34
重庆天健会计师事务所	98	1	27	5310	0.7154	51

表 7-4　2008 年会计师事务所投入、产出指标与 DEA 效率

会计师事务所名称	CPA数量	领军人才数量	上市公司客户数量	总收入（万元）	DEA效率	百强排名
安永华明会计师事务所	750	10	41	270000	0.9143	2
北京京都天华会计师事务所	351	7	53	26047	0.7849	14
北京天圆全会计师事务所	127	1	7	5223	0.7415	54
北京五联方圆会计师事务所	204	2	27	7219	0.4872	37
北京兴华会计师事务所	255	1	37	13476	0.5911	17
北京永拓会计师事务所	267	2	12	9338	0.2984	31
北京中证天通会计师事务所	138	1	7	5781	0.4578	52
毕马威华振会计师事务所	550	1	20	243517	1.0000	4
大信会计师事务所	360	2	85	31373	0.6427	9

续表

会计师事务所名称	CPA数量	领军人才数量	上市公司客户数量	总收入（万元）	DEA效率	百强排名
德勤华永会计师事务所	668	2	25	249882	1.0026	3
福建华兴会计师事务所	97	1	32	4559	0.7674	65
福建立信闽都会计师事务所	100	0	5	2133	0.2145	96
广东大华德律会计师事务所	202	2	62	12264	0.8025	21
广东正中珠江会计师事务所	109	1	50	6169	0.4593	50
华普天健高商会计师事务所	219	6	70	10488	0.6238	24
江苏公证天业会计师事务所	132	1	48	12676	0.9526	22
江苏苏亚金诚会计师事务所	152	4	8	11327	0.8125	27
江苏天衡会计师事务所	130	2	51	10648	0.7556	32
开元信德会计师事务所	234	2	28	11911	0.4958	26
立信会计师事务所	679	3	190	66639	0.7770	6
立信羊城会计师事务所	129	2	22	7190	0.5158	55
利安达会计师事务所	532	1	71	27253	0.6549	11
普华永道中天会计师事务所	587	6	51	275518	1.0000	1
山东天恒信会计师事务所	95	0	12	4331	0.5412	80
山东正源和信会计师事务所	99	0	11	6003	0.8974	73
上海东华会计师事务所	135	0	10	5668	0.9978	69
上海上会会计师事务所	101	1	38	8142	0.7672	43
上海众华沪银会计师事务所	111	0	31	14405	1.0000	19
深圳南方民和会计师事务所	143	0	40	7155	0.7012	67
深圳市鹏城会计师事务所	157	0	109	10021	0.6587	36
四川华信（集团）会计师事务所	109	1	27	5444	0.6640	57
四川君和会计师事务所	95	3	28	4677	0.7125	59
天健光华（北京）会计师事务所	402	5	61	23944	0.7121	12
天职国际会计师事务所	332	3	47	24258	0.7634	13
万隆亚洲会计师事务所	556	3	20	39839	0.8213	7
五洲松德联合会计师事务所	177	1	22	6046	0.6109	45
武汉众环会计师事务所	134	6	44	8723	0.6477	33
西安希格玛会计师事务所	161	0	14	5635	0.6521	49
信永中和会计师事务所	590	3	87	26153	0.5973	10

续表

会计师事务所名称	CPA 数量	领军人才数量	上市公司客户数量	总收入（万元）	DEA 效率	百强排名
亚太（集团）会计师事务所	116	0	12	2676	0.8650	93
浙江天健东方会计师事务所	339	9	90	31466	0.9102	8
中和正信会计师事务所	430	3	43	19675	0.3145	15
中汇会计师事务所	152	4	6	11531	0.8214	25
中磊会计师事务所	319	2	47	13012	0.6419	20
中勤万信会计师事务所	258	0	20	11666	0.5187	30
中瑞岳华会计师事务所	1013	13	122	65217	0.7942	5
中审国际会计师事务所	185	0	21	12022	0.7845	23
中审亚太会计师事务所	397	2	24	21088	0.4521	16
中天运会计师事务所	225	3	6	10165	0.4598	29
中喜会计师事务所	178	0	27	7275	0.6745	42
中兴华会计师事务所	191	0	8	5865	0.6871	46
中准会计师事务所	326	2	56	11967	0.5530	18

表 7－5 中列示的是事务所的投入、产出指标以及 DEA 效率的分年度描述性统计结果。从表中可以看到，各投入、产出指标的均值都是逐年上升的，其中事务所业务收入的增长最为显著，年平均增长率达到了 34.55%，这固然有事务所之间的合并所导致的收入增长，但也反映了在新准则实施之后，事务所生产能力与效率的全面提升。从各事务所的综合技术效率来看，在新准则实施后的第 1 年（2006 年），各事务所 DEA 得分的均值为 0.5932，与 2005 年的均值 0.6338 相比，反而是有所下降的，之后的 2007 年、2008 年，各事务所的 DEA 指标得分又全面回升，2008 年的均值达到了 0.7300，远远超过新准则实施前的水平。以上结果的相互矛盾现象可能是因为事务所对于新准则的实施需要有一个逐渐的准备、适应过程。在实施初期，由于注册会计师对于新的审计程序和方法均不太熟悉，以至于审计效率出现了一定程度的下降。一段时间之后，当新准则所体现的风险导向审计思想被注册会计师熟练掌握并贯彻之后，审计效率出现了明显的提高。新准则的实施效果得到了初步证明。

表 7－5　　　　　　　描述性统计结果

年度	统计量	CPA 数量	领军人才数量	上市公司客户数量	总收入（万元）	DEA 效率	中注协评价得分
2005	样本数	57	57	57	57	57	57
	均值	164.9825	0.8947	25.2281	13916.3158	0.6339	169.9474
	中值	128	1	23	5249	0.5237	83
	标准差	101.8655	1.1289	16.4643	30021.9643	0.3461	300.8773
	最小值	47	0	5	2109	0.2533	47.32
	最大值	479	4	87	180296	1.7147	1834.36
2006	样本数	58	58	58	58	58	58
	均值	184.7586	0.9310	28.7759	17807.7759	0.5932	166.2593
	中值	139	1	24	5802	0.45095	75.635
	标准差	113.7680	1.2959	20.9561	39199.2231	0.3283	301.1869
	最小值	60	0	5	2336	0.2489	41.07
	最大值	499	6	112	203762	1.6128	1589.09
2007	样本数	53	53	53	53	52	53
	均值	220.1132	1.3396	35.0377	26781.6981	0.6635	191.6185
	中值	144	1	27	7570	0.55985	74.69
	标准差	173.3103	1.7314	28.3928	58316.9647	0.3995	352.6571
	最小值	83	0	6	3063	0.2415	40.83
	最大值	1000	10	160	262571	2.5065	1604.84
2008	样本数	52	52	52	52	51	52
	均值	278.8077	2.3846	40.0962	33551.9231	0.7300	177.6867
	中值	196.5	2	29.5	11429	0.6871	79.105
	标准差	205.3266	2.7522	34.4806	67344.8008	0.3267	295.3494
	最小值	95	0	5	2133	0.2145	34.88
	最大值	1013	13	190	275518	2.5053	1227.99
全样本	样本数	220	220	220	220	218	220
	均值	210.3818	1.3636	32.0409	22682.7773	0.6526	176.0251
	中值	145.5	1	26	7138.5	0.57005	79.105
	标准差	157.5339	1.8956	26.1608	50522.2941	0.3519	310.9621
	最小值	47	0	5	2109	0.2145	34.88
	最大值	1013	13	190	275518	2.5065	1834.36

7.2.2　方差分析

描述性统计结果仅能从样本整体层面反映新准则的实施效果，在准则实施前后，各事务所审计效率的变化是否存在统计上的显著差异？以下将对其做进一步的方差分析。从表 7-6 的方差分析结果可以看到，新准则实施之后，事务所的投入、产出指标以及审计效率均显著高于准则实施之前。具体的年度差异分析结果（见表 7-7）显示，在新则实施之后的第三年（即 2008 年），事务所审计效率的提高是最为明显的，与准则实施前的 2005 年相比，DEA 效率均值提高了 0.1368，且均值差异在 5% 的水平上高度显著。这一结果再次证明新的风险导向审计准则颁布之后，事务所经过一段时间的消化和适应，确实起到了提高审计效率的作用。

表 7-6　　　　方差分析结果（1）

因变量	分类	df	Mean Square	F	Sig.
注册会计师数量	Between Groups	1	318828.731	13.586	0.000
	Within Groups	218	23468.244		
	Total	219			
领军人才数量	Between Groups	1	70.982	21.614	0.000
	Within Groups	218	3.284		
	Total	219			
上市公司客户数量	Between Groups	1	4418.494	6.622	0.011
	Within Groups	218	667.258		
	Total	219			
业务收入（万元）	Between Groups	1	8044657744	3.183	0.076
	Within Groups	218	2527308826		
	Total	219			
DEA 效率	Between Groups	1	0.399	3.255	0.073
	Within Groups	216	0.123		
	Total	217			

表 7-7　　方差分析结果（2）

因变量	(I) Year	(J) Year	Mean Difference (I-J)	Std. Error	Sig.
注册会计师数量	2005	2006	-0.0363	0.3380	0.915
		2007	-0.4449	0.3458	0.200
		2008	-1.4899	0.3475	0.000
领军人才数量	2005	2006	-19.7762	28.4637	0.488
		2007	-55.1308	29.1216	0.060
		2008	-113.8252	29.2663	0.000
上市公司客户数量	2005	2006	-3.5478	4.7949	0.460
		2007	-9.8097	4.9058	0.047
		2008	-14.8681	4.9302	0.003
业务收入（万元）	2005	2006	-3891.4601	9378.8291	0.679
		2007	-12865.3823	9595.5994	0.181
		2008	-19635.6073	9643.2911	0.043
DEA 效率得分	2005	2006	0.0407	0.0654	0.535
		2007	-0.0703	0.0670	0.295
		2008	-0.1368	0.0673	0.043

7.2.3 回归分析

影响审计效率还有很多，如会计师事务所的规模、内部管理制度、人员的业务素质、所处地区、宏观经济环境与政策等。为了控制这些因素可能对事务所审计效率产生的影响，更好地揭示新准则的实施与审计效率之间的关系，我们建立以下多元线性回归模型（7.1），以便做进一步的分析与解读。模型（7.1）中各变量的具体定义如表 7-8 所示。

$$DEA = \beta_0 + \beta_1 Specialist + \beta_2 Big4 + \beta_3 Region + \beta_4 Y2006 + \beta_5 Y2007 + \beta_6 Y2008 + \varepsilon \tag{7.1}$$

表 7-8　　变量定义

变量名称	变量符号	变量说明
审计效率	DEA	根据数据包络法（DEA）所计算出的事务所审计效率得分
人才素质	Specialist	会计领军人才数量占 CPA 的比例

续表

变量名称	变量符号	变量说明
事务所品牌	Big4	虚拟变量，如果事务所为国际“四大”在中国的合作所，其值为1，否则为0
地区	Region	根据2005年我国各省区市的人均GDP将全部省份划分为三类地区，当事务所的注册地址位于贵州、甘肃、云南、安徽、西藏、广西、江西、四川、青海时，其值为1；位于湖南、海南、陕西、宁夏、重庆、河南、湖北、山西、新疆、黑龙江、吉林、河北、内蒙古时，其值为2；位于辽宁、福建、山东、广东、江苏、浙江、天津、北京、上海时，其值为3。
年度控制变量	Y2006	虚拟变量，如果数据年度为2006年，其值为1，否则为0
年度控制变量	Y2007	虚拟变量，如果数据年度为2007年，其值为1，否则为0
年度控制变量	Y2008	虚拟变量，如果数据年度为2008年，其值为1，否则为0

表7－9中列示的是对模型（7.1）进行最小二乘回归（OLS）的结果，从表中可以看到，事务所会计领军人才比例（Specialists）的回归系数估计值不仅为正，而且在5%水平上高度显著，这说明高素质人才对提高审计效率起到了至关重要的作用。Big4 的系数也显著为正（$\beta=0.5266$，$t=8.6577$），这一结果表明相对于本土事务所，国际“四大”在审计效率方面仍然具有非常明显的优势。Region 的回归系数为负，但未能达到统计上显著性的水平，这可能是因为我国绝大多数具有证券期货业务资格的会计师事务所在全国各地均设有分所，其执业范围并不限于事务所的注册地，因而审计效率的地区差异并不明显。

表7－9　　　　回归分析结果

Variables	Un-standardized Coefficients	Std. Error	Standardized Coefficients	t	Sig.
(Constant)	0.6143	0.1154		5.3214	0.000
Specialist	5.4080	2.5365	0.1306	2.1320	0.034
Big4	0.6554	0.0757	0.5266	8.6577	0.000
Region	－0.0027	0.0389	－0.0041	－0.0687	0.945
Y2006	－0.0406	0.0565	－0.0511	－0.7184	0.473
Y2007	0.0327	0.0582	0.0397	0.5625	0.574
Y2008	0.1177	0.0590	0.1419	1.9942	0.047

在反映准则变迁效果的年度控制变量方面，可以看到，Y2006 的系数为负，也就是说，在执行新准则审计的第一年（2006 年），事务所的审计效率是有所降低的；Y2007 的系数虽然均为正，但未能通过显著性检验，Y2008 的系数不仅为正（$\beta = 0.5266$），且在 5% 的水平上高度显著（$t = 1.9942$），以上结果表明风险导向审计准则的实施对于审计效率的影响存在着明显的时滞效应，在准则实施后的第三年，才真正起到了提高审计效率的作用。这可能是因为新准则不仅体现了以企业战略（经营）风险全面评估为基础的风险审计理念，而且提出了许多新的审计程序和方法，注册会计师要在审计过程中真正贯彻落实这些先进的理念和方法，肯定需要一个适应的时间和过程。在这期间，事务所要投入大量的成本进行审计流程的重新设计，对注册会计师及助理审计人员进行业务培训等，从而造成了资源的消耗以及审计效率的暂时下降，但从对审计效率的中、长期影响来看，这一次的准则变迁应该来说还是比较成功的。

7.3 风险导向审计准则的实施对审计质量的影响研究

7.3.1 理论分析与研究假设

在传统的风险导向审计模式下，注册会计师在审计过程中往往将被审计单位的固有风险简单地确定为高水平，通过控制测试确定企业的控制风险水平以及可以接受的检查风险水平，然后以此为依据确定实质性测试的性质、时间和范围，并将审计的重点集中于企业内部控制的薄弱环节，所采用的审计方法也主要是传统的交易或账户余额的实质性测试。殊不知内部控制存在着两大固有的缺陷，其中之一就是当企业管理层或员工串通舞弊时，内部控制失效。纵观国内外发生的一系列重大的财务舞弊案件，大多都是企业高层管理者与会计人员勾结串通，故意为之。注册会计师仅通过控制测试以及交易和账户余额的实质性测试，是很难发现财务报表中存在的舞弊或重大错报的。根据新的风险导向审计准则，注册会计师应保持高度的职业怀疑态度，从企业的经营环境和业务流程入手，充分考虑可能导致管理层产生舞弊行为的压力、动机和借口，以此为依据来评估财务报表存在重大错报风险的可能性，并将审计资源的投入重点集中于高风险领域。此外，新准则还在技术层面就注册会计师如何识别重大错报风险进行了详细的指导。例如，注册会计师应从哪些方面了解被审计单位的经营环境及战略规划、如何在审计的各个阶段实施风险评估、如何根据获取的新审计证据修正前期风险评估结果、如何在审计报告出具阶段重新考虑审计风险等。我们认为注册会计师如果认真地贯彻了新的审计准则，应当能够更加准确地识别和评估企业的风险水平，提高发现财务报表中存在舞弊或重大错报的概率以及最终的审计质量。据此，我们提出以下研究假设：

H7－1：新准则实施后，注册会计师的审计质量有所提高。

新的风险导向审计准则旨在从总体上规范和指导注册会计师应如何识别和评估可能导致被审计单位财务报表产生重大错报的各类风险，并采取相应的审计程序和方法，以降低审计失败的概率。然而，新准则所推荐的风险评估方法在运用时需要有一定的前提条件：一是会计师事务所必须建立功能强大的数据库，以满足评估被审计单位的战略规划、流程设计、经营业绩以及持续经营能力等战略（经营）风险的需要；二是审计人员必须是掌握各种相关专业知识的复合型人才，具备识别与评估被审计单位战略（经营）风险的能力。相对于我国本土的事务所，国际“四大”会计师事务所更早就接触到战略（经营）风险导向审计①，也具备较好的物质、技术条件，能够对员工进行系统的审计准则应用培训。因此，注册会计师对于新准则的理解和掌握应当更加深刻，准则的执行效果应该也会更好。据此，我们还提出以下研究假设：

H7－2：新准则实施后，四际“四大”会计师事务所审计质量的改善优于本土事务所。

7.3.2　变量定义与模型设定

审计质量是审计师发现并报告客户财务报表中存在重大错报的联合概率

① 实际上，新的风险导向审计模式就是德勤、普华永道等国际会计师事务所最先提出，并运用于审计工作实践的。

（De Angelo，1981）。关于审计质量的衡量，在学术界主要有以下三种思路：第一，审计报告意见的准确性（Beatty，1989；Davidson and Neu，1993；李树华，2000）；第二，被审计报表的质量，如报表的盈余管理程度（Heninger，2001；Myers et al.，2003；陈信元和夏立军，2006）、稳健性（陈旭东和黄登仕，2007；刘峰和周福源，2006）、是否发生财务报告重述（马晨，2014）等；第三，投资者对审计报告发布后公司股价的市场反应（Teoh and Wong，1993；Ghosh and Moon，2005；于李胜等，2008）。由于新的风险导向审计模式的核心在于提高了注册会计师识别与评估重大错报风险的能力，所以本章拟采用注册会计师出具非标准审计意见的概率对于审计风险的敏感程度作为审计质量的替代变量。

为了考察新准则的颁布与实施对审计质量的影响，我们将引入时间窗口变量（Post），如果样本数据在准则实施之后，其值为1，否则为0。

影响财务报表重大错报风险的因素非常复杂，结合我国上市公司的具体情况以及国内外学者的研究成果（李莫愁和周红，2013），我们引入以下三个风险控制变量：

经营风险（OR）：企业的经营业绩不仅直接影响着管理层的薪酬待遇、职位升迁，根据中国证监会的规定，上市公司如果连续亏损或净资产为负，将会被特殊处理（ST）甚至退市。所以经营业绩不佳的公司管理层往往存在着较大压力或动力来进行财务舞弊，以达到相关目的，因而其财务报表的重大错报风险水平通常比较高。

公司治理风险（GR）：公司治理结构是公司治理主体为了实现公司剩余索取权和控制权的合理配置，而基于一组契约关系，对治理客体进行监控和管理的一整套制度安排（张兆国，2004）。公司治理结构在很大程度上影响着企业会计信息质量（Dechow et al.，1996；Ball，2000；赵景文，2006；陈俊和陈汉文，2007）。上市公司受到证监会、交易所的行政处罚往往是其治理结构不佳的一个重要信号。

盈余管理风险（EM）：盈余管理水平是衡量企业会计信息质量的一个重要指标（Chung and Kallapur，2003；Myers et al.，2003；王化成和佟岩，2006）。过度的盈余管理往往意味着公司财务报表信息的真实性和公允性存在不足，可能会误导信息使用者及利害关系人。注册会计师作为会计信息质量的“监护人”，有义务要求被审计单位进行调整，如果被审计单位不配合，则应当根据其盈余管理的程度，出具不同类型的非标准审计意见来提醒信息使用者。

此外，借鉴国内外学者的研究成果，我们还引入公司规模、盈利能力、债务水平、资产特征等变量来控制相关因素可能对注册会计师出具不同类型审计意见所产生的影响。

综上所述，各变量的具体定义和说明如表 7 - 10 所示。

表 7 - 10　　变量定义

变量名称	变量符号	变量说明
审计意见类型	Opinion	如果公司当年的审计意见为标准无保留意见，其值为 0，否则为 1
时间窗口变量	Post	如果样本公司数据为新准则实施之后的 2006 年，其值为 1，否则为 0
经营风险	OR	如果公司连续两年亏损或所有者权益为负，其值为 1，否则为 0
公司治理风险	GR	如果上市公司受到证监会、交易所的行政处罚，其值为 1，否则为 0
盈余管理风险	EM	根据截面琼斯模型（Jones，1991）计算出的操纵性应计数的绝对值
公司规模	Size	公司当年年末总资产的自然对数
盈利能力	ROA	公司当年净利润/年末总资产
流动比率	CR	公司当年年末流动资产/流动负债
资产负债率	Lever	公司当年年末长期负债总额/资产总额
应收账款比率	REC	公司当年年末应收账款净额/资产总额
存货比率	INV	公司当年年末存货余额/资产总额

根据所设定的相关变量，我们建立以下 Logistic 回归模型（7.2），通过对不同时间和空间范围样本的实证分析，来检验研究假设 H7 - 1 和假设 H7 - 2。

$$
\begin{aligned}
Ln(P_{Opinion}/1 - P_{Opinion}) = {} & \beta_0 + \beta_1 Post + \beta_2 OR + \beta_3 GR + \beta_4 EM + \beta_5 Post * OR \\
& + \beta_6 Post * GR + \beta_7 Post * EM + \beta_8 Size + \beta_9 ROA \\
& + \beta_{10} Lever + \beta_{11} CR + \beta_{12} REC + \beta_{13} INV + \varepsilon \quad (7.2)
\end{aligned}
$$

7.3.3　样本选择与数据来源

由于新审计准则自 2007 年 1 月 1 日起生效，因此首先影响到的是注册会计师 2006 年的年报审计。需要注意的是，在新审计准则颁布的同一天，财政部还颁布了新的会计准则体系，并且也是从 2007 年 1 月 1 日起在我国上市公司范围内实施。因此，上市公司 2006 年度的财务报告仍按照旧会计准则编制，但注册会计师则需要按照新审计准则的规范和要求对其开展审计工作，而 2005 年公司的年报编制与审计则均是按照旧的会计准则和审计准则来进行的。为了消除新会计准则的实施可能对会计信息质量以及注册会计师审计工作的影响，更加准确地揭示新审计准则的实施效果，我们以 2005 ~ 2006 年我国 A 股上市公司作为实证检验的基础样本，并按下列标准对样本公司进行了筛选：①金融行业公司；②发生了审计师变更的公司；③关键数据缺失的公司。最后得到样本公司年度观测值 2560 个（其中 2005 年 1241 个，2006 年 1319 个），为了消除极端值可能对实证分析结果产生的影响，我们对所有连续型变量在 1% 和 99% 的水平上进行了 Winsorize 处理。

样本公司的相关数据信息主要来自 Wind 数据库，部分缺失数据通过手工查阅公司在巨潮资讯网上公布的年度报告获得。数据的预处理和实证分析分别采用 Excel 和 SPSS 16.0 完成。

7.3.4 实证检验与结果分析

（1）描述性统计。

表 7 - 11 和表 7 - 12 中列示的是对样本公司 2005 年和 2006 年的变量数据进行的描述性统计结果。首先，事务所 2005 年出具的非标准审计意见的概率为 11.19%，而在新准则实施后的 2006 年，这个概率反而有所下降。这是否意味着注册会计师的审计质量有所下降？还是其他原因造成的？还需要我们做进一步的分析与检验。其次，与 2005 年相比，上市公司的经营风险（OR）的均值有所上升，公司治理风险（GR）和盈余管理水平（EM）则有了不同程度的下降。这说明我国上市公司的经营业绩总体来说不够理想，连年亏损甚至资不抵债的公司比例逐年上升，但公司治理结构有所改善，EM 的降低则有可能是因为新准则实施后，注册会计师采取了更为科学的风险识别和评估方法，从而使公司财务报表中的盈余管理水平有所降低。在控制变量方面，可以看到，公司的规模和流动资产结构变化并不大，但盈利能力（ROA）下降明显，债务比率（Lever）则有所上升。

表 7－11　　　　　　描述性统计结果（1）——2005 年

变量	样本数	均值	中值	标准差	最小值	最大值
Opinion	1241	0.119	0	0.315	0	1
Post	1241	0	0	0	0	1
OR	1241	0.081	0	0.271	0	1
GR	1241	0.071	0	0.215	0	1
EM	1241	0.193	0.119	0.361	0.000284	11.516
Size	1241	21.22	21.31	1.423	14.231	27.051
ROA	1241	0.054	0.087	0.078	－0.0090	1.765
CR	1241	1.721	2.403	2.403	1.028	50.27
Lever	1241	0.551	0.528	0.192	0.081	3.657
REC	1241	0.093	0.068	0.095	0.004	1.105
INV	1241	0.175	0.163	0.131	0	0.895

表 7－12　　　　　　描述性统计结果（2）——2006 年

变量	样本数	均值	中值	标准差	最小值	最大值
Opinion	1319	0.102	0	0.289	0	1
Post	1319	1	1	1	1	1
OR	1319	0.092	0	0.293	0	1
GR	1319	0.041	0	0.201	0	1
EM	1319	0.175	0.102	0.315	0.000315	14.121
Size	1319	21.29	21.25	1.065	17.524	24.083
ROA	1319	0.035	0.029	0.102	0.0698	0.179
CR	1319	1.783	2.403	2.403	1.028	50.27
Lever	1319	0.592	0.541	0.433	0.081	3.562
REC	1319	0.089	0.071	0.174	0	0.892
INV	1319	0.184	0.195	0.231	0	0.952

（2）回归分析。

表 7－13 中列示的是对模型（7.2）在不同的样本中进行 Logistic 回归的结果。首先看到，关键测试变量（Post），不管是在全样本回归中，还是在

不同类型事务所样本回归中，均未达到统计上的显著性水平，这一结果说明新准则实施前后，注册会计师出具非标准审计意见的概率在整体上并不存在显著差异，新准则能够提高审计质量这一假设并没有得到直接的证据支持。其次，在四个不同样本的回归结果中，经营风险（OR）和公司治理风险（GR）回归系数符号均为正，与预期符号一致，而且基本上都达到了统计上的显著性水平，这说明注册会计师在出具审计意见时，充分考虑了被审计单位的经营风险和公司治理结构，对于那些经营业绩差、公司治理存在缺陷的公司更多地出具了非标准审计意见，在很大程度上体现了风险导向的审计理念。值得注意的是，盈余管理风险（EM）的回归系数在不同的样本回归中差异较大。在国际“四大”所样本回归中，EM的系数与预期符号一致，显著为正（β=0.295，Wald=2.433）；在国内“十大”所样本回归中，回归系数符号虽然为正（β=0.059，Wald=0.897），但未能达到统计上的显著性水平；而在全样本和国内小所样本回归中，回归系数符号均为负，与预期符号相反。以上结果说明，在对待被审计单位的盈余管理问题上，事务所的态度有所不同，国际“四大”所更多地出具了较为严格的非标准审计意见，而本土小所发表非标准审计意见的概率则比较低。其原因一方面可能是国际“四大”所普通采用了较为先进的审计技术和方法，可以更加准确地识别报表中存在的盈余管理现象；另一方面则有可能与本土小所客户资源短缺，独立性不强有关。盈余管理在一定程度上是被审计单位在会计准则允许的范围内进行的，注册会计师即便发现了报表中的盈余管理现象，但只要不构成重大的财务舞弊或欺诈，通常也不愿意出具较为严格的非标准审计意见，以免失去宝贵的上市公司客户资源。

表7-13　　　　回归结果

解释变量	预期符号	全样本	国际“四大”	国内“十大”①	国内小所
截距		-0.783 (0.326)	0.161 (1.506)	0.151 (1.044)	0.041 (0.366)
Post	+	-0.172 (0.791)	-0.015 (0.318)	-0.897 (1.263)	-0.181 (0.662)
OR	+	1.485** (2.566)	1.297** (2.967)	0.295*** (3.898)	1.611 (1.994)

续表

解释变量	预期符号	全样本	国际“四大”	国内“十大”①	国内小所
GR	+	1.384* (2.559)	0.178* (2.295)	0.251** (2.978)	1.575** (3.428)
EM	+	−0.367 (0.518)	0.295** (2.433)	0.059 (0.897)	−0.337 (0.655)
OR × Post	+	0.011* (2.025)	1.074 (1.642)	1.472** (2.875)	0.281* (1.892)
GR × Post	+	0.175* (1.991)	0.819 (0.436)	0.757** (2.542)	0.457 (1.021)
EM × Post	+	1.587 (1.127)	1.021* (1.812)	1.423*** (4.345)	−0.007 (0.021)
Size	?	−3.875*** (5.401)	−0.018*** (5.431)	−0.591*** (5.711)	−0.218*** (5.789)
ROA	−	−2.588*** (3.426)	−0.247*** (5.437)	−7.669*** (4.168)	−0.241*** (3.345)
CR	?	−0.223 (1.201)	0.206 (1.618)	−0.237* (1.758)	0.151 (1.112)
Lever	+	2.835** (2.492)	0.065*** (6.977)	3.866*** (6.781)	0.067*** (9.107)
INV	+	−0.512*** (3.867)	−0.417*** (3.597)	−0.253* (1.957)	−0.087*** (3.654)
REV	+	0.125 (0.875)	−1.559* (1.799)	0.129 (0.478)	−1.204* (1.849)
N		2560	195	549	1848
Nefelkerke R^2		0.2916	0.2684	0.3278	0.2314

注：括号中的数值是回归系数的 Wald 统计量；***、**、*分别表示在 1%、5% 和 10% 的水平上显著。①根据中注协发布的 2005 年和 2006 年会计师事务所百强排名，其中的前“十大”国内所基本没有发生太大的变化，上海立信长江会计师事务所、岳华会计师事务所、信永中和会计师事务所、万隆会计师事务所、中审会计师事务所、中瑞华恒信会计师事务所、北京天华中兴会计师事务所、大信会计师事务所、利安达信隆会计师事务所这 9 家事务所在 2005 年和 2006 年均排名国内所前十，2005 年国内“十大”所还包括天健华证中洲（北京）会计师事务所，2006 年国内“十大”所则包括中和正兴会计师事务所。

再看 Post 与各风险变量的交叉项系数，在全样本回归中，三个风险变量的交叉项系数均为正，与预期符号一致，OR × Post 和 GR × Post 的系数还在 10% 的水平上显著，这说明在新准则实施后，注册会计师的风险敏感性显著提高，对那些审计风险较高的上市公司更多地出具了非标准审计意见，审计质量有所提高，研究假设 H7 - 1 在一定程度上得到了支持。在国内“十大”所样本回归中，EM × Post 的系数不仅为正（$\beta = 0.295$，Wald = 4.345），且在 1% 水平上高度显著；OR × Post 和 GR × Post 的回归系数也都在 5% 水平上显著为正；在国际“四大”所样本中，三个风险变量与 Post 交叉项系数的符号虽然全部为正，但显著性水平低于国内“十大”所样本；而在国内小所样本中，除了 OR × Post 外，GR × Post 和 EM × Post 的系数估计值均未能通过显著性检验。以上结果充分证明，风险导向审计准则的实施效果在我国不同品牌、规模的事务所之间的确存在较大差异的，准则实施效果最好的是国内“十大”所，新准则的实施对于国际“四大”所和国内小所审计质量的影响并不明显，与研究假设 H7 - 2 并不完全相符。其原因可能是战略（经营）风险导向审计模式最早就是由国际大型会计师事务所提出来的，在我国正式颁布新的风险导向审计准则之前，这一模式早已被其广泛运用于审计实践中了，因而新准则的实施对“四大”所审计质量的影响并不明显。与国际“四大”所相比，我国的本土大所虽然在规模实力、技术水平、人员素质等方面仍存在着一定的差距，但他们对于提高自身审计质量的愿望一直还是比较强烈的，执行新准则的积极性也很高，能够在较短的时间内将新的风险导向审计理念和方法运用于审计实践，从而显著地提高了其对于企业风险的识别、评估能力以及最终审计结果的质量。而国内小所受自身的物质、技术条件以及人员素质所限，在短时间内很难将风险导向审计理念以及先进的审计技术和方法贯彻落实到具体的审计实践活动中，从而导致准则的执行效果不太理想。

在控制变量方面，公司规模（Size）、盈利能力（ROA）、债务水平（Lever）的回归系数符号不仅与预期符号一致，而且都达到了统计上的显著性水平。需要注意的是，在四个样本的回归结果中，存货比率（INV）的系数估计值均显著为负，与预期符号相反。其原因可能是存货作为实物资产，在当时物价水平波动比较大的宏观经济环境下，能够在一定程度上降低企业的经营失败风险以及注册会计师的审计风险，因而存货比率高的上市公司更容易被出具标准审计意见。

7.4　本章小结

本章首先对国内外独立审计准则的出台背景和变迁历史进行了简要回顾。然后，针对 2006 年 2 月财政部重新修订颁布的风险导向审计准则，从审计效率和审计质量两个角度对这一次制度变迁的效果进行了详细的实证研究，主要研究结果如下：

（1）对 2005～2008 年参与了我国 A 股上市公司审计并且出现在中注协当年公布的百强所名单中的会计师事务所的审计效率进行了计算和分析，结果发现，在新准则实施之后的第一年（即 2006 年），事务所的审计效率与新准则实施前的 2005 年相比，反而有所下降，但在之后的 2007 年和 2008 年，审计效率均有了不同程度的提高，特别是在 2008 年，审计效率的提高幅度最为显著。

（2）通过对 2005～2006 年我国 A 股 2560 家上市公司审计质量的实证研究，结果发现，在新准则实施后，上市公司被出具非标准审计意见的概率并没有发生显著变化，但注册会计师对于上市公司的经营风险和治理风险的敏感性显著提高，对那些经营业绩差、存在治理缺陷的公司更多地出具了非标准审计意见。另外，我们还发现新准则的实施对于审计质量的影响在我国不同品牌、规模的事务所之间存在着较大差异，准则实施效果最好的是国内“十大”所，对于国际“四大”所与国内小所审计质量的影响并不明显。

| 第 8 章 |

会计师事务所组织形式变更的绩效研究

8.1 会计师事务所组织形式的演变历史概述

8.1.1 英、美等国会计师事务所组织形式的演变历程

注册会计师审计最早诞生在英国。工业革命以后，随着企业经营规模的不断扩大，以所有权和经营权分离为特征的股份有限公司在当时的社会经济生活中逐渐占据了主导地位。为了维护广大不参与企业经营管理的中小股东的利益，1845 年，英国政府对刚刚实施了一年的《公司法》进行了修订，要求股份公司必须聘请职业会计师对其账目进行审计。这一规定对注册会计师行业的发展产生了巨大的推动作用，会计师事务所数量日益增长，整个行业规模得到迅速扩张。为了树立权威、公正的职业形象，当时的会计师事务所普遍采取了合伙制这种法律责任最为严格的企业组织形式。

根据英国法律规定，“合伙制”是指自然人之间为了获得利润而共同经营一项业务并由此形成的一种法律责任关系。合伙制企业在法律上并不是一个独立的主体，即不具有法人资格，合伙制企业内的每个合伙人不仅要对其个人债务承担法律责任，还必须对合伙企业的债务承担连带责任，当企业的资产不足以偿还债务时，合伙人必须以个人财产对债务承担无限连带责任。这种严格的责任形式使得注册会计师在执业过程中，必须保持极高的专业技术水平和职业道德素质，以避免审计失败的发生。相对于公司制企业，合伙

制企业的最大优点就是可以避免双重征税。合伙企业的利润分配给合伙人后，直接由合伙人自行交纳个人所得税，企业本身无须再交纳所得税。此外，法律对于合伙制企业的日常经营活动、利润分配方式、合伙人的进入和退出等方面的限制也比较少，从而有利于事务所的灵活经营与发展壮大。实践证明，合伙制这种组织形式对于英国早期注册会计师行业的健康发展起到了很大的促进作用。

进入 20 世纪 70 年代以后，世界经济环境发生了很大变化，英国等一些资本主义国家经济陷入长期的“滞胀”，企业因经营失败而破产倒闭的案件不断发生。而企业一旦破产，破产资产一般很少能够满足债务清偿的需要，那些债务得不到偿还的债权人通常会把为破产企业提供审计服务的会计师事务所告上法庭，要求其承担相关的赔偿责任。普通合伙制事务所的无限连带责任使注册会计师的执业风险大大增加，公司化改制开始进入人们的视野。1989 年，英国政府修改了《公司法》，允许会计师事务所采取有限责任这种公司制组织形式。然而，注册会计师行业对于事务所的公司化改制并不积极。十年间，整个英国 8000 多家会计师事务所中只有不到 100 家事务所进行了公司化改制。究其原因，主要是因为公司制企业大多是以所有权与经营权相分离为特征，而《公司法》为了保护不直接参与企业经营管理活动的中小股东的利益，对企业的经营行为进行了非常严格的限制和约束，这不仅不利于事务所的灵活执业与发展壮大，也与注册会计师行业在长期发展过程中所形成的精诚合作、相互信任的合伙文化与经营理念格格不入。

为了使无辜的合伙人免受过于严苛的法律责任的困扰，又能够最大限度地保留合伙制的灵活经营与税收优势以及合伙文化的精髓，一种新的企业组织形式应运而生。1997 年 2 月，英国政府发布了《有限责任合伙：面向专业人士的新的组织形式》的咨询文件。文件一经公布，便受到了会计职业界人士的广泛欢迎。经过 3 年的咨询论证，2000 年 7 月，英国议会通过了《有限责任合伙法》。根据该法案规定，有限责任合伙制企业是一个具有独立法人资格的法律主体，它不会因为合伙人的变动而影响企业的存续，合伙企业以自己的名义取得并持有相关资产，对外缔结合约，承担债务责任。企业的合伙人仅仅是合伙组织的代理人，各合伙人之间不存在代理权或代表权，因此合伙人不须对合伙企业的共同债务承担个人责任，也不对其他合伙人的行为承担连带责任。但在纳税义务方面，有限责任合伙制企业仍执行一般合伙企业的相关规定，即由合伙人交纳个人所得税，而无须交纳企业所得税。有限责任合伙制企业既能够保持一般合伙制企业弹性灵活的组织结构和经营方式，又能够享受到公司制企业对合伙人有限责任的保护以及相应的税赋优惠，所以在《有限责任合伙法》生效的当天（2001 年 4 月 6 日），英国安永会计师事务所就宣布实施转制。在此后的三年多时间里，国际“四大”会计师事务所在英国的分所均完成了转制，并且还带动了一大批规模相对较大的事务所进行了组织形式的改变。

美国会计师事务所组织形式的变迁轨迹也如出一辙。20 世纪初，世界经济发展的重心由欧洲转向美国，作为社会的“经济警察”，美国的注册会计师行业得到迅速的发展。与英国一样，美国早期的会计师事务所也主要采取“普通合伙制”这一组织形式。在严格的法律责任约束之下，事务所树立起了权威、公正的职业形象，相互信任的合伙文化也得到了业界人士的广泛认可。

进入 20 世纪 80 年代以后，由于房地产与能源价格的剧烈波动，致使美国全国范围内大量的银行和金融机构纷纷破产倒闭，债权人在巨额债务无法得到偿还的情况下，转而起诉为这些金融机构提供审计服务的会计师事务所，而法庭在判决时，通常都会认定会计师事务所应当承担一定的赔偿责任，这就是所谓的“深口袋”理论。那些规模较大的事务所更是首当其冲，被判承担了巨额的赔偿责任。例如，在不到 10 年的时间里，普华永道总共被法官判决赔偿 3.38 亿美元，安永 4 亿美元，德勤 3.12 亿美元，毕马威 1.86 亿美元。而当时全美排名第七的会计师事务所 Laventhol & Horwath 更是在这轮诉讼风暴中破产倒闭。

在这些被判赔偿的案件中，大部分的合伙人本身并未参与引发合伙企业债务的活动，也没有过错，仅仅因为其合伙人的身份，就要以自己的个人财产代人受过，这种连带责任追究机制对于那些无过错的合伙人来说显然是有失公平的。为此，业内外人士纷纷致力于寻求一种更为公正合理的组织形式。经过旷日持久的研究讨论，“有限责任合伙制”以其最大限度地保留合伙文化的特色，注册程序简便、法律约束少、税收负担轻等优点得到了会计职业界人士的广泛推崇与认可。1991 年，第一部《有限责任合伙法》在美国的得克萨斯州得以通过。之后，其他各州纷纷效仿，在全美范围内掀起了有限责任合伙立法的热潮。

由于美国的各个州均享有独立的立法权，各州的《有限责任合伙法》在保护合伙人免受无限连带责任方面仍存在着一定的差异。总结起来，大致可以分为以下三种情况：一是以得克萨斯州为代表的做法，它只保护合伙人免受其他合伙人的错误或过失等侵权责任行为而引发的无限连带责任，但合伙人仍须对事务所的其他债务承担无限连带责任；二是以纽约州为代表的做法，它规定合伙人可以免受任何其他个人的无限连带责任，除非该责任是由于合伙人自己或者是受其直接监督的他人的错误或过失所引起的；三是类似于英国的有限责任合伙制的做法，即合伙人只须对自己的错误或过失承担无限责任，除此之外，不须承担其他任何的连带赔偿责任。

由于有限责任合伙制既可以保护无辜的合伙人免受他人过失或错误所带来的“无妄之灾”，同时又最大限度地保留了合伙制企业的优势与特色，目前已经成为全世界范围内大型会计师事务所首选的组织形式。

8.1.2　我国会计师事务所组织形式的演变历程

与英、美等国相比，我国的情况比较特殊。20 世纪 80 年代初，我国注册会计师行业得到恢复发展。受当时历史条件限制，会计师事务所均由各级政府职能部门以及企、事业单位发起设立，并成为挂靠在这些部门或单位之下的经济实体。1986 年 7 月，国务院颁布《注册会计师条例》，明确规定会计师事务所是自收自支、独立核算、依法纳税、独承担注册会计师审计业务的事业单位，必须有主管单位。这种中国特色的挂靠制度虽然对我国注册会计师行业的起步发展起到很大的促进作用，但制度的弊端也很快显现出来，其中最重要的一点就是事务所独立性不强。这也是导致当时注册会计师审计质量低劣、审计失败案件频发的重要诱因。因此，要求会计师事务所“脱钩改制”的呼声也日益高涨。

1993 年，全国人大八届四次会议通过了《注册会计师法》，首次规定了我国会计师事务所可以采取普通合伙制和有限责任制这两种组织形式，其中合伙制事务所的发起人可以是注册会计师，而财政部根据这项法案精神制定的《有限责任会计师事务所设立及审批暂行办法》规定有限责任制事务所的发起人必须是单位。同年 10 月，中共中央办公厅、国务院办公厅联合发布了《关于党政机关与所办经济实体脱钩的规定》，文件明确规定县及县以上各有关党政机关均不得以各种形式组建经济实体，或接受各类经济实体的挂靠，已经组建的经济实体必须在职能、财务、人员、名称四个方面与原单位彻底脱钩。尽管文件对脱钩对象和内容的规定都十分明确，但由于各相关部门对于既得利益不愿放手，相应的社会保障体系尚未建立起来，事务所脱钩后的产权性质等重大问题均缺乏明确的法律依据，所以在这一次全国范围内的经济实体与挂靠单位脱钩的行动中，会计师事务所的脱钩并没得到真正落实。

1997 年 4 月，深圳市政府颁布了《深圳市会计师事务所体制改革实施办法》，要求全市所有的事务所限期与挂靠单位脱钩并改制为有限责任制或合伙制事务所，率先在全国范围内进行了会计师事务所“锐钩改制”的试点。由于这次试点是在小范围内进行，相关的配套措施又比较完善，因而进行得比较顺利。截至 1997 年底，全市 73 家会计师事务所全部完成改制，其中 49 家改制为有限责任制事务所，24 家改制为合伙制事务所。

由于有了深圳成功试点的经验，财政部全面启动了事务所与挂靠单位脱钩的产权改革行动。1998 年，财政部发布了《有限责任会计师事务所审批办法》，对其之前在《有限责任会计师事务所设立及审批暂行办法》中规定的“有限责任会计师事务所必须由单位设立”的做法进行了修订，明确提出“有限责任会计师事务所应由注册会计师出资发起设立”，从而为事务所的“脱钩改制”扫除了法律制度上的障碍。同年 4 月，在证监会的支持下，财政部下发《关于执行证券期货相关业务的会计师事务所与挂靠单位脱钩的通知》，明确要求挂靠在各级财政部门的 105 家具有证券期货业务资格的事务所必须在 1998 年底前完成“脱钩改制”工作，否则将停止其执业资格。8 月，财政部又下发了《关于进一步加快会计师事务所及审计事务所体制改革的通知》，要求中央政府和各部委主管的事务所必须在 1998 年底前完成脱钩，其他事务所则在 1999 年底完成脱钩。由于政策的执行力度大，相关配套措施完备，这一次全国范围内的涉及整个注册会计师行业的“脱钩改制”行动进行得相对顺利。截至 1998 年底，除合并或被取消资格的 3 家事务所外，102 家具有证券期货业务资格的事务所全部完成了“脱钩改制”。1999 年底，其余的 6000 多家会计师事务所的“脱钩改制”工作也基本完成。

出于法律责任等方面的考虑，会计师事务所在与挂靠单位脱钩后，大多选择改制为有限责任事务所。2001 年底，全国共有事务所 4287 家，其中合伙制事务所仅有 606 家，占总数的 14.14%；超过 100 名注册会计师的事务所有 27 家，全部为有限责任事务所。在此后的 10 多年时间里，新成立的会计师事务所也较少选择合伙制这一组织形式。根据财政部会计行业管理信息系统的统计数据，截至 2009 年 12 月 31 日，在全国的 6659 家会计师事务所中，有限责任事务所 4363 家，占比为 66%，合伙制事务所 2296 家，占比为 34%。在中注协 2009 年公布的排名前 100 强的事务所中，仅有 4 家为合伙制事务所。表 8－1 中列示的是 2001～2009 年我国具有证券期货业务资格的会计师事务所组织形式的分布情况。

表 8－1　　会计师事务所组织形式统计

年度	合伙制事务所		有限责任制事务所		合计
	公司数	占比	公司数	占比	
2001	12	17.14%	58	82.86%	70
2002	10	12.99%	67	87.01%	77
2003	9	11.69%	68	88.31%	77
2004	9	11.54%	69	88.46%	78
2005	9	11.39%	70	88.61%	79
2006	9	11.54%	69	88.46%	78
2007	7	9.33%	68	90.67%	75
2008	6	8.70%	63	91.30%	69
2009	4	6.78%	55	93.22%	59

有限责任制事务所虽然最大限度地保证了事务所股东免受法律责任的困扰，其缺陷也非常明显，总结起来主要有以下几个方面：首先，公司制企业的资合特点与会计师事务所作为专业机构所固有的人合特质相冲突。为此，一些事务所不得不采取有限责任制的组织形式与合伙制的管理模式相结合的经营方式，试图用企业内部的合伙文化来弥补有限责任制的制度缺陷。然而，这种法律责任形式与内部管理模式相分离的做法存在着巨大的法律风险与管理隐患，导致一些事务所内部管理机制混乱、经营决策效率低下。与此同时，那些隐形合伙人的权益也难以得到有效保护，大大削弱了高层次员工

的积极性。其次，我国《公司法》明确规定有限责任制企业的股东数量不得超过 30 人，这使事务所的“做大做强”与规模化发展受到限制。最后，有限责任制事务所只须以其自有资产为限对债务承担有限责任。对于事务所以及执业的注册会计师来说，法律风险非常低，不利于审计质量的提高。此外，事务所采取合伙制经营是国际惯例，加入世贸组织以后，我国会计师事务所要走出国门执业，势必也要顺应这一国际潮流。基于以上种种因素的共同作用，会计师事务所改制再一次被我国政府相关部门提上议事日程。

2006 年，修订后的《合伙企业法》正式颁布，其中增加了“特殊普通合伙制”这一全新的企业组织形式，但全国人大常委会仍将其英文翻译为“Limited Liability Partnership”（以下简称 LLP），以便与英、美等国的“有限责任合伙制”保持一致。根据法案规定，“特殊普通合伙制”是“普通合伙制”的一种特殊形式，主要适用于以专业知识和专门技能为客户提供有偿服务的专业服务机构。在特殊普通合伙制企业中，一个合伙人或者数个合伙人在执业过程中因故意或者重大过失造成合伙企业债务的，应当承担无限责任或者无限连带责任，其他合伙人以其在合伙企业中的财产份额为限承担责任；合伙人在执业过程中非因故意或者重大过失造成的合伙企业债务以及合伙企业的其他债务，由全体合伙人承担无限连带责任。可以看出，我国的特殊普通合伙制是在吸收英、美国家有限责任合伙制优点的基础上，所做出的具有中国特色的制度创新。它既强调在故意与重大过失情况下保护无过失合伙人免受无限连带责任的困扰，又考虑到一般过失时合伙人之间的风险共担理念，最大限度地保留了事务所内部合伙文化的精髓，同时也有利于加强合伙人之间的相互监督，防止出现合伙人“各人自扫门前雪”的单打独斗情形。

《合伙企业法》的修订，为我国会计师事务所组织形式的改革提供了法律依据。2008 年 12 月，在深圳市政府及业内人士的大力推动下，广东大华德律会计师事务所率先转制为特殊普通合伙制事务所。在大华德律改制成功经验的基础上，中央政府及相关职能部门开始酝酿在全国范围内推行会计师事务所的第二次转制。2009 年 10 月 3 日，国务院办公厅转发财政部《关于加快发展我国注册会计师行业的若干意见》（国办发〔2009〕56 号），明确提出“要积极探索适应大型会计师事务所发展需要的组织形式，大力推进特殊普通合伙制”。2010 年 7 月 21 日，财政部、国家工商行政管理总局联合发布了《关于推动大中型会计师事务所采用特殊普通合伙组织形式的暂行规定》，要求大型会计师事务所应当于 2010 年 12 月 31 日前转制为特殊普通合伙组织形式；鼓励中型事务所于 2011 年 12 月 31 日前转制为特殊普通合伙组织形式。截至 2011 年底，立信、瑞华、天健、信永中和、大信、大华、天职国际、致同和华寅五州等九家会计师事务所完成改制。进入 2012 年，财政部又进一步加大了事务所转制工作的力度。新年伊始，财政部就发布了修订后的《关于会计师事务所从事证券期货相关业务有关问题的通知》，明确要求从事证券期货相关业务的会计师事务所的组织形式必须为合伙制或特殊普通合伙制，之前组织形式为有限责任制的事务所必须在 2013 年 12 月 31 日前完成改制，逾期未达到要求的，财政部和证监会将撤回其从业许可证。同年 5 月 2 日，财政部会同国家工商总局、商务部、国家外汇管理局、证监会等五部委联合制定并发布了《中外合作会计师事务所本土化转制方案》，专门就安永华明、毕马威华振、德勤华永和普华永道中天这 4 家中外合作会计师事务所的转制问题进行了具体规定。由于政策措施明确、执行力度大，这 4 家中外合作所在 2012 年先后完成了改制工作。根据证监会 2014 年 3 月发布的公告，截至 2013 年 12 月 31 日，全部 40 家具有证券期货业务资格的会计师事务所都完成了组织形式的转制。至此，我国大中型会计师事务所的转制工作基本完成。

8.2　会计师事务所组织形式变更对上市公司 IPO 抑价影响的实证分析

8.2.1　理论分析与研究假设

独立审计作为资本市场最重要的基础设施，其主要功能在于通过对被审计单位财务报告的审核与验证，提高信息的质量与可靠性，降低投资者与上市公司之间的信息不对称程度，进而影响投资者的心理预期以及股票的市场价格。在企业首次公开发行新股上市（IPO）时，上市公司、承销商、一级市场和二级市场的投资者之间存在着严重的信息不对称，所以企业 IPO 的价格往往低于新股发行后在股票市场上的正式交易价格，这就是所谓的 IPO 抑价现象。根据信号传递理论，如果公司上市前的财务报表由品牌声誉较好的事务所审计，可以在一定程度上消除投资者对公司业绩的疑虑，降低 IPO 抑价水平。众多中外学者的研究成果也证明了这一点。Balvers et al.（1988）、Menon and Williams（1991）、Albring et al.（2007）等学者研究了事务所的品牌声誉、审计质量与企业 IPO 市场表现之间的关系，结果发现，事务所的品牌声誉是保证 IPO 成功发行的重要因素，由“五大”事务所进行审计的上市公司有着较低的 IPO 抑价。Muzatko et al.（2004）研究了主审会计师事务所由普通合伙制转变为有限责任合伙制对美国上市公司 IPO 抑价的影响。结果发现，相对于转制的前一年（1993 年），转制后的 IPO 公司抑价率有上升的趋势。我国学者李明辉（2006）、胡丹和冯巧根（2013）通过对不同时期我国 A 股上市公司 IPO 样本数据的实证研究，结果也发现上市公司 IPO 的抑价程度与事务所的品牌声誉呈显著的正相关关系。

会计师事务所转制成为特殊普通合伙制以后，一旦发生审计失败，将会比有限责任制下承担更大的法律责任。为降低审计风险，事务所转制后势必要提高审计质量，这也意味着经其审计后的财务报表的质量会有所提高，投资者应当能够据此对公司的 IPO 发行价格做出更加客观公正的估计，从而缩小发行价格与上市后交易价格之间的差距，即降低 IPO 抑价。根据以上理论分析，本书特提出研究假设 H8 - 1，以便对事务所组织形式转变的市场效果进行检验。

H8 - 1：选择由特殊普通合伙制事务所执行上市前审计的公司，其 IPO 抑价程度更低。

8.2.2 变量定义与模型设定

关于企业 IPO 抑价的度量，在理论界主要有两种方法：第一，根据上市第一天交易的开盘价来计算 IPO 抑价，其计算公式如式（8.1）所示；第二，根据上市第一天交易的收盘价来计算 IPO 抑价，其计算公式如式（8.2）所示。

$$Underpricing = (P_{op} - P_{ipo}) / P_{ipo} \tag{8.1}$$

$$Underpricing = (P_{cl} - P_{ipo}) / P_{ipo} \tag{8.2}$$

其中，P_{op} 为上市第一天交易的开盘价；P_{cl} 为上市第一天交易的收盘价；P_{ipo} 为 IPO 时的发行价格。

考虑到中国 A 股市场较大的投机性，新股上市第一天更容易被追捧炒作，因此我们选择上市首日的收盘价来计算 IPO 抑价程度。为了避免计量误差，保证研究结果的可靠性，我们借鉴 Willenborg（1999）和 Muzatko 等（2004）的做法，用 ln（1 + Underpricing）作为衡量 IPO 抑价程度的替代变量。

为了考察事务所组织形式的不同对上市公司 IPO 抑价的影响，我们引入事务所组织形式（LLP）这一虚拟变量，如果为公司进行上市前审计的事务所组织形式为特殊普通合伙制，其值为 1，否则为 0。

为了控制其他因素可能对公司 IPO 抑价产生的影响，我们还将引入下列控制变量：

Size：上市公司 IPO 规模的自然对数；

Board：如果公司是在沪深主板和中小板上市，其值为 1，在创业板上市，其值为 0；

Underwriter：承销商声誉，如果公司 IPO 的承销商在国内排名前 10，其值为 1，否则为 0；

Marketreturn：公司上市当日 A 股市场的平均回报率；

Crosslist：如果公司同时在 A 股、B 股、H 股同时上市，其值为 1，否则为 0；

State：如果公司的实际控制人为中央或地方政府，其值为 1，否则为 0；

Big4：如果公司所聘请的事务所为国际“四大”所，其值为 1，否则为 0；

根据以上所定义的相关变量，特提出以下多元线性回归模型（8.3），对研究假设 H8 -1 进行检验：

$$
\begin{aligned}
LN(1 + Underpricing) = {} & \beta_0 + \beta_1 LLP + \beta_2 Size + \beta_3 Mainboard + \beta_4 Underwriter \\
& + \beta_5 Marketreturn + \beta_6 Crosslist + \beta_7 State \\
& + \beta_8 Big4 + \varepsilon \qquad (8.3)
\end{aligned}
$$

8.2.3　样本选择与数据来源

本书选择 2010～2012 年在我国 A 股 IPO 上市的公司作为研究样本，剔除了金融行业公司以及关键数据缺失的公司，最后得到样本观测值776个，其中2010年IPO上市的公司344家，2011年IPO上市的公司278家，2012年IPO上市的公司154家。本书之所以选择2010~2012年这一个时间段的IPO上市公司作为假设检验的样本，主要是因为2010年事务所开始实施转制，而所有的证券期货所在2013年全部完成了转制，样本也就失去了区分价值，而这三年时间给我们提供了一个天然的实验场。

样本公司的相关数据信息主要来自Wind数据库，部分缺失数据通过手工查阅公司在巨潮资讯网上公布的年度报告获得。数据的处理是通过Excel和SPSS 16.0实现的。

8.2.4 实证检验与结果分析

8.2.4.1 描述性统计

表8-2中列示的是相关变量的描述性统计结果。从表中可以看到，上市公司IPO的平均抑价水平为44.50%，与之前我国股市繁荣时期动辄2~3倍的IPO抑价水平相比，下降幅度非常明显。公司之间抑价水平的差异非常大，最大值超过了200%，但也有跌破发行价的IPO公司。有19.23%的上市公司选择了由转制后的事务所进行审计，这应该是公司的被动选择，因为上市前后，公司基本上没有进行事务所的变更。仅有2.06%的公司选择了“四大”会计师事务所进行上市前的审计，有32.8%的公司是由排名前十的承销商推荐上市，在沪深主板和中小板上市的公司比例为58.97%，交叉上市的公司数量较少，仅占1.113%。这些因素对于公司IPO抑价将会产生怎样的影响，以下将通过回归分析做进一步的解读。

表8-2　　描述性统计

变量名称	均值	标准差	最小值	最大值
Underpricing	0.4450	0.5210	-1.5070	2.3240
LLP	0.1923	0.2020	0.0000	1.0000
Size	10.9500	0.8490	8.2370	16.1700
Board	0.5897	0.3680	0.0000	1.0000

续表

变量名称	均值	标准差	最小值	最大值
Underwriter	0. 3280	0. 4520	0. 0000	1. 0000
Markertreturn	0. 0132	0. 2570	-0. 2130	4. 4290
Crosslist	0. 0113	0. 1250	0. 0000	1. 0000
State	0. 4030	0. 4280	0. 0000	1. 0000
Big4	0. 0206	0. 2080	0. 0000	1. 0000

8. 2. 4. 2　多元线性回归分析

表 8-3 中列示的是对多元线性模型（8. 3）进行最小二乘回归的结果，从表中可以看到，不管是在全样本回归中，还是在分年度回归中，LLP 的回归系数均为负，与预期符号一致，除了 2010 年外，回归系数的 t 统计量全部达到统计上的显著性水平，这一结果充分说明转制后的会计师事务所面对更为严格的法律责任，为了降低审计风险，对财务报表进行了更为严格的审计，因而提高了报表的信息含量，投资者据此做出的决策也更为准确，这使公司股票在上市交易后，价格变化较小，研究假设 H8-1 在很大程度上得到了证明。

从模型的其他控制变量来看，公司的 IPO 规模与抑价程度显著负相关，与预期符号不一致，其原因可能是股票发行量越大，投资者要进行炒作的话，资金需求量越大，而中国的 A 股市场以中小投资者为主，要筹集巨额资金对大盘股进行炒作，难度越大，因此相对于小盘股来说，大盘股的抑价程度越低。Underwriter 和 Markertreturn 的回归系数均显著为正，与预期符号一致，这说明投资者对于品牌声誉较好的承销商推荐的股票更加看好，在一级市场买不到的情况下，只能在二级市场上加持，从而推动了股价在发行当日的上涨，而发行当日的股市行情对于 IPO 公司股价的上涨也起到了推波助澜的作用。Big4 的回归系数符号全部为负，与预期符号一致，原因可能是因为“四大”会计师事务所的审计质量较高，经其审计过的财务报表能够更好地反映上市企业的财务状况与经营成果，投资者作出的股票估价更加准确合理，以至于 IPO 的抑价程度较低。

表 8-3　模型（8.3）回归结果（被解释变量：ln（1+Underpricing））

解释变量	符号预测	全样本	2010 年样本	2011 年样本	2012 年样本
截距	?	-0.157 (-0.001)	-2.191 (-0.821)	1.081 (0.280)	1.081 (0.280)
LLP	-	-0.391** (-4.055)	-0.147 (-1.115)	-0.165** (-3.952)	-0.144** (-2.895)
Size	+	-0.237* (-13.182)	-0.245*** (-13.551)	-0.252* (-12.758)	-0.255* (13.168)
Board	?	0.003*** (4.599)	0.012*** (6.151)	0.017*** (5.159)	0.021** (5.018)
Underwriter	+	0.223** (3.591)	0.178*** (3.745)	0.191** (3.332)	0.149** (2.932)
Markertreturn	+	0.982*** (12.977)	0.681 (1.943)	1.013*** (7.211)	1.013*** (7.211)
Crosslist	+	0.354 (0.173)	0.285 (0.801)	0.023 (0.105)	0.108 (0.112)
State	?	0.898 (0.311)	0.671 (0.355)	0.113 (0.204)	0.205 (0.185)
Big4	-	-0.355* (2.79)	-0.161 (2.155)	-0.741* (2.807)	-0.124* (2.124)
N		776	344	278	154
Adjust R^2		0.128	0.205	0.184	0.161

注：括号中的数值是回归系数的 t 统计量；***、**、* 分别表示在 1%、5% 和 10% 的水平上显著。

8.3　会计师事务所组织形式变更对审计收费影响的实证研究

8.3.1　理论分析与研究假设

美国学者 Simunic 开创了审计收费问题研究的先河，他于 1980 年提出了以下关于注册会计师审计收费的理论模型：

$$E(C)=cq+E(d)\times E(\theta) \tag{8.4}$$

其中，E(C)表示审计费用，c 表示审计资源单价，q 表示审计服务所消耗资源的数量，E(d)表示因出具本期的审计报告而导致的注册会计师可能承担的预期未来损失的折现值，E(θ)表示预期未来损失发生的可能性。

从这一理论模型可以看出，Simunic（1980）将审计收费分解为审计成本（cq）和风险溢价[E(d)×E(θ)]两部分，通过将相应的替代变量代入模型中进行实证检验，结果发现，企业的资产规模是决定审计收费的最重要因素，其次为控股子公司个数、所处的行业类型、资产负债率、前两年的盈亏状况、审计意见类型以及内部审计成本。

我国会计师事务所在 20 世纪 90 年代末的那次“脱钩改制”中，为了降低法律责任和审计风险，大多选择成立有限责任制事务所。因为在有限责任制下，事务所作为独立的法律主体和经济主体，只需要以其全部资产对债务承担有限责任，注册会计师个人所承担的法律责任就更小了。而对于普通合伙制事务所来说，作为合伙人的注册会计师不仅要对其个人在执业活动中产生的债务承担无限连带责任，还要对其他合伙人造成的债务承担无限的连带责任。根据 Simunic 模型，在普通合伙制下，E(d)和 E(θ)都会显著增大，为了补偿其风险，事务所的审计收费 E(C)自然也会增加。据此，本书提出以下研究假设：

H8－2：相对于有限责任制事务所，普通合伙制事务所收取的审计费用更高。

当事务所从有限责任制转变为特殊普通合伙制后，为了应对更加严格的法律责任以及更高的审计风险，注册会计师必须采取更为谨慎的执业态度，在审计过程中投入更多的人力、物力和时间等资源，以获取更为充分的审计证据，从而导致审计成本（cq）的大幅度提高。为了弥补成本的消耗，事务所势必要提高审计服务的收费水平。据此，特提出以下研究假设：

H8－3：事务所由有限责任制转变为特殊普通合伙制后，收取的审计费用更高。

8.3.2　变量定义与模型设定

本书根据修正后 Simunic 模型并借鉴国内外学者的研究成果，建立以下多元线性回归模型（8.6），以便对研究假设 H8－2 进行检验。

$$Lnfee = \beta_0 + \beta_1 Partner + \beta_2 Lnasse + \beta_3 Sqrse + \beta_4 Recei + \beta_5 Inven + \beta_6 ROE + \beta_7 Lever + \beta_8 CR + \beta_9 Big4 + \beta_{10} Opinion + \varepsilon \quad (8.5)$$

为了考察事务所转制为特殊普通合伙后审计收费的变化情况，我们建立以下多元线性回归模型（8.7），以便对研究假设 H8－3 进行初步检验。

$$Lnfee = \beta_0 + \beta_1 LLP + \beta_2 Lnasse + \beta_3 Sqrse + \beta_4 Recei + \beta_5 Inven + \beta_6 ROE + \beta_7 Lever + \beta_8 CR + \beta_9 Big4 + \varepsilon \quad (8.6)$$

考虑到物价水平、宏观经济形势与政策、审计市场的规模和结构等系统性因素也会导致事务所审计收费水平的变化，本书将已转制的事务所作为处理组，未转制的事务所作为对照组，建立以下双重差分模型（8.8），对研究假设 H8－3 做进一步检验。

$$Lnfee = \beta_0 + \beta_1 LLP + \beta_2 Change + \beta_3 LLP * Change + \beta_4 Lnasse + \beta_5 Sqrse + \beta_6 Recei + \beta_7 Inven + \beta_8 ROE + \beta_9 Lever + \beta_{10} CR + \beta_{11} Big4 + \varepsilon \quad (8.7)$$

以上模型（8.6）至模型（8.8）中各变量的具体定义与说明如表 8－4 所示。

表 8－4　　变量定义

变量名称	变量符号	变量说明
审计收费	Lnfee	上市公司当年审计费用的自然对数
合伙制事务所	Partner	虚拟变量，为公司进行审计的事务所组织形式为合伙制，其值为 1，否则为 0
有限责任制事务所	LLP	如果事务所转为特殊普通合伙制，其值为 1，否则为 0
转制事件	Change	如果样本数据在改制前发生，其值为 0，改制后发生，其值为 1
公司规模	Size	公司当年年末总资产的自然对数
子公司数量	Sqrse	投资比例超过 20% 的子公司数量的平方根
应收账款比率	REC	公司当年年末应收账款净额/资产总额
存货比率	INV	公司当年年末存货余额/资产总额
盈利能力	ROE	公司当年净利润/年末净资产
资产负债率	Lever	公司当年年末负债总额/资产总额
流动比率	CR	公司当年年末流动资产/流动负债
事务所品牌	Big4	如果为公司进行审计的事务所为国际“四大”会计师事务所，其值为 1，否则为 0
审计意见类型	Opinion	虚拟变量，如果公司当年的审计意见为标准无保留意见，其值为 0；否则为 1

8.3.3 样本选择与数据来源

为了对研究假设H8-2进行检验，本书选择2001~2009年我国A股上市公司作为基础样本，按下列标准进行了样本剔除：（1）金融行业公司；（2）当年IPO上市的公司；（3）关键数据缺失的公司。最后得到样本公司年度观测值11600个，样本公司以及为其提供年报审计服务的事务所的分布情况如表8-5所示。

表8-5 样本公司按事务所组织形式分年度统计

年度	合伙制样本公司		有限责任制样本公司		样本合计
	公司数	占比	公司数	占比	
2001	101	10.04%	905	89.96%	1006
2002	96	8.16%	1081	91.84%	1177
2003	96	7.89%	1121	92.11%	1217
2004	111	8.14%	1253	91.86%	1364
2005	109	7.47%	1351	92.53%	1460
2006	101	8.49%	1089	91.51%	1190
2007	90	7.24%	1153	92.76%	1243
2008	83	5.60%	1398	94.40%	1481
2009	57	3.90%	1405	96.10%	1462
合计	844		10756		11600

为了对研究假设H8-3进行检验，本书选择2010~2012年这一个时间段的上市公司作为基础样本。这主要是因为2010年事务所开始转制，有3家事务所在当年完成转制，有6家会计师事务所在2011年完成转制，有11家事务所在2012年完成转制，而具有证券期货业务资格的会计师事务所在2013年全部完成了转制，样本数据也就失去了区分意义。2010~2012年这三年时间给我们提供了一个非常难得的天然实验场，来检验事务所转制的经济后果。在剔除了金融类上市公司、当年IPO上市的公司以及关键数据缺失的公司外，本书最终得到样本公司年度观测值3366个，具体分布情况如表8-6所示。

表 8 - 6　　样本分布

年度	未转制样本		转制样本		样本合计
	公司数	占比	公司数	占比	
2010	506	67.38%	245	32.62%	751
2011	538	49.54%	548	50.46%	1086
2012	608	39.76%	921	60.24%	1529
合计	1652		1714		3366

样本公司的相关数据信息主要来自 Wind 数据库，部分缺失数据通过手工查阅公司在巨潮资讯网上公布的年度报告获得。数据的处理是通过 Excel 和 SPSS 16.0 完成的。

8.3.4　实证检验与结果分析

8.3.4.1　描述性统计

表 8 - 7 中列示的是 2001 ~ 2009 年和 2010 ~ 2012 年这两个时间段样本变量的描述性统计结果。首先，从事务所的整体收费水平来看，2010 ~ 2012 年的这个时间段的均值为 13.540，高于 2001 ~ 2009 年的均值 13.125，两个时间段样本的最大值变化不大，但样本的最小值和标准差却差异明显，这说明转制之后，事务所不仅普遍提高了审计收费水平，而且不同公司之间审计费用的差距在显著增加。其次，模型（8.6）的关键测试变量 Partner 的均值仅为 0.073，这是因为在事务所集中转制为特殊普通合伙制之前，普通合伙制事务所的数量非常少（见表 8 - 1），2001 年还有 12 家合伙所，到了 2009 年，降到 4 家，而当年为上市公司提供审计服务的事务所数量为 59 家，从而造成了这部分样本公司数量也比较少。LLP 的均值为 0.491，截至 2012 年 12 月，已经有 26 家具有证券期货业务资格的会计师事务所完成了改制，所以这部分样本数量大幅度增长。此外，在控制变量方面值得注意的是，Big4 和 Opinion 的均值出现了明显的下降趋势。这说明在改制之后，本土事务所的市场份额有所增长，而上市公司被出具非标准无保留意见的比例却显著降低，这两者之间是否存在关联关系，还需要做进一步的研究。

表 8-7　　描述性统计结果

变量名称	2001～2009 年样本				2010～2012 年样本			
	均值	标准差	最小值	最大值	均值	标准差	最小值	最大值
Lnfee	13.125	0.570	11.910	17.536	13.540	0.730	9.210	17.931
Partner	0.073	0.130	0.000	1.000				
LLP					0.491	0.243	0.000	1.000
Size	21.36	1.089	15.38	28.00	21.860	1.306	15.732	28.410
Sqrse	3.152	1.406	1.000	11.090	3.211	1.471	1.000	12.021
REC	0.119	0.110	-0.007	0.975	0.106	0.099	0.000	0.598
INV	0.162	0.145	0.000	0.940	0.168	0.159	0.000	0.887
ROE	-0.039	1.835	-134.800	6.212	0.053	0.284	-9.559	0.648
Lever	0.481	0.188	0.000	1.000	0.436	0.224	0.011	0.954
CR	1.763	2.372	0.065	62.668	0.231	0.577	-5.762	11.687
Big4	0.072	0.259	0.000	1.000	0.055	0.229	0.000	1.000
Opinion	0.075	0.264	0.000	1.000	0.035	0.184	0.000	1.000

8.3.4.2　回归分析

为了考察事务所组织形式与审计收费之间的关系，我们以 2001～2009 年我国 A 股上市公司为样本，对模型（8.6）进行了最小二乘回归，回归结果如表 8-8 所示。首先，从模型的整体拟合情况看，调整后的 R^2 为 0.497，说明该模型能够解释我国上市公司审计费用变差的 49%，模型具有较高的实践价值；模型中所有变量的方差膨胀因子（VIF）值均小于 2，说明模型中的各解释变量之间不存在多重共线性。其次，再看模型中各解释变量的回归系数估计值，Partner 的系数不仅为正（$\beta_1=0.045$，$t=3.082$），且在 1% 的水平上高度显著，这一结果充分说明相对于有限责任制事务所，普通合伙制事务所收取了更高的审计费用，研究假设 H8-2 得到了证明。此外，在控制变量方面，上市公司的规模（Size）、子公司数量（Sqrse）的系数估计值显著为正，这主要是因为上市公司的规模越大，业务的复杂程度越高，事务所用于收集审计证据的投入和成本也会随之增加，这一部分成本只能通过提高审计收费来补偿；应收账款的比例（REV）与审计收费显著正相关，应收账款比例越高，在一定程度上意味着上市公司的财务不确定性以及经营风险也越大，这无疑会增加注册会计师的审计风险，因而对其收取了更高的审计费用；Big4 的回归系数显著为正，这说明国际“四大”会计师事务所在我国审计市场中存在着明显的价格优势，比本土事务所收取了更高的审计费用，这也是不争的事实。Opinion 的回归系数显著为正，其原因可能是被出具非标准审计意见的上市公司的审计风险一般都比较高，事务所因此收取了更高的审计费用作为风险补偿；比较出乎意料的是上市公司存货水平（INV）的回归系数估计值为 -0.119，且在 1% 水平上显著，其原因可能是存货作为以历史成本计价的实物资产，在物价水平不断上涨的宏观环境下，可以在一定程度上降低企业的经营风险以及注册会计师的审计风险，审计收费因此有所降低。

为了考察事务所组织形式变更对审计收费的影响，本书以 2010 ~ 2012 年我国 A 股上市公司为样本，对模型（8.7）进行了 OLS 回归，回归结果如表 8 - 8 所示。从表中可以看到，LLP 的回归系数为 0.118，且在 5% 的统计水平上显著，这一结果说明特殊普通合伙制事务所比未转制的有限责任制事务所收取了更高的审计费用，从而在一定程度上支持了研究假设 H8 - 3。

然而，对于转制样本来说，转制前后审计费用的变化除了受到事务所转制事件的影响，还与当时的物价水平、行业发展态势、国家宏观经济景气程度等系统性因素密切相关。为了消除这些宏观层面的外部因素可能对事务所审计收费的影响，本书将已转制的事务所作为处理组，未转制的事务所作为对照组，建立双重差分模型（8.8），并对其进行了回归分析，回归结果如表 8 - 8 所示。从表中可以看到，LLP 及其与转制事件（Change）的交乘项系数虽然为正，但均未达到统计上的显著性水平，而 Change 的系数在 5% 的水平上显著为正，以上结果说明在转制之后，受外部因素的影响，事务所的整体收费水平均有所上升，但事务所转制这一事件本身并没有对审计收费产生显著影响，与研究假设 H8 - 3 不符。其原因可能是我国审计市场竞争激烈，上市公司对审计服务价格的敏感程度非常高。事务所转制为特殊普通合伙制后，虽然面临的法律责任和审计风险都显著增加，但为了不失去宝贵的上市公司客户资源，在短时间之内，依然维持原来的价格水平，不敢贸然提价。

表8-8　　回归结果

解释变量	模型（8.6）	模型（8.7）	模型（8.8）
截距	3.942 *** (28.601)	4.915 *** (21.019)	5.196 *** (19.971)
Partner	0.045 *** (3.082)		
LLP		0.118 ** (2.032)	0.102 (0.889)
Change			0.059 ** (2.273)
LLP × Change			0.295 (1.627)
Size	0.331 *** (24.010)	0.364 *** (19.710)	0.319 *** (22.361)
Sqrse	0.112 *** (11.962)	0.190 *** (11.695)	0.069 *** (6.296)
REC	0.213 *** (4.725)	0.230 *** (3.279)	0.215 * (1.961)
INV	-0.119 *** (-3.238)	-0.146 *** (-2.758)	-0.121 * (-1.191)
ROE	0.005 * (1.667)	-0.006 (-0.181)	-0.036 (-0.318)
Lever	0.031 (0.448)	-0.092 (-1.157)	-0.018 (0.357)
CR	-0.004 *** (-3.402)	-0.017 ** (-2.084)	-0.058 *** (-3.041)
Big4	0.791 *** (16.365)	0.908 *** (11.736)	0.794 *** (12.283)
Opinion	0.064 *** (3.641)	-0.557 ** (-2.401)	-0.132 (-1.808)
N	11600	3366	3366
Adjust R^2	0.497	0.598	0.617

注：括号中的数值是回归系数的t统计量；***、**、*分别表示在1%、5%和10%的水平上显著。

8.4 会计师事务所组织形式变更对审计质量影响的实证研究

8.4.1 理论分析与研究假设

关于会计师事务所组织形式、注册会计师的法律责任及其与审计质量之间的关系，一直是国内外学者研究的热点问题，但迄今为止尚未得出较为一致的研究结论。Chan 和 Pae（1998）通过数理模型研究了注册会计师法律责任与其执业行为之间的关系，研究结果表明，与合伙制下的无限连带责任相比，有限责任制降低了注册会计师的法律诉讼风险及审计投入程度。Lennox 和 Li（2012）考察了英国会计师事务所由普通合伙制转变为有限合伙制后对审计质量的影响，并没有发现事务所转制后所提供的审计服务质量有所降低。Firth 等（2012）对 2000～2004 年中国普通合伙制事务所与有限责任制事务所的执业行为进行了实证研究，结果发现合伙制事务所出具非标准审计意见的概率显著高于有限责任制事务所。刘行健和王开田（2014）以 2010～2012 年我国 A 股上市公司为样本，考察了事务所由有限责任制转变为特殊普通合伙制后被审计报表盈余管理水平的变化情况，结果发现，在转制前后，报表的正向盈余管理水平并不存在显著差异。

在有限责任制下，会计师事务所只需要以其自有资产对债务承担有限责任，而对于注册会计师来说，一般是以其所持股份或投入资本为限来承担相应的法律责任。我国有限责任制事务所的注册资本往往只有几十万元，而其承担的却是资产规模几十亿元、上百亿元的上市公司审计业务，审计收费高达几百万元甚至上千万元。在这种情况下，事务所和注册会计师的违法成本其实非常低，与违法收益相比几乎可以忽略不计，审计质量肯定难以得到有效保障。而在特殊普通合伙制下，事务所和注册会计师面临的审计风险和法律责任显著增加。一旦发生审计失败，作为合伙人的注册会计师，不仅要对自己的行为承担无限责任，还要对其他合伙人的普通过失行为承担无限连带责任，对其他合伙人的故意或重大过失行为承担有限责任。在这种严格的法律责任追究制度下，注册会计师势必要提高执业行为的独立性，在审计过程中保持高度的职业谨慎与怀疑态度，加大审计投入，保证审计质量，从而最大限度地降低审计风险以及将来可能面临的法律责任。基于以上理论分析，我们提出以下研究假设：

H8－4：会计师事务所从有限责任制转变为特殊普通合伙制后，审计质量将会显著提高。

由于政府相关部门的通力合作，这一次的转制在法律程序上并不复杂，事务所在很短的时间里就可以完成相关的变更登记手续。然而，要真正建立一套与合伙制事务所相适应的经营管理制度则是一个非常漫长的过程。事务所需要对现有的审计程序和质量控制体系进行重新设计与调整，对注册会计师及助理人员进行业务培训。因此，本书认为事务所转制对审计质量的影响可能需要一个较长的时间才能够真正体现出来。基于以上理论分析，本书提出以下研究假设：

H8－5：会计师事务所转制对审计质量的影响存在一定的滞后性。

8.4.2　变量定义与模型设定

审计质量是审计师发现并报告客户财务报表中存在重大错报的联合概率（De Angelo，1981）。关于审计质量的衡量，在学术界主要有以下三种思路：第一，审计报告意见的准确性（Beatty，1989；Davidson and Neu，1993；李树华，2000）；第二，被审计报表的质量，如报表的盈余管理程度（Heninger，2001；Myers et al.，2003；陈信元和夏立军，2006）、稳健性（陈旭东和黄登仕，2007；刘峰和周福源，2006）、是否发生财务报告重述（马晨，2014）等；第三，投资者对审计报告发布后公司股价的市场反应（Teoh and Wong，1993；Ghosh and Moon，2005；于李胜等，2008）。以下本章将采用审计师出具的审计意见类型（Opinion）和被审计报表的盈余管理程度（EM）作为审计质量的替代变量。

为了考察事务所组织形式的转变对审计质量的影响，我们引入事务所组织形式（LLP）这一虚拟变量，如果为公司进行审计的事务所组织形式为特殊普通合伙制，其值为1，否则为0。

为了考察事务所转制对审计质量影响的时滞效应，我们将引入 $Year_{0-n}$ 一组虚拟变量，如果事务所在当年完成转制，$Year_0$ 为 1，否则为 0。$Year_1$ 表示事务所转制后的第一年，$Year_2$ 表示事务所转制后第二年，以此类推。

影响注册会计师审计质量的因素比较复杂，我们还引入了公司规模、盈利能力、债务水平、资产特征、事务所的品牌声誉等控制变量。

各变量的具体定义和说明如表 8 -9 所示。

表 8 -9　　　　变量定义

变量名称	变量符号	变量说明
审计意见类型	Opinion	如果公司当年被出具的审计意见为标准无保留意见，其值为 0；否则为 1
盈余管理程度	EM	根据截面琼斯模型（Jones，1991）计算出的操纵性应计数的绝对值
事务所组织形式	LLP	虚拟变量，如果为公司进行审计的事务所的组织形式为特殊普通合伙制，其值为 1，否则为 0
公司规模	Size	公司当年年末总资产的自然对数
盈利能力	ROA	公司当年净利润/年末总资产
流动比率	CR	公司当年年末流动资产/流动负债
资产负债率	Lever	公司当年年末长期负债总额/资产总额
应收账款比率	REC	公司当年年末应收账款净额/资产总额
存货比率	INV	公司当年年末存货余额/资产总额
事务所品牌	Big4	如果为公司进行审计的事务所为国际“四大”会计师事务所，其值为 1，否则为 0
事务所转制时间	$Year_{0-n}$	虚拟变量，如果事务所在当年完成转制，$Year_0$ 为 1，否则为 0。$Year_1$ 表示事务所转制后第一年，$Year_2$ 表示事务所转制后第二年，以此类推

根据所设定的相关变量，本书建立了以下 Logistic 回归模型（8.9）和模型（8.11）以及多元线性回归模型（8.10）和模型（8.12），以便对研究假设 H8 -4、H8 -5 进行实证检验。

$$Ln(P_{Opinion}/1 - P_{Opinion}) = \beta_0 + \beta_1 LLP + \beta_2 Size + \beta_3 ROA + \beta_4 Lever + \beta_5 CR + \beta_6 REC + \beta_7 INV + \beta_8 Big4 + \varepsilon \quad (8.8)$$

$$EM = \beta_0 + \beta_1 LLP + \beta_2 Size + \beta_3 ROA + \beta_4 Lever + \beta_5 CR + \beta_6 REC + \beta_7 INV + \beta_8 Big4 + \varepsilon \tag{8.9}$$

$$Ln(P_{Opinion}/1 - P_{Opinion}) = \beta_0 + \beta_1 Size + \beta_2 ROA + \beta_3 Lever + \beta_4 CR + \beta_5 REC + \beta_6 INV + \beta_7 Big4 + \beta_8 Year_0 + \beta_9 Year_1 + \beta_{10} Year_2 + \varepsilon \tag{8.10}$$

$$EM = \beta_0 + \beta_1 Size + \beta_2 ROA + \beta_3 Lever + \beta_4 CR + \beta_5 REC + \beta_6 INV + \beta_7 Big4 + \beta_8 Year_0 + \beta_9 Year_1 + \beta_{10} Year_2 + \varepsilon \tag{8.11}$$

8.4.3　样本选择与数据来源

本书以2010～2012年我国A股上市公司为基础样本，并按照下列标准进行了样本剔除：①金融行业公司；②当年IPO上市的公司；③关键数据缺失的公司。最后得到样本公司年度观测值3366个，样本公司及为其提供年报审计服务的会计师事务所的年度分布情况亦如表8－6所示。本书之所以选择2010～2012年这一个时间段的上市公司作为假设检验的基础样本，这主要是因为具有证券期货业务资格的事务所从2010年开始转制，在2013年底前全部完成了转制，样本数据也就失去了区分意义，所以2010～2012年这一时间段给我们提供了一个天然的实验场，可以对研究假设H8－4、H8－5进行检验。为了消除极端值可能对实证分析结果产生的不利影响，我们对所有连续型变量在1%和99%的水平上进行了Winsorize处理。

样本公司的相关数据信息主要来自Wind数据库，部分缺失数据通过手工查阅公司在巨潮资讯网上公布的年度报告获得。数据的处理是通过Excel和SPSS 16.0完成的。

8.4.4　实证检验与结果分析

8.4.4.1　描述性统计

表8－10中列示的是模型（8.9）至模型（8.12）中相关变量的描述性统计结果以及转制样本与未转制样本变量均值差异的t检验结果。从表中可以看到，全部样本公司被出具非标准审计意见的比例仅为3%，在转制后，

事务所出具非标准无保留意见的比例略高于转制之前，但并没达到统计上的显著性水平。全部样本公司操纵性应计利润（EM）的均值为0.075，而转制样本公司的均值为0.073，未转制样本公司的均值为0.078，且两者之间的差异在1%水平上高度显著，这一结果说明，事务所转制可能在一定程度上抑制了公司的盈余管理行为，审计质量有所提高。但这只是样本总体水平的差异比较，样本公司盈余管理程度的变化是否与事务所转制存在着直接的联系，还需要做进一步的分析。在控制变量方面，除公司规模外，转制样本与非转制样本的变量均值并不存在统计上显著差异。

表8-10　　变量描述性统计

变量	全样本				转制样本均值	未转制样本均值	均值差异检验（t统计量）
	均值	标准差	最小值	最大值			
Opinion	0.031	0.161	0.000	1.000	0.029	0.022	-0.291
EM	0.075	0.241	0.000	0.501	0.073	0.078	-2.145**
Size	12.817	1.186	7.577	18.977	12.240	12.160	2.791***
ROA	0.026	0.124	-5.010	0.396	0.121	0.113	1.432
CR	1.582	1.219	0.246	9.969	1.562	1.483	0.971
Lever	0.338	0.267	0.000	8.381	0.431	0.416	1.413
REC	0.198	0.462	0.002	0.782	0.117	0.161	2.021*
INV	0.218	0.269	0.003	0.751	0.225	0.261	1.912
Big4	0.055	0.224	0.000	1.000	0.047	0.055	1.284
$Year_0$	0.101	0.283	0.000	1.000			
$Year_1$	0.112	0.310	0.000	1.000			
$Year_2$	0.215	0.382	0.000	1.000			

注：括号中的数值是回归系数的t统计量；***、**、*分别表示在1%、5%和10%的水平上显著。

8.4.4.2 回归分析

为了考察事务所组织形式变更对审计质量的影响，我们对模型（8.9）和模型（8.10）分别进行了Logistic回归和最小二乘回归（OLS），回归结果如表8-11所示。从表中可以看到，在模型（8.9）中，即当被解释变量为事务所出具的审计意见类型（Opinion）时，LLP的回归系数虽然为正，但没有达到统计上的显著性水平，这说明有限责任制事务所与特殊普通合伙制事务所在出具审计意见的严格程度上，并不存在显著差异，研究假设 H8 -4 没能得到证明。但当我们在模型（8.10）中，将审计质量的替代变量换成被审计报表的盈余管理水平（EM），LLP 的回归系数为 -0.015，且在 1% 的水平上高度显著（t = -5.138），这一结果证明特殊普通合伙制事务所能够显著抑制上市公司的盈余管理行为，审计质量有所提高，从而支持了研究假设 H8 -4。

表 8 -11　　　　回归结果

解释变量	模型（8.9）	模型（8.10）	模型（8.11）	模型（8.12）
截距	8.155*** (-4.041)	0.161*** (11.506)	2.151*** (4.044)	0.049** (2.366)
LLP	0.122 (0.710)	-0.015*** (-5.318)		
Size	-0.875 (-0.401)	-0.018*** (-8.431)	-0.591 (-0.211)	-0.218*** (-5.789)
ROA	-7.588* (-2.136)	0.247*** (5.432)	-7.669* (-2.168)	0.124*** (7.345)
CR	0.223* (-1.701)	0.106** (2.618)	-0.237* (-1.758)	0.151*** (3.112)
Lever	4.835*** (6.492)	0.065*** (6.977)	3.866*** (6.781)	0.067*** (9.107)
REC	-0.573 (-1.867)	-0.0171 (-1.597)	-0.253* (-1.957)	-0.087 (-0.654)
INV	0.033 (0.975)	-1.559* (1.799)	0.129 (0.478)	-1.204* (1.849)
Big4	0.369 (0.577)	-0.174* (-1.938)	0.278 (0.791)	0.033 (1.301)
$Year_0$			0.101 (0.357)	-0.018** (-2.407)
$Year_1$			0.137*** (2.938)	-0.025** (-2.641)

续表

解释变量	模型（8.9）	模型（8.10）	模型（8.11）	模型（8.12）
$Year_2$			0.055 ** （2.578）	-0.031 *** （-3.687）
N	3366	3217	3366	3217
Adjust R^2		0.212		0.214

注：括号中的数值是回归系数的 t（Wald）统计量；***、**、* 分别表示在 1%、5% 和 10% 的水平上显著。

在控制变量方面，本书发现公司规模与盈余管理程度显著负相关，其原因可能是上市公司规模越大，其内部控制、公司治理等制度措施都会更加严格规范，从而在一定程度上抑制了公司内部的不当盈余管理行为。公司的盈利能力（ROA）与盈余管理程度显著正相关（β = 0.247，t = 5.432），其原因可能是我国上市公司会计盈余的质量普遍不高，盈利越高的公司，其利润被操纵的程度也越大。值得注意的是，资产负债率（Lever）的回归系数在模型（8.9）显著为正，而在模型（8.10）中却显著为负，其原因有可能是那些债务负担重的公司为了满足银行等债权人的监管需要，存在着强烈的盈余管理动机，而注册会计师为了降低审计风险，对这些公司更多地出具了非标准无保留意见。Big4 的回归系数估计在模型（8.9）中为正（β = 0.369，t = 0.577），未能通过显著性检验性，在模型（8.10）中为负（β = -0.174，t = -1.938），在 10% 的水平上显著，这说明在事务所的品牌声誉与审计质量之间存在一定的相关性，国际“四大”能够在一定程度上显著降低被审计报表的盈余管理水平，但在出具审计意见的严格性方面，与国内事务所之间并不存在显著差异。

为了进一步考察事务所转制对审计质量影响的时滞效应，本书对模型（8.11）和模型（8.12）进行了回归分析，结果如表 8 - 11 所示。在模型（8.11）中，$Year_0$的回归系数虽然为正（β = 0.247，t = 0.357），但未达到统计上的显著性水平，而 $Year_1$和 $Year_2$的回归系数不仅依然为正，在显著性方面也有了很大程度的提升，分别在 1% 和 5% 的水平上显著，这一结果充分说明在转制之后，为了降低审计风险和法律责任，事务所出具非标准审计意见的概率是不断增加的，但存在着一定的反应滞后性，在转制的第二年，事务所出具非标准审计意见的概率最高。在模型（8.12）中，$Year_0$、$Year_1$

和 $Year_2$ 的系数均显著为负，这说明在抑制上市公司的盈余管理行为方面，事务所的转制不仅起到了立竿见影的效果，在转制当年，就显著降低了上市公司的盈余管理水平，而且政策的持续效应也非常好，在转制后的第一年和第二年，被审计报表的盈余管理水平仍然是不断降低的。以上结果充分证明，事务所转制的确能够显著提高注册会计师的审计质量，但影响效果存在一定的时滞性。研究假设 H8 -5 在很大程度上得到了证明。

通过以上研究，本书发现事务所组织形式的转变的确能够有效地提高注册会计师的审计质量，基本实现了制度设计者推动此次制度变迁的目标。

8.5　本章小结

本章首先对英、美两国以及我国会计师事务所组织形式的变迁历史进行了简要回顾。然后，针对 2010 ~ 2013 年我国大、中型会计师事务所集中由有限责任制转变为普通合伙制这一重大的制度变迁事件，从 IPO 抑价、审计收费与审计质量这三个方面对事务所转制的效果进行了实证分析和解读，主要结果如下：

（1）通过 2010 ~ 2012 年在我国 A 股 344 家 IPO 上市公司的实证研究，结果发现，会计师事务所转制后，对被审计报表出具了更为准确的审计意见，显著提高了报表的信息含量，投资者据此做出的决策也更为准确，以至于由特殊普通合伙制事务所进行上市前审计的公司，其 IPO 抑价水平显著低于由有限责任制事务所审计的公司。事务所转制的市场绩效得以证明。

（2）通过 2001 ~ 2009 年以及 2010 ~ 2012 年这两个时段我国会计师事务所审计收费情况的实证研究，结果发现，普通合伙制事务所由于其所承担的法律责任与审计风险均高于有限责任制事务所，因而收取了更高的审计费用。而有限责任制事务所在转制为特殊普通合伙事务所以后，虽然整体的审计收费水平有所提高，但在控制了影响审计收费的外部系统风险因素后，本书发现事务所转制这一事件本身并没有对审计收费产生显著影响。其原因可能是我国审计市场竞争激烈，上市公司对审计服务价格的敏感程度非常高。事务所转制为特殊普通合伙制后，虽然面临的法律责任和审计风险都显著增加了，但为了不失去宝贵的上市公司客户资源，在短时间内，仍然维持了原来的价格水平。

(3) 通过2010~2012年在我国A股上市公司的实证分析，我们发现，事务所在转制之后，为了降低审计风险，出具非标准审计意见的概率不断增加，但存在着一定的反应滞后性，在转制的第二年，事务所出具非标准审计意见的概率最高。在抑制上市公司的盈余管理行为方面，事务所的转制不仅起到了立竿见影的效果，在转制当年，就显著降低了被审计报表的盈余管理水平，而且政策的持续效应也非常好，在转制后的第二年和第三年，公司报表的盈余管理水平仍然是不断降低的。以上结果充分证明，事务所组织形式的转变的确能够有效地提高注册会计师的审计质量，基本实现了制度设计者推动此次制度变迁的目标。

| 第9章 |

注册会计师审计收费管理制度变迁的绩效研究

9.1 关于注册会计师审计服务收费问题的理论分析

有关商品或服务的定价问题，在理论界存在着较为复杂的观点。马克思的政治经济学理论认为商品的价值由生产商品的社会必要劳动时间（生产成本）决定，商品的价格围绕价值上下波动。西方经济学则认为供求关系是影响商品价格的主要因素，在不同的市场条件下，商品的供求曲线及市场价格呈现出不同的特征。例如，在完全竞争的市场环境中，整个市场的需求曲线是一条由既定市场价格出发的水平直线，每个生产者都只能是市场价格的接受者，当商品的市场价格与其边际生产成本相等时，生产者可以获得最大的利润。而在不完全竞争市场中，由于市场中存在着不同程度的垄断，个别生产者对产品的市场价格具有一定程度的影响力。根据竞争的强弱程度不同，不完全竞争市场又分为垄断竞争市场、寡头垄断市场和完全垄断市场。决定商品价格的因素包括生产者的数量、行业进入与退出的难易程度、产品的差异化和替代品等。

与一般的商品和劳务相比，注册会计师审计服务的生产与提供存在着较大的特殊性。首先，这种特殊性表现为审计生产成本的弹性以及审计服务质量的不可观察性。注册会计师提供审计服务的成本包括审计的生产成本和预期损失费用。审计生产成本是注册会计师执行必要的审计程序、出具审计报告所需要的费用，这主要取决于被审计单位的规模、业务复杂程度。预期损失则是指注册会计师因为审计失败所承担的赔偿责任以及由此带来的声誉损失。这主要取决于法律风险的大小、审计失败被发现的概率以及惩处的力度。然而，由于审计服务的最终产品表现为一份具有标准格式的审计报告，因此产品质量具有较强的不可观察性。在大多数情况下，只要被审计单位未发生经营失败，低质量的审计产品及审计失败被发现的概率是很低的，这就给注册会计师随意降低审计生产成本提供了可乘之机。如果注册会计师认为与审计客户相关的经营风险不高，他可以很轻易地将审计服务的成本降到最低，甚至出现零成本现象。其次，这种特殊性还表现为审计服务具有较强的外部性。注册会计师接受客户的委托，对其进行审计后出具审计报告，并收取报酬。这与一般私有商品的生产并没有什么不同。然而，审计报告的使用者除了委托人以外，还包括企业的投资者、债权人、员工、政府部门以及广大的社会公众等。这些人可以无偿使用审计报告进行相关决策，如果因此遭受损失，还可以依法追究注册会计师的法律责任。这就使审计报告具有不同于私人产品的准公共产品特性。根据管制经济学的相关理论，为保证公共产品的有效供给，政府应当承担购买相关产品的义务。但由于法律制度的相关规定，目前世界各国审计服务的委托人和购买者基本上都是被审计单位。也就是说，被审计单位“自己”花钱请注册会计师来审计“自己”，但主要受益者却是企业的外部利害关系人，这就是所谓的“审计定价悖论”。

由于审计质量的不可观察性以及“审计定价悖论”的存在，使审计市场上缺乏对于高质量审计服务的有效需求。注册会计师在很大程度上只能通过低价竞争来获得客户资源。审计服务的价格高于其生产成本是保证审计服务持续供给的必要条件。如果审计服务的价格被过度压低，事务所为了获利，就只能千方百计地降低审计服务的生产成本。这样一来，审计服务的质量自然无法得到保证。因此，对于审计服务这种性质极为特殊的产品市场来说，单纯依靠市场这只“无形的手”来进行调节，是很难实现持续健康发展的。政府作为社会公共利益的守护者，必须采取各种手段对审计市场进行调节和管制。通过对审计服务的价格进行管制，可以在一定程度上遏制注册会计师行业的低价竞争，保证事务所能够获得充分的盈利空间，提高审计服务的质量。

9.2　我国注册会计师审计收费管理制度的变迁历程

我国注册会计师审计制度自 20 世纪 80 年代初恢复以来，在之后的很长一段时间里，由于事务所普遍挂靠在各级政府职能部门及一些强势的企事业单位之下，因此，审计服务的定价权主要掌握在事务所手里，企业很少有讨价还价的能力。然而，随着我国改革开放进程的不断加快以及资本市场的逐步建立，对于注册会计师审计服务的需求也日益增长，市场规模空前扩大。与此同时，我国审计市场也频频出现各种乱象，如低价揽客、恶意竞争、收取佣金回扣等，严重影响了审计服务的质量以及审计市场的正常秩序。为此，我国政府相关部门开始采取多种手段对审计市场进行监管与治理，对审计服务的价格进行管制就是其中之一。迄今为止，我国注册会计师审计收费制度的变迁主要经历以下三个阶段。

（1）由财政部门直接制定审计收费标准阶段（1989～1999 年）。

1989 年 2 月 5 日，财政部颁布了《注册会计师执行业务收费管理办法》（以下简称《办法》），将注册会计师的收费服务项目分为查账收费和咨询收费，无论是查账收费还是咨询收费，均应当按照基本收费和劳务收费两个项目分别计算。在同一个地区内，对同一委托业务，前后任注册会计师的收费，除标准变动和业务要求不同外，应当一致。《办法》同时还明确规定，会计师事务所之间不得以降低收费来争取委托业务，收费低于规定标准或明显低于前任注册会计师所在会计师事务所的，主管的财政机关应当查明情况，对于那些以降低收费的手段来争取业务的，可以进行相关处罚。为了贯彻财政部的这一规定，各省、自治区、直辖市的财政机关根据各地经济发展状态、物价水平、审计市场规模等情况，相继制定了地方收费标准，并将具体的管理职能交给了当地的注册会计师协会来承担。然而，这些地方收费标准所定价格普遍偏低，再加上注册会计师协会作为一个行业自律组织，处罚的权力和力度有限。因此，这一次收费管理办法的整体实施效果并不理想。

（2）国家计委等六部委联合管理审计服务收费阶段（1999～2009 年）。

1999年12月22日，国家计委会同国家经贸委、财政部、监察部、审计署、国务院纠风办六部委联合发布了《中介服务收费管理方法》，对审计服务的定价进行了原则性规定：第一，审计服务定价应执行政府指导下双方协商定价；第二，审计定价应在平均工时成本费的基础上考虑必要的税金和合理的利润，并结合市场的供需进行确定；第三，审计定价应体现服务的复杂性、事务所的资质等级和社会信誉。文件同时还要求各省、自治区、直辖市人民政府价格主管部门依据该办法制定与当地情况相适应的实施细则。

由于《中介服务收费管理方法》并不是专门针对注册会计师审计服务的定价收费标准，而是涉及所有中介服务机构，因此相关规定较为笼统，并将各地实施细则的制定权限授予了省级物价管理部门。而物价管理部门对于审计业务的流程和特点显然并不熟悉，因此，在制定实施细则时也只进行了较为原则性的规范，不同地区实施细则的差异非常明显。例如，福建省要求会计师事务所收费应按照《中介服务收费管理办法》的有关规定执行，对审计业务收费完全实行市场调节价；安徽省规定审计服务收费应实施市场调节价，具体收费标准则由会计师事务所与委托方按照“谁委托，谁付费”的原则协商确定。天津市则规定审计服务的收费由会计师事务所自主确定，收费标准应以服务人员的平均工时成本费用为基础，加上法定税金和合理利润，并考虑市场供求情况制定，同时还应体现会计师事务所的资质等级、社会信誉，以及服务的复杂程度，保持合理的差价。上海市的实施办法是最为详细和具体的。2003年1月，上海市物价局会同上海市财政局联合印发了《上海市会计师事务所业务收费标准及暂行办法》（以下简称《办法》）。《办法》规定，会计师事务所承办业务的收费标准，应分为计件收费和计时收费两种。计件收费的业务，收费标准由会计师事务所按业务规程，结合本所的平均工作时间、工作复杂程度、可能承担的风险和责任等实际情况自行制定和调整；计时收费的，收费金额应按照注册会计师个人计时收费标准和按计算规则规定的办理各项服务的计费工作时间确定。会计师个人计时收费标准应根据其岗位、职务、资历确定。计费工作时间是会计师事务所办理相关业务的有效工作时间，包括对企业内控制度的调查，向委托人了解情况，查阅账册、报表，起草报告和法律文书等其他相关专业服务的时间。该《办法》还要求各会计师事务所应根据独立审计准则所规定的业务规程，制定本所计费工作时间的计算规则。各会计师事务所制定或调整的具体收费标准，应及时报送市注册会计师协会，由市注册会计师协会定期向社会发布。

这一时期我们政府相关部门对于注册会计师审计服务的收费管理制度，更多地体现了以市场调节为主的方向。这虽然在很大程度上扩大了审计市场的规模和业务范围，但也加剧了事务所之间的价格竞争，助长了指定业务、支付佣金、索取回扣等行业不正之风，严重影响了注册会计师的执业环境和执业质量，并最终损害了以广大投资者为代表的社会公众的利益。

（3）财政部与发改委联合发文，对强制性审计服务收费实行最低限价管理（2010 年至今）。

经过近 30 年的发展，我国注册会计师行业已初具规模，截至 2010 年末，会计师事务所总量达到 7785 家，其中具有证券期货业务资格的会计师事务所 103 家，全行业年收入超 300 亿元，年收入超过 1 亿元的事务所数量也达到 38 家。然而，注册会计师独立性差、审计质量不高也是不争的事实，其形成原因诚然是非常复杂的。作为注册会计师行业主管部门的财政部也清楚地意识到“会计师事务所服务收费过低是制约我国注册会计师行业健康发展的一项重要因素……由于审计服务的特殊性，加之我国会计师事务所总体规模小、数量多、市场定位和服务同质化，行业内一直存在着低价竞争的现象。过去一些地方制定的本地会计师事务所收费规定由于年代久远、价格标准严重偏低，客观上也造成会计师事务所收费水平难以提高”（刘玉廷，2010）。

经过多次调研论证，2010 年 1 月 27 日，财政部会同国家发改委联合发布了《会计师事务所服务收费管理办法》（发改价格〔2010〕196 号）（以下简称《收费办法》），对注册会计师审计服务的收费方式和具体办法进行了有史以来最为详细的规范。根据《收费办法》规定，会计师事务所服务收费实行政府指导价和市场调节价，其中提供以下服务的收费必须实行政府指导价：①审查企业会计报表，出具审计报告；②验证企业资本，出具验资报告；③办理企业合并、分立、清算事宜中的审计服务，出具有关的报告；④法律、行政法规规定的其他审计业务。《收费办法》同时还规定实行政府指导价的具体收费项目、基准价及其上下浮动幅度，应当由各省、自治区、直辖市财政部门提出意见，报同级价格主管部门制定。各省、自治区、直辖市财政部门在制定审计服务收费标准时，应当以审计服务的社会平均成本、法定税金与合理利润为基础，同时考虑当地经济发展水平、社会承受能力和注册会计师行业的发展等因素，确定最低标准价格，报同级价格主管部门确定。在核定审计服务社会平均成本时，应以《中国注册会计师执业准则》规定的必要执业程序为依据，并考虑执业责任风险和人员培训费用等因素。针对会计师事务所低价竞争表现最为突出的招投标领域，《收费办法》还规定，会计师事务所无论参与何种形式的竞标，其审计收费都必须遵循政府指导价规定，即投标价格不能低于政府指导价的下限。

考虑到我国幅员广阔，各地之间经济发展和物价水平差异较大，《收费办法》仍然将会计师事务所审计服务具体收费标准的制定权限授予了各省、自治区、直辖市的财政和物价管理部门，但对地方政府部门制定收费标准的工作提出了如下指导意见：①要对收费项目开展调查研究；②成本分析要充分听取行业意见，照顾行业特点，以执业准则规定的必要审计程序为依据，全面详细分解成本项目的明细构成，考虑执业责任风险和人员培训等间接成本；③最终指导价格区间的设定要突出最低限价导向；④要根据社会经济的发展适时调整收费标准。

《收费办法》还强化了对恶性低价竞争的惩处，详细列举了地方政府价格主管部门应当进行处罚的七类违法情形：①未按规定公示服务项目、收费标准的；②超出政府指导价浮动幅度制定价格的；③擅自制定实行政府指导价的审计服务收费标准的；④违反规定以佣金、回扣等形式变相降低审计服务收费，超出政府指导价浮动下限的；⑤采取分解收费项目、重复收费，扩大收费范围或自立名目等方式乱收费的；⑥不按照规定提供服务而收取费用的；⑦其他价格违法行为。《收费办法》同时要求各级监管部门应建立不正当低价竞争行为实名举报制度，加大对低价竞争行为的责任追究力度，实施审计业务收费报备和通报制度。

为了保证《收费办法》的顺利实施，2011 年 9 月 1 日，财政部发布了《关于进一步落实〈会计师事务所服务收费管理办法〉的通知》（财会〔2011〕18 号）（以下简称《通知》），对委托单位采用招标方式选聘会计师事务所提供服务的收费方式做出了进一步的明确规定：会计师事务所投标报价不得低于当地价格主管部门制定的收费标准下限。因委托方特殊原因确实需要会计师事务所给予一定价格减让的，在保证执业质量的前提下，会计师事务所可以适当降低投标报价，但投标报价不得低于当地价格主管部门制定的收费标准下限的75%，否则一律按废标处理。《通知》同时还规定了会计师事务所主任会计师是本单位收费行为的第一责任人，对在收费方面被举报投诉或预警提示较多的会计师事务所，将被财政部门和注册会计师协会列为重点监管对象，并对其主任会计师进行监管谈话、诫勉谈话或者出具警示函。针对有些地方政府部门落实《收费办法》不力的情况，《通知》明确要求尚未制定收费办法和收费标准的地区，其省级财政部门要积极会同本级价格主管部门，根据《收费办法》要求对本辖区内的会计师事务所服务收费进行清理规范，尽早向社会公布符合《收费办法》要求、适应本地区经济社会以及注册会计师行业发展实际的会计师事务所服务收费办法和收费标准，并将贯彻落实情况报财政部和发改委。截至 2011 年底前仍未公布收费办法和收费标准的地区，应当向财政部提交书面报告，详细说明未予公布的原因、理由以及下一步的工作计划。

通过以上回顾可以看出，财政部推动此次事务所收费管理制度变迁的决心和力度是前所未有的，不仅内容详细，条文具体，实施方案也非常明确，可操作性非常强。为了确保相关的制度措施能够真正落到实处并产生积极的效果，财政部还对各地方财政、物价部门的贯彻实施情况进行了持续的关注与监控。

然而，与我国注册会计师行业历次的制度变迁一样，这一次《收费办法》的颁布与实施仍是以政府部门为主导，自上而下发起并推动的。制度的实施效果究竟怎样？是否真正提高了注册会计师审计服务的收费水平和审计质量，以下我们将通过详细的实证分析来进行检验与解读。

9.3　《收费办法》的颁布实施对审计收费影响的实证检验

9.3.1　样本选择与数据来源

由于《收费办法》是 2010 年 1 月颁布的，考虑到制度的真正贯彻落实还需要一段时间，而企业大多在会计年度结束之前就与事务所签订了审计业务约定书，确定了审计服务的价格，因此我们将事务所 2009 年的年报审计收费作为此次制度变迁之前的参照样本，将 2010 ~ 2011 年的年报审计收费作为制度实施中的检验样本，将 2012 ~ 2016 年的年报审计收费作为制度实施效果的检验样本。考虑到学术研究惯例以及相关数据的可获得性，我们以 2009 ~ 2016 年在我国 A 股上市公司作为基础样本，按下列标准进行了样本剔除：（1）金融行业公司；（2）当年 IPO 上市的公司；（3）关键数据缺失的公司。最后得到样本公司年度观测值 16619 个，其中，2009 年 1395 个、2010 年 1359 个、2011 年 1647 个、2012 年 2203 个、2013 年 2382 个、2014 年 2385 个、2015 年 2510 个、2016 年 2738 个。

样本公司的财务及审计相关信息主要来自 Wind 数据库，部分缺失数据通过手工查阅公司在巨潮资讯网上公布的年度报告获得。数据的处理是采用 Excel 和 SPSS 16.0 完成的。

9.3.2 描述性统计

为了初步考察《收费办法》的实施效果，本书首先对 2009 ~ 2016 年在我国 A 股上市公司的审计费用情况进行了分阶段描述性统计，结果如表 9 - 1 所示，均值变动趋势图如图 9 - 1 所示。从图表中可以看到，在变迁之前，我国上市公司审计费用的均值为 667000 元，中值为 500000 元，中值明显低于均值，而最大值达到了 30000000 元，最小值仅为 100000 元，标准差为 1010000，这说明我国上市公司的审计费用存在着非常巨大的差异。在《收费办法》开始贯彻实施阶段（2010 ~ 2011 年），审计费用的均值出现明显的提高，均值达到了 1030000 元，比制度变迁之前提高了 55.42%，中值也有所提高，但提高幅度远小于均值，而反应样本差异的标准差则明显下降，下降幅度达到了 94.66%。以上结果说明，在《收费办法》实施期间，上市公司的审计费用水平普遍提高，之前审计费用偏低的公司提高幅度更为明显，从而缩小了公司之间审计费用的差异。在《收费办法》正式实施之后（2012 ~ 2016 年），审计费用的均值和中值继续增长，增长幅度明显缩小，但标准差的下降仍非常显著，与变迁实施阶段相比，又降低了 58.49%。

表9-1　　审计费用描述性统计结果（分阶段）

变量	变迁前		变迁中		变迁后	
	审计费用	审计费用率	审计费用	审计费用率	审计费用	审计费用率
样本数	1395	1395	3006	3006	12218	12218
均值	667000	0.003485	1030000	0.001026	1140000	0.000569
中值	500000	0.000265	580000	0.000294	700000	0.000279
标准差	1010000	0.110524	53890	0.000300	22370	0.000106
最小值	100000	0.000001	100000	0.000000	10000	0.000000
最大值	30000000	4.126210	70000000	0.628495	60000000	1.249582

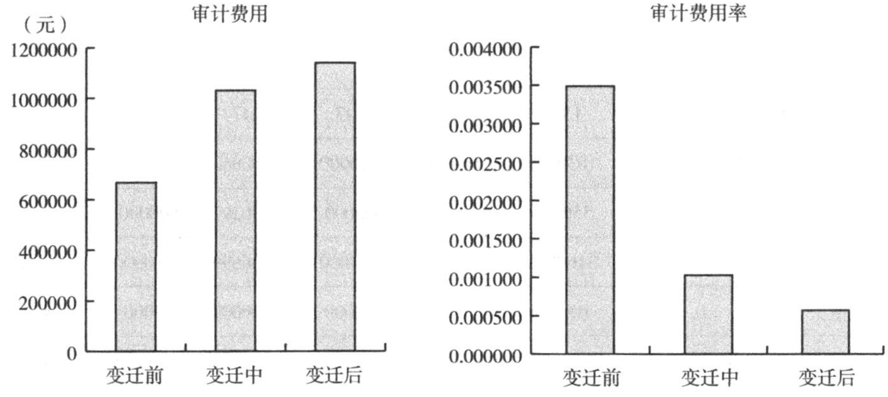

图9-1　审计费用与审计费用率均值趋势图（分阶段）

由于样本的时间跨度较长，为了详细考察《收费办法》的实施对我国上市公司审计费用水平的影响，我们又对样本数据进行分年度描述性统计，结果如表9-2所示，均值变动趋势图如图9-2所示。从图表中可以看到，《收费办法》实施后的第1年（即2010年），上市公司的审计费用的均值为1030000元，与2009年的均值667000元相比，有了大幅度的提高。此后的6年里（除了2012年略有下降外），审计费用的均值一直呈上升趋势。以上结果充分说明，《收费办法》的实施的确提高了上市公司的整体审计费用水平，基本实现了政府相关部门推动此次制度变迁的预期目的。当然，以上结果仅仅反映了样本公司审计费用水平的整体分布和变化情况，这种差异和趋势是否具有统计上的差异性？影响我国上市公司审计费用水平及其变化的因素究竟有哪些？我们将通过进一步的实证分析来进行回答与解读。

考虑到学术界也经常采用审计费用率①作为反映审计费用水平的替代变量。我们还对制度变迁前后我国上市公司的审计费用率进行了描述性统计，结果如表 9－1 所示。从表中可以看到，在政策实施后的 2010 年，上市公司审计费用率的均值比 2009 年下降了 50%，在此后的几年里，审计费用率的均值也基本上是不断下降的（除了 2014 年略有上升外）。其原因可能是我国上市公司资产规模的扩张速度非常快，以至于抵消了审计费用增长的影响。

表 9－2　　审计费用描述性统计结果（分年度）

变量	2009 年		2010 年		2011 年		2012 年	
	审计费用	审计费用率	审计费用	审计费用率	审计费用	审计费用率	审计费用	审计费用率
样本数	1395	1395	1359	1359	1647	1647	2203	2203
均值	667000	0. 003485	1030000	0. 001466	1040000	0. 000662	971000	0. 000537
中值	500000	0. 000265	550000	0. 000299	600000	0. 000291	600000	0. 000307
标准差	1010000	0. 110524	3160000	0. 023300	2774000	0. 006690	2280000	0. 003729
最小值	100000	0. 000001	100000	0. 000000	100000	0. 000000	10000	0. 000000
最大值	30000000	4. 126210	70000000	0. 628495	70000000	0. 266032	60000000	0. 170678
变量	2013 年		2014 年		2015 年		2016 年	
	审计费用	审计费用率	审计费用	审计费用率	审计费用	审计费用率	审计费用	审计费用率
样本数	2382	2382	2385	2385	2510	2510	2738	2738
均值	1050000	0. 000519	1110000	0. 001032	1210000	0. 000424	1290000	0. 000367
中值	650000	0. 000300	700000	0. 000281	750000	0. 000265	800000	0. 000254
标准差	2476000	0. 004104	2450000	0. 025975	2616000	0. 001961	2492000	0. 000668
最小值	170000	0. 000000	200000	0. 000000	200000	0. 000000	100000	0. 000000
最大值	50000000	0. 195386	50000000	1. 249582	50000000	0. 091588	50000000	0. 023047

① 审计费用率＝审计费用/上市公司资产总额

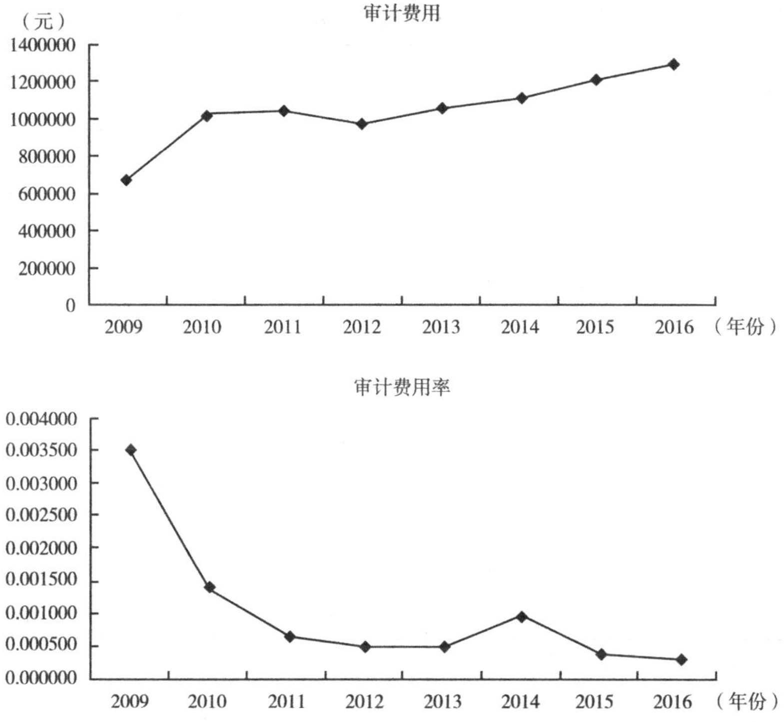

图9-2　审计费用与审计费用率均值趋势图（分年度）

9.3.3　方差分析

为了进一步考察《收费办法》实施前后，上市公司的审计费用水平是否真正存在统计上显著的差异，我们对不同阶段的样本公司数据进行了方差分析，分析结果如表9-3所示。从表中可以看到，与制度变迁之前相比，制度实施期间的审计费用均值提高了366271元，制度实施之后的均值则提高了467805元，以上结果均在1%的水平上高度显著（方差齐时与方差不齐时的分析结果基本一致）；与制度实施期间相比，《收费办法》实施之后公司审计费用提高了101533元，且在5%水平上显著①。这说明制度变迁的确产生了符合制度设计者预期的效果，即显著提高了我国上市公司的审计费用水平。

① 假定方差不齐时，未达到统计上的显著性水平。

表 9-3　　方差分析结果（审计费用分阶段均值差异比较）

因变量：审计费用	(I) 阶段	(J) 阶段	均值差异 (I-J)	标准差	显著性	95% 置信区间	
						下限	上限
LSD（方差齐时的多重比较结果）	变迁前	变迁中	-366271.328*	80390	0.000	-523848.57	-208694.09
		变迁后	-467805.275*	70130	0.000	-605269.33	-330341.22
	变迁中	变迁前	366271.328*	80390	0.000	208694.09	523848.57
		变迁后	-101533.948*	50520	0.044	-200564.51	-2503.39
	变迁后	变迁前	467805.275*	70130	0.000	330341.22	605269.33
		变迁中	101533.948*	50520	0.044	2503.39	200564.51
Tamhane（方差不齐时的多重比较结果）	变迁前	变迁中	-366271.328*	60290	0.000	-510284.52	-222258.14
		变迁后	-467805.275*	35090	0.000	-551621.75	-383988.8
	变迁中	变迁前	366271.328*	60290	0.000	222258.14	510284.52
		变迁后	-101533.948	58350	0.226	-240903.75	37835.85
	变迁后	变迁前	467805.275*	35090	0.000	383988.80	551621.75
		变迁中	101533.948	58350	0.226	-37835.85	240903.75

注：* 表示均值差异在 5% 水平上显著。

表 9-4 中列示的是对样本公司数据进行的分年度方差分析结果，从表中可以看到，与《收费办法》颁布之前的 2009 年相比，各年的审计费用均都有所提高，且在 1% 的水平上高度显著。此后 5 年（2010～2014 年）时间里，审计费用的变化不太明显（均未达到统计上的显著性水平）。然而，在制度实施之后的第 6 年和第 7 年，上市公司的审计费用又出现了显著的增长。这是制度变迁的长期效果得以显现，还是由于其他因素所致，以下我们将通过多元回归分析来进行检验。

表 9-4　　方差分析结果（审计费用分年度均值差异比较）

因变量：审计费用	(I) 年度	(J) 年度	均值差异 (I-J)	标准差	显著性	95% 置信区间	
						下限	上限
LSD（方差齐时的多重比较结果）	2009	2010	-358178.569*	94520	0.000	-543454.27	-172902.87
		2011	-372948.959*	90240	0.000	-549829.08	-196068.84
		2012	-303449.044*	84860	0.000	-469778.65	-137119.44
		2013	-385459.392*	83610	0.000	-549348.03	-221570.76

续表

因变量：审计费用	(I) 年度	(J) 年度	均值差异 (I-J)	标准差	显著性	95% 置信区间	
						下限	上限
LSD（方差齐时的多重比较结果）	2009	2014	-444369.760*	83590	0.000	-608220.32	-280519.2
		2015	-546533.266*	82820	0.000	-708871.15	-384195.38
		2016	-619927.672*	81580	0.000	-779832.73	-460022.61
	2010	2009	358178.569*	94520	0.000	172902.87	543454.27
		2011	-14770.391	90880	0.871	-192914.43	163373.65
		2012	54729.525	85540	0.522	-112943.54	222402.59
		2013	-27280.823	84310	0.746	-192532.77	137971.12
		2014	-86191.191	84290	0.307	-251405.38	79022.99
		2015	-188354.697*	83520	0.024	-352068.8	-24640.59
		2016	-261749.103*	82290	0.001	-423051.14	-100447.06
	2011	2009	372948.959*	90240	0.000	196068.84	549829.08
		2010	14770.391	90880	0.871	-163373.65	192914.43
		2012	69499.916	80780	0.390	-88847.01	227846.85
		2013	-12510.432	79480	0.875	-168291.36	143270.5
		2014	-71420.8	79460	0.369	-227161.67	84320.07
		2015	-173584.306*	78640	0.027	-327732.94	-19435.67
		2016	-246978.712*	77330	0.001	-398563.15	-95394.28
	2012	2009	303449.044*	84860	0.000	137119.44	469778.65
		2010	-54729.525	85540	0.522	-222402.59	112943.54
		2011	-69499.916	80780	0.390	-227846.85	88847.01
		2013	-82010.348	73310	0.263	-225699.79	61679.1
		2014	-140920.716	73280	0.055	-284566.73	2725.3
		2015	-243084.222*	72400	0.001	-385002.37	-101166.07
		2016	-316478.628*	70980	0.000	-455607.35	-177349.91
	2013	2009	385459.392*	83610	0.000	221570.76	549348.03
		2010	27280.823	84310	0.746	-137971.12	192532.77
		2011	12510.432	79480	0.875	-143270.5	168291.36
		2012	82010.348	73310	0.263	-61679.1	225699.79
		2014	-58910.368	71840	0.412	-199722.75	81902.01
		2015	-161073.874*	70940	0.023	-300123.18	-22024.57
		2016	-234468.280*	69490	0.001	-370669.41	-98267.15

续表

因变量：审计费用	(I) 年度	(J) 年度	均值差异 (I－J)	标准差	显著性	95% 置信区间	
						下限	上限
LSD（方差齐时的多重比较结果）	2014	2009	444369.760*	83590	0.000	280519.2	608220.32
		2010	86191.191	84290	0.307	－79022.99	251405.38
		2011	71420.8	79460	0.369	－84320.07	227161.67
		2012	140920.716	73280	0.055	－2725.3	284566.73
		2013	58910.368	71840	0.412	－81902.01	199722.75
		2015	－102163.506	70920	0.150	－241167.93	36840.92
		2016	－175557.912*	69460	0.012	－311713.23	－39402.6
	2015	2009	546533.266*	82820	0.000	384195.38	708871.15
		2010	188354.697*	83520	0.024	24640.59	352068.8
		2011	173584.306*	78640	0.027	19435.67	327732.94
		2012	243084.222*	72400	0.001	101166.07	385002.37
		2013	161073.874*	70940	0.023	22024.57	300123.18
		2014	102163.506	70920	0.150	－36840.92	241167.93
		2016	－73394.406	68530	0.284	－207725.53	60936.72
	2016	2009	619927.672*	81580	0.000	460022.61	779832.73
		2010	261749.103*	82290	0.001	100447.06	423051.14
		2011	246978.712*	77330	0.001	95394.28	398563.15
		2012	316478.628*	70980	0.000	177349.91	455607.35
		2013	234468.280*	69490	0.001	98267.15	370669.41
		2014	175557.912*	69460	0.012	39402.6	311713.23
		2015	73394.406	68530	0.284	－60936.72	207725.53

注：*表示均值差异在5%水平上显著。由于篇幅原因，方差不齐时的多重比较结果未报告，与方差齐时的比较结果差异不大。

9.3.4 回归分析

影响注册会计师审计收费的因素非常复杂。美国学者 Simunic 开创了审计定价问题研究的先河，他于 1980 年提出了以下关于注册会计师审计收费的理论模型：

$$E(C)=cq+E(d)\times E(\theta) \tag{9.1}$$

其中，E(C)表示审计费用，c 表示审计资源单价，q 表示审计服务所消耗资源的数量，E(d)表示因出具本期的审计报告而导致的注册会计师可能承担的预期未来损失的折现值，E(θ)表示预期未来损失发生的可能性。

从这一理论模型可以看出，Simunic 将注册会计师的审计收费分解为审计成本（cq）和风险溢价[E(d)×E(θ)]两部分。为了验证模型的有效性，Simunic（1980）将相应的替代变量代入模型对其进行了实证检验，结果发现，企业资产规模是决定注册会计师审计收费的最重要因素，其次为控股子公司个数、所处的行业类型、资产负债率、前两年的盈亏状况、审计意见类型以及内部审计成本。

此后，Houston et al.（1999）、Houston et al.（2005）先后两次对 Simunic 模型进行了拓展，他们首先将审计风险分解为重大错报导致的诉讼风险以及与重大错报无关的非审计风险，然后又将非审计风险进一步分解为剩余诉讼风险和非诉讼风险，最终的模型表述如下：

$$E(C)=\{cq+[E(d)\times E(\gamma)]\}+[E(g)\times E(l)]+[E(t)\times E(z)] \tag{9.2}$$

其中，E(C)、c、q 的含义与模型（9.1）相同，E(d)表示财务报告重大错报预期给财务报告使用者造成损失的现值；E(γ)表示注册会计师承担该预期损失的可能性；E(g)表示与财务报告重大错报无关的预期诉讼风险损失的现值，如客户经营失败导致财务报告使用人推定注册会计师存在审计失败或审计舞弊，从而被起诉的风险；E(l)表示该预期损失发生的概率；E(t)表示与当期财务报告有关的非诉讼因素导致的损失或影响审计师未来收益的现值，包括未来从该客户处可获得收入的减少、因卷入客户诚信危机给事务所声誉带来的损害等；E(z)表示 E(t)发生的概率。

该模型后来被众多学者广泛应用于不同时期、不同国家以及不同类型细分市场的审计收费问题研究。例如，Taylor 和 Baker（1981）采用该模型考察了英国审计市场，结果发现，上市公司规模及业务复杂程度对审计收费的解释度达到了 79%，并且在 1% 的水平上高度显著；Francis（1984）用修正后的 Simunic 模型考察了澳大利亚的审计市场，同样发现上市公司的资产规模、控股子公司个数与注册会计师的审计收费显著正相关；Anderson 和 Zeghal（1994）通过在 Simunic 模型中加入更多的控制变量对加拿大的审计市场进行了实证研究，研究结果表明，审计收费与被审计单位的规模和经营业务复杂程度呈显著的正相关关系。

我国学者将 Simunic（1980）模型与中国的制度背景相结合，从不同角度对影响我国上市公司审计费用的因素进行了考察，也得出了许多极为有价值的研究成果。例如，伍利娜（2003）研究了上市公司的盈余管理行为与审计费用之间的关系，研究结果表明，处于微利区间的公司支付的审计费用更低，而处于配股区间公司的审计费用与其他企业没有显著差异；李爽和吴溪（2004）考察了审计师变更对审计收费的影响，研究结果表明，与自愿性变更相比，监管诱致型变更后的继任审计师收取了更高的审计费用；王善平和李斌（2004）、朱小平和于谦（2004）、漆江娜等（2004）分别采用不同的方法和样本考察了事务所收费的品牌效应，结果发现声誉较好的会计师事务所（如国际“四大”、国内“十大”）的审计收费显著地高于其他事务所；张继勋等（2005）的研究结果表明，注册会计师的审计收费与上市公司的对外担保额与应收账款占总资产的比率存在着显著的正相关关系；陈冬华与周春泉（2006）研究了自选择问题对审计收费的影响，发现自选择问题对我国注册会计师的审计收费存在着显著影响，在控制了自选择因素之后，大型事务所会显著降低审计服务的收费，而小所则相反；陈小林和潘克勤（2007）研究了我国的法律制度环境和政治关系对上市公司审计费用的影响，研究结果表明，法律执行力度越强的地区，审计费用越高，当行政监管和法律制度改善后，审计费用则显著上升，政治关系越弱的上市公司支付的审计费用越高，国际“四大”出于风险等因素的考虑，对于非政府控制的上市公司收取了更高的审计费用；陈小林（2009）研究了上市公司信息的透明度与审计费用之间的关系，结果发现信息披露透明越高的公司，注册会计师收取审计费用也越低。

借鉴 Simunic 模型以及众多学者的研究成果，我们建立以下多元线性回归模型（9.3）和模型（9.4），以便进一步考察《收费办法》的颁布实施对我国 A 股上市公司审计费用变化情况的真实影响。模型中各变量的具体定义与说明如表 9 - 5 所示。

$$\begin{aligned}Lnfee = \beta_0 + \beta_1 Size + \beta_2 Recei + \beta_3 Inven + \beta_4 ROE + \beta_5 Lever + \beta_6 Change \\ + \beta_7 Big4 + \beta_8 Region + \beta_9 Stage + \varepsilon \qquad (9.3)\end{aligned}$$

$$
\begin{aligned}
Lnfee = &\beta_0 + \beta_1 Size + \beta_2 Recei + \beta_3 Inven + \beta_4 ROE + \beta_5 Lever + \beta_6 Change \\
&+ \beta_7 Big4 + \beta_8 Region + \beta_9 Year_{2010} + \beta_{10} Year_{2011} + \beta_{11} Year_{2012} \\
&+ \beta_{12} Year_{2013} + \beta_{13} Year_{2014} + \beta_{14} Year_{2015} + \beta_{15} Year_{2016} + \varepsilon \qquad (9.4)
\end{aligned}
$$

表9-5　　　　　　　　　　　　变量定义

变量类型	变量名称	变量符号	变量说明
被解释变量	审计收费	Lnfee	上市公司当年审计费用的自然对数
解释变量	变迁阶段	Stage	如果样本数据年度在制度实施之前（即2009年），其值为0，如果样本数据年度处于制度实施中（即2010年和2011年），其值为1，如果样本数据年度处于制度实施之后（即2012～2016年），其值为2
	样本年度	$Year_{2010-2016}$	如果样本数据年度是2010～2016年，则其值为1，否则为0
控制变量	公司规模	Size	公司当年年末总资产的自然对数
	应收账款比率	REC	公司当年年末应收账款净额/资产总额
	存货比率	INV	公司当年年末存货余额/资产总额
	盈利能力	ROE	公司当年净利润/年末净资产
	资产负债率	Lever	公司当年年末长期负债总额/资产总额
	事务所变更	Change	公司当年变换了会计师事务所，其值为1，否则为0
	事务所品牌	Big4	如果为公司进行审计的事务所为国际“四大”会计师事务所，其值为1，否则为0
	地区因素	Region	根据2009年我国各省区市的人均GDP将全部省区市划分为三类地区，当上市公司所在地位于贵州、甘肃、云南、安徽、西藏、广西、江西、四川、青海时，其值为1；位于湖南、海南、陕西、宁夏、重庆、河南、湖北、山西、新疆、黑龙江、吉林、河北、内蒙古时，其值为2；位于辽宁、福建、山东、广东、江苏、浙江、天津、北京、上海时，其值为3

表9-6中列示的是对模型（9.3）进行最小二乘回归的结果。首先，从模型的整体拟合情况看，F值高度显著，调整后的R^2为0.3105，说明该模型的拟合程度比较好，能够解释我国上市公司审计费用变差的31%，模型的设定是有意义的。模型中所有变量的方差膨胀因子（VIF）值均小于2（未报告），说明模型中的各解释变量之间不存在多重共线性。其次，作为解释变量的变迁阶段（Stage）的标准化回归系数不仅为正（B = 0.1860，t =

27.3405)，且在1%的水平上高度显著，这说明随着《收费办法》的颁布实施，上市公司的审计费用是不断增加的，制度变迁的效果也由此得到证明。在控制变量方面，上市公司的规模（Size）、事务所的品牌声誉（Big4）、上市公司所在地区（Region）均与审计收费显著正相关。其原因可能是上市公司规模越大，业务复杂程度通常越高，注册会计师必须投入更多的人力、物力和时间收集审计证据，这些成本只能通过提高审计收费来补偿。Big4回归系数显著为正，说明国际“四大”在我国审计市场上价格优势明显，比本土事务所收取了更高的审计费用，这也是不争的事实。受经济发展程度和物价水平影响，位于发达地区的上市公司所支付的审计费用也更高。比较出乎意料的是上市公司存货水平（INV）的回归系数为-0.0741，且在1%水平上显著，其原因可能是存货作为以历史成本计价的实物资产，在物价水平不断上涨的宏观环境下，可以在一定程度上降低企业的经营风险以及注册会计师的审计风险，从而使得审计收费有所降低。

由于样本的时间跨度较长，为了更加准确地考虑这一次制度变迁对于上市公司各年度审计费用变化的影响，本书以样本公司数据所在年度作为解释变量，对模型（9.4）进行了回归分析，回归结果如表9-7所示。从表中可以看到，模型的拟合程度进一步提高，调整后的R^2达到了0.3686。各解释变量（$Year_{2010-2016}$）的回归系数估计值不仅为正，且在0.1%的水平上高度显著，这一结果充分说明《收费办法》颁布实施之后，上市公司各年度（2010~2016年）的审计费用与之前（2009年）相比均有了显著的提高，制度变迁的效果再一次得到证明，即提高了注册会计师的审计收费水平。此外，与模型（9.3）的回归结果相比，模型（9.4）中各控制变量回归系数的显著性均有了不同程度的提高，这说明对模型的修正是非常有意义的。

表9-6　　模型（9.3）回归结果

变量	Unstandardized Coefficients		Standardized Coefficients	t	Sig.
	B	Std. Error			
(Constant)	12.5132	0.0267		467.9882	0.0000
Size	0.0231	0.0008	0.1983	29.9789	0.0000
Recei	0.0000	0.0000	0.0096	1.4777	0.1395

续表

变量	Unstandardized Coefficients		Standardized Coefficients	t	Sig.
	B	Std. Error			
Inven	-0.5176	0.0469	-0.0741	-11.0360	0.0000
ROE	0.0000	0.0000	-0.0012	-0.1871	0.8515
Lever	0.0002	0.0002	0.0060	0.9300	0.3524
Big4	1.3909	0.0201	0.4498	69.3515	0.0000
Change	-0.0200	0.0151	-0.0086	-1.3307	0.1833
Region	0.0714	0.0061	0.0759	11.7333	0.0000
Stage	0.2031	0.0074	0.1860	27.3450	0.0000
F	Sig	R	R^2	Adjusted R^2	
749.185	0.0000	0.5576	0.3109	0.3105	

表 9-7　　　　模型（9.4）回归结果

变量	Unstandardized Coefficients		Standardized Coefficients	t	Sig.
	B	Std. Error			
(Constant)	11.3959	0.0425		267.8963	0.0000
Size	0.0795	0.0017	0.6811	45.6613	0.0000
Recei	0.0000	0.0000	0.0292	4.6950	0.0000
Inven	-0.6727	0.0456	-0.0963	-14.7431	0.0000
ROE	0.0000	0.0000	-0.0006	-0.0957	0.9238
Lever	0.0004	0.0002	0.0113	1.8251	0.0680
Big4	1.2949	0.0194	0.4188	66.7594	0.0000
Change	-0.0447	0.0144	-0.0193	-3.0936	0.0020
Region	0.0676	0.0058	0.0719	11.6051	0.0000
$Year_{2010}$	0.0699	0.0212	0.0279	3.2889	0.0010
$Year_{2011}$	0.1354	0.0203	0.0590	6.6669	0.0000
$Year_{2012}$	1.3890	0.0331	0.6865	41.9313	0.0000
$Year_{2013}$	0.2131	0.0189	0.1088	11.2472	0.0000
$Year_{2014}$	0.2606	0.0190	0.1332	13.6958	0.0000
$Year_{2015}$	0.3264	0.0190	0.1703	17.2122	0.0000
$Year_{2016}$	0.3935	0.0188	0.2128	20.9875	0.0000
F	Sig	R	R^2	Adjusted R^2	
607.263	0.0000	0.6076	0.3692	0.3686	

9.4 《收费办法》的颁布实施对审计质量影响的实证检验

通过前面的实证检验，我们发现《收费办法》的实施的确在很大程度上提高了注册会计师的审计收费，实现了政府部门推动此次制度变迁的直接目标。然而，制度设计者的最终目标是希望通过提高审计收费，来提高注册会计师的审计质量，这一目标是否达到？以下本章将以注册会计师出具的审计意见类型（Opinion）[①] 以及被审计报表的盈余管理水平（EM）[②] 作为审计质量的替代变量，对《收费办法》实施前后审计质量的变化情况展开详细的实证分析。样本的选择与数据来源与9.3.1相同。

9.4.1 描述性统计

表9-8、表9-9中列示的是对上市公司被审计报表盈余管理水平（EM）进行的分阶段与分年度描述性统计结果，从表中可以看到，在制度变迁之前的2009年，EM的均值为0.0819，在制度开始实施的初期阶段（2010~2011年），EM的均值略有上升，而在制度全面落地之后（2012~2016年），EM水平持续下降，并且在2016年达到最低点0.0636，这一阶段样本的总体均值为0.0697，与制度变迁之前相比，下降了将近18%。如果单从这个角度来看，审计质量在一定程度上是得到了改善。

表9-10、表9-11中列示的是对注册会计师出具的审计意见类型（Opinion）进行的分阶段与分年度描述性统计结果，从表中可以看到，在制度变迁之前，上市公司被出具非标准审计意见的比例为6.24%，在制度开始实施的初期阶段，这个比例降至5.59%，而在制度完全落地之后，上市公司被出具非标准审计意见的比例仅为3.68%，与制度变迁之前相比，下降了

---

① 如果公司当年的审计意见为标准无保留意见，其值为0；否则为1。

② 根据截面Johns（1991）模型计算出公司财务报表的可操纵应计数绝对值，以此来衡量其盈余管理水平。

41.03%。从年度分析结果看，除了制度开始实施当年（即 2010 年），非标意见占比略有上升外，其余各年的占比均低于制度变迁之前（2009 年）的水平。总的来说，在《收费办法》开始实施之后，注册会计师出具非标准审计意见的概率是在不断下降的。这一结果与以上我们对 EM 进行统计分析所得出的结果是截然相反的。其原因可能是审计收费提高之后，注册会计师可以投入更多的审计资源，来识别公司的盈余管理行为，并对其进行控制或调整，从而使被审计后的财务报表质量更高，因此更多地出具了标准审计意见。但也有可能是随着审计收费的提高，注册会计师更加不愿意失去上市公司这种宝贵的客户资源，以至于更多地出具了让客户满意的标准审计意见。当然，以上分析仅仅是对样本总体均值进行比较所得出的初步结论，这种差异是否具有统计上的显著性？造成这种互相矛盾的结果的原因究竟是什么？以下我们还将通过方差分析和多元回归分析做进一步的检验与解读。

表 9-8　　盈余管理水平（EM）描述性统计结果（分阶段）

阶段	样本数	均值	中值	标准差	最小值	最大值	峰度	偏度
变迁前	1392	0.0819	0.0521	0.0037	0.0000	3.2603	217.3994	11.6502
变迁中	3005	0.0893	0.0489	0.0050	0.0000	6.9797	359.2489	17.1733
变迁后	12214	0.0697	0.0407	0.0016	0.0000	9.4538	1452.4066	31.3153
合计	16611	0.0742	0.0430	0.0015	0.0000	9.4538	958.6081	25.8603

表 9-9　　盈余管理水平（EM）描述性统计结果（分年度）

年度	样本数	均值	中值	标准差	最小值	最大值	峰度	偏度
2009	1392	0.0819	0.0521	0.0037	0.0000	3.2603	217.3994	11.6502
2010	1359	0.0974	0.0488	0.0094	0.0000	6.9797	240.2782	14.3897
2011	1646	0.0826	0.0491	0.0049	0.0000	6.2028	581.9373	20.4525
2012	2203	0.0726	0.0415	0.0040	0.0000	5.5080	461.0499	18.7895
2013	2379	0.0699	0.0419	0.0042	0.0000	9.1062	1598.5205	36.5610
2014	2384	0.0745	0.0427	0.0047	0.0000	9.4538	1195.5217	30.4226
2015	2510	0.0689	0.0406	0.0022	0.0000	2.2626	116.1125	8.0880
2016	2738	0.0636	0.0379	0.0023	0.0000	4.5104	744.5126	21.3073
合计	16611	0.0742	0.0430	0.0015	0.0000	9.4538	958.6081	25.8603

表 9-10　　审计意见（Opinion）描述性统计结果（分阶段）

阶段	样本数	均值	中值	标准差	最小值	最大值	峰度	偏度
变迁前	1395	0.0624	0	0.00648	0	1	11.1452	3.6234
变迁中	3006	0.0579	0	0.00426	0	1	12.3598	3.7884
变迁后	12218	0.0368	0	0.00170	0	1	22.1989	4.9189
合计	16619	0.0428	0	0.00157	0	1	18.4247	4.5191

表 9-11　　审计意见（Opinion）描述性统计结果（分年度）

年度	样本数	均值	中值	标准差	最小值	最大值	峰度	偏度
2009	1395	0.0624	0	0.0065	0	1	11.1452	3.6234
2010	1359	0.0662	0	0.0067	0	1	10.2129	3.4925
2011	1647	0.0510	0	0.0054	0	1	14.7091	4.0855
2012	2203	0.0386	0	0.0041	0	1	21.0082	4.7947
2013	2382	0.0336	0	0.0037	0	1	24.8644	5.1811
2014	2385	0.0352	0	0.0038	0	1	23.4811	5.0459
2015	2510	0.0386	0	0.0038	0	1	20.9606	4.7900
2016	2738	0.0380	0	0.0037	0	1	21.4077	4.8365
合计	16619	0.0428	0	0.0016	0	1	18.4247	4.5191

9.4.2　方差分析

本书对《收费办法》实施前后上市公司被审计报表的盈余管理水平（EM）及其被出具审计意见类型进行了分阶段和分年度方差分析，分析结果如表 9-12 和表 9-13 所示。从表中可以看到，不管是被审计报表的盈余管理水平（EM），还是注册会计师出具的审计意见类型（Opinion），在制度变迁前后，均存在着显著差异（$Sig<0.001$）。通过对被审计报表盈余管理水平（EM）的年度均值差异比较，我们发现，与制度变迁之前（2009 年）相比，在制度开始实施的初期阶段（2010～2011 年），EM 略有上升，但并没有达到统计上的显著性水平，在制度变迁彻底完成之后（2012～2016 年），EM 开始不断下降，且在一些年度（如 2013 年、2015 年、2016 年）达到了统计上的显著性水平。而通过对审计意见类型（Opinion）的年度均值差异

的比较，我们发现，与制度变迁之前（2009 年）相比，制度变迁完成之后（2012～2016 年），注册会计师出具非标准审计意见的比例是显著下降的（Sig＜0.001），与描述性统计结果基本一致。

表 9-12　　方差分析结果Ⅰ（审计质量差异总体比较结果）

变量	分类	平方和	自由度	均方	F	显著性（Sig.）
Opinion	组间	1.8758	7	0.2680	6.5586	0.0000
	组内	678.7059	16611	0.0409		
	总计	680.5817	16618			
EM	组间	1.3615	7	0.1945	5.1847	0.0000
	组内	622.8446	16603	0.0375		
	总计	624.2060	16610			

表 9-13　方差分析结果Ⅱ（审计质量分年度均值差异比较结果）

因变量：Opinion				因变量：EM			
(I) 年度	(J) 年度	均值差异 (I-J)	显著性 (Sig.)	(I) 年度	(J) 年度	均值差异 (I-J)	显著性 (Sig.)
2009	2010	-0.0039	0.6164	2009	2010	-0.0156	0.2351
	2011	0.0114	0.1224		2011	-0.0008	0.9123
	2012	0.0238	0.0006		2012	0.0093	0.1605
	2013	0.0288	0.0000		2013	0.0119	0.0675
	2014	0.0271	0.0001		2014	0.0074	0.2585
	2015	0.0237	0.0004		2015	0.0130	0.0448
	2016	0.0244	0.0002		2016	0.0183	0.0042

9.4.3　回归分析

影响注册会计师审计质量的因素非常复杂，如审计师的专业胜任能力和独立性、被审计单位的特征、法律责任追究的力度、事务所的品牌声誉等。为了进一步考察《收费办法》实施后，通过提高注册会计师的审计收费，对审计质量究竟产生了怎样的影响？我们将建立 Logistic 回归模型（9.5）和多元线性回归模型（9.6），以便对此进行分析与解读。模型中各变量的定义如表9－14所示。

$$Ln(P_{Opinion}/1-P_{Opinion})=\beta_0+\beta_1 LnFee+\beta_2 Size+\beta_3 Recei+\beta_4 Inven+\beta_5 ROA+\beta_6 Lever+\beta_7 Change+\beta_8 Big4+\varepsilon \quad (9.5)$$

$$EM=\beta_0+\beta_1 LnFee+\beta_2 Size+\beta_3 Recei+\beta_4 Inven+\beta_5 ROA+\beta_6 Lever+\beta_7 Change+\beta_8 Big4+\varepsilon \quad (9.6)$$

表9－14　变量定义

变量名称	变量符号	变量说明
审计意见类型	Opinion	虚拟变量，如果公司当年的审计意见为标准无保留意见，其值为0；否则为1
盈余管理程度	EM	根据截面琼斯模型（Jones，1991）计算出的操纵性应计数的绝对值
审计收费	Lnfee	上市公司当年审计费用的自然对数
公司规模	Size	公司当年年末总资产的自然对数
应收账款比率	REC	公司当年年末应收账款净额/资产总额
存货比率	INV	公司当年年末存货余额/资产总额
盈利能力	ROA	公司当年净利润/年末总资产
资产负债率	Lever	公司当年年末长期负债总额/资产总额
事务所变更	Change	公司当年更换了会计师事务所，其值为1，否则为0
事务所品牌	Big4	如果为公司进行审计的事务所为国际“四大”会计师事务所在中国的合伙所，其值为1，否则为0

我们对模型（9.5）进行了分年度的Logistics回归，回归结果如表9－15所示。从表中可以看到，在制度变迁之前（2009年），审计费用（Lnfee）的回归系数为正（未达到统计上的显著性水平），这说明审计费用越高的上市公司其被出具非标准审计意见的概率也越高。在制度变迁开始后（2010～2016年），审计费用（Lnfee）的回归系数全部为负，而且在制度实施的初期阶段（即2010～2012年），回归系数的Wald统计量在1%的水平上高度显著，这一结果说明《收费办法》的实施的确改变了注册会计师的行为模式，即对于审计收费越高的公司，出具非常标准审计意见的概率越低。其原因有可能是审计收费的提高加剧了注册会计师对于上市公司这种重要客户的经济

信赖性，而出具让客户满意的标准审计意见显然是维持双方之间合作关系的一个重要因素。如果单从这一结果来看，审计收费的提高反而会降低注册会计师的独立性，对审计质量产生不利影响。这与制度设计者的初衷显然是相违背的。当然，如果注册会计师通过提高审计收费及审计投入，实施了更为详细的审计程序，识别并纠正了公司财务报表中的盈余管理等重大错报行为，使被审计报表的质量更高，从而对其更多地出具了标准审计意见，这当然也是无可厚非的。那么，在制度变迁之后，被审计报表的质量是否有所改善呢？以下本书将对模型（9.6）进行回归分析，来考察被审计报表的质量变化情况。

表 9 – 15　　　　模型（9.5）回归结果

变量	2009 年	2010 年	2011 年	2012 年	2013 年	2014 年	2015 年	2016 年
截距	14.86 (12.95)	17.21 (16.90)	15.52 (14.29)	6.15 (4.37)	0.85 (0.08)	2.13 (0.50)	5.86 (3.61)	1.17 (0.20)
Lnfee	0.25 (0.62)	-1.38*** (19.46)	-1.29*** (16.12)	-0.78*** (12.61)	-0.29 (1.42)	-0.31 (1.78)	-0.64** (6.81)	-0.28 (1.95)
Size	-1.08*** (48.07)	-0.20*** (49.29)	-0.18*** (46.15)	-0.02 (0.05)	-0.09** (5.99)	-0.12*** (13.36)	-0.09** (6.38)	-0.09*** (8.40)
REC	0.00 (0.00)	-1.02 (0.36)	-1.84 (1.06)	-1.79 (1.50)	-1.33 (1.00)	-3.42** (4.71)	-1.57 (1.37)	-1.10 (0.96)
INV	-3.09 (5.46)	-3.34* (3.61)	-2.31 (1.92)	-1.97 (1.67)	-1.95 (1.58)	-1.00 (0.51)	-2.50 (2.59)	-0.50 (0.15)
ROA	0.02 (0.23)	0.23 (0.21)	16.32* (2.84)	0.98*** (8.05)	0.14 (0.72)	-0.97 (1.96)	-6.26*** (34.85)	-4.48*** (17.96)
Lever	3.25*** (55.85)	4.51*** (67.24)	4.48*** (71.58)	2.66*** (42.63)	3.80*** (64.91)	3.42*** (50.21)	4.00*** (75.19)	3.43*** (56.17)
Change	0.54 (1.89)	0.57 (1.95)	0.24 (0.34)	0.45 (2.66)	0.68 (4.05)	0.59 (2.11)	0.20 (0.27)	1.35*** (25.68)
Big4	-16.54 (0.00)	1.03 (1.58)	1.07 (1.73)	0.67 (1.07)	-0.37 (0.21)	-0.38 (0.23)	-16.87 (0.00)	-1.49 (2.06)
N	1395	1359	1647	2203	2382	2385	2510	2738
Nagelkerke R^2	0.472	0.422	0.413	0.177	0.171	0.179	0.281	0.204

注：括号中的数值是回归系数的 Wald 统计量；***、**、* 分别表示在 1%、5% 和 10% 的水平上显著。

表9－16中列示的是对模型（9.6）进行的分年度回归分析的结果。从表中可以看到，在制度变迁之前的2009年，审计费用（Lnfee）的回归系数为正，且在1%的水平上高度显著，也就是说，审计费用越高的上市公司，其财务报表的盈余管理水平也越高。在《收费办法》开始实施的当年（即2010年），审计费用（Lnfee）的系数就由正转负（未达到统计上的显著水平），并在随后的2011年和2012年，审计费用（Lnfee）的系数仍然保持为负，而且在1%的水平上高度显著。以上结果说明，在《收费办法》开始实施的初期阶段，随着审计费用的上升，被审计报表的盈余管理水平是显著下降的，从而在一定程度上证实了前面的猜测，即通过提高审计收费，注册会计师可以实施更为详细的审计程序，识别并纠正企业财务报表中存在的错误和舞弊行为，从而使被审计报表的质量有所提高。此次制度变迁的效果得以证明。然而，我们也应该看到，从2013年开始，审计费用（Lnfee）的系数估计值虽然仍为负值，但显著性均有所降低，除了2015年以外，其余年度均未能达到统计上的显著性水平。由此可见，制度变迁的持续效果并不理想。

表9－16　　　　模型（9.6）回归结果

变量	2009年	2010年	2011年	2012年	2013年	2014年	2015年	2016年
截距	0.32 (4.70)	0.21 (1.76)	−0.06 (−21.71)	0.08 (0.99)	0.15 (2.22)	0.20 (2.14)	0.17 (3.98)	0.04 (0.99)
Lnfee	0.02*** (2.71)	−0.01 (−0.88)	−0.05*** (21.08)	−0.02*** (−3.75)	−0.01 (−1.14)	−0.001 (−0.35)	−0.01*** (−2.81)	−0.008 (−0.58)
Size	−0.02*** −7.71	0.00* −1.84	0.00 0.57	0.04*** 19.66	0.00*** −4.10	−0.01*** −4.73	0.00* 1.85	0.00*** 4.99
REC	−0.01*** (−4.74)	−0.09 (−1.40)	0.00 (0.83)	−0.10*** (−2.78)	−0.05* (−1.75)	−0.02 (−0.46)	−0.06*** (−2.72)	−0.02 (−1.14)
INV	0.02 (1.13)	−0.22*** (−3.78)	0.00 (0.31)	−0.11*** (−2.95)	−0.07** (−1.95)	−0.14*** (−2.80)	−0.11*** (−4.17)	0.00 (0.12)
ROA	−0.45*** (−20.80)	−0.01 (−0.57)	12.91*** (22.27)	0.37*** (19.33)	1.25*** (55.47)	0.54*** (32.66)	−0.47*** (−23.77)	−0.68*** (−51.85)
Lever	0.03*** (16.94)	0.19*** (32.07)	0.00*** (−4.35)	0.08*** (12.34)	0.17*** (15.17)	0.23*** (15.77)	0.04*** (5.27)	0.00 (−0.79)

续表

变量	2009 年	2010 年	2011 年	2012 年	2013 年	2014 年	2015 年	2016 年
Change	0.00 (0.59)	0.03 (1.41)	0.00 (-0.43)	0.00 (-0.55)	0.02* (1.75)	0.00 (-0.01)	0.01* (1.79)	0.01 (0.88)
Big4	0.02 (0.96)	-0.01 (-0.28)	0.00*** (-4.68)	0.01 (0.48)	-0.02 (-1.61)	-0.03 (-1.32)	0.02* (1.79)	0.01 (0.92)
N	1395	1359	1647	2203	2382	2385	2510	2738
Adjust R^2	0.481	0.692	0.499	0.310	0.569	0.330	0.247	0.503

注：括号中的数值是回归系数的 t 统计量；***、**、* 分别表示在 1%、5% 和 10% 的水平上显著。

9.5　本章小结

本章首先从理论上论述了政府对注册会计师审计收费进行管制的必要性，然后对我国审计收费管理制度的变迁历程进行了全面的回顾，其中以 2010 年国家发展和改革委员会和财政部联合发布的《会计师事务所服务收费管理办法》这一制度安排的出台对审计市场的影响最大。本章针对这一制度变迁事件，从注册会计师审计收费和审计质量两个方面对制度变迁的效果进行了实证检验，基本结果如下：

（1）以 2009 ~ 2016 年我国 A 股上市公司为样本，对《收费办法》实施前后，审计费用的变化情况进行了实证分析。描述性统计结果显示，与制度变迁之前（2009 年）相比，《收费办法》实施的初期阶段（2010 ~ 2011 年），上市公司审计费用的提高幅度非常明显，在随后的几年（2012 ~ 2016 年）时间里，审计费用水平继续提高，但增长幅度明显缩小。方差分析与回归分析的结果也表明，随着《收费办法》的颁布实施，上市公司各年度（2010 ~ 2016 年）的审计费用均有了不同程度的提高。

（2）对《收费办法》实施前后，注册会计师审计质量的变化情况进行了描述性统计和方差分析。结果发现，与制度变迁之前（2009 年）相比，《收费办法》实施之后，注册会计师出具非标准审计意见的概率显著下降，而被审计报表的盈余管理水平在制度开始实施的初期阶段（2011 ~ 2012 年）

略有上升，在之后的几年（2013～2016 年）时间里，盈余管理水平均显著下降。

（3）通过建立 Logistic 回归模型和多元线性回归模型，考察了《收费办法》实施前后，审计费用对审计质量的影响情况。结果发现，在制度变迁之前（2009 年），审计费用越高的上市公司被出具非标准审计意见的概率也越高，而在制度开始实施之后（2010～2016 年），审计费用越高的公司，其被出具非标准审计意见的概率则越低。我们还发现，在制度变迁开始之后的 2011 年和 2012 年，审计费用越高的公司，其财务报表的盈余管理水平也越低。

| 第 10 章 |

研究结论与局限

10.1 研究结论

在本书即将完稿之际，正值新中国注册会计师审计制度恢复发展四十周年。本书以上各章节已经对这段波澜壮阔历史中的几个重大制度变迁事件进行了回顾和分析。虽然变迁的过程、细节和结果各有不同，但总体看来，仍呈现出以下一些规律性的特征。

（1）经济体制改革是我国注册会计师审计制度变迁的根本动因。

马克思历史唯物论认为生产力与生产关系，经济基础与上层建筑之间的矛盾，是人类社会最基本的矛盾，也是制度变迁的根本动因。人类社会的整个制度体系是由一套彼此间相互联系、相互作用的制度安排构成的。在这个复杂的制度体系中，产权制度是最根本的制度。新中国成立以后，由于采取了高度集中的计划经济模式，企业完全由国家（政府）经营，独立审计制度失去了生存的土壤，从而退出了历史舞台。改革开放以后，我国逐渐从计划经济体制过渡到市场经济体制，出现了合资、外资、个体私营企业、股份有限公司等多种所有制经济形式以及企业组织形式。注册会计师审计制度正是在这一历史大背景下恢复和发展起来的。从制度的需求上看，经济体制与企业公司制改革所导致的产权主体多元化以及所有权和经营权的分离，为注册会计师审计制度的恢复和发展提供了前提条件；从制度的供给上看，政治体制的改革与政府职能的转变使得建立注册会计师审计制度的预期收益大于其设计和执行成本，正是在这一历史背景下，新中国中断了三十年的注册会计师审计制度得以恢复。随着改革开放的不断深入，脱胎于计划经济体制的独立审计制度已不能适应市场经济发展的需要并逐渐成为社会经济发展的桎梏，制度的变迁由此一次次地发生。产权制度的改革、政府在社会经济生活中作用的变化以及社会公众意识观念的转变，这三者的合力共同导致了改革开放以来我国注册会计师审计制度的历次变迁。

（2）试点先行的强制性变迁是我国注册会计师审计制度变迁的主要方式。

与其他政治、经济制度改革的模式一样，中国注册会计师审计制度的变迁属于典型的由政府推动的自上而下的强制性制度变迁。与诱致性变迁相比，由于有强大的政府行政力量作为保障，使得我国注册会计师审计制度变迁的推进速度很快，效率也非常高。例如，2002 年财政部推动的签字会计师轮换制度从出台到正式实施仅有不到三个月的时间。

中国的改革开放之所以取得今天这样的成就在很大程度上还得益其采取了一种渐近式的增量改革，也就是俗称的“摸着石头过河”。以这种渐进的方式推进制度变迁，不仅可以在变迁过程中逐渐积累经验，使出现的问题得到迅速纠正，而且由于采取了小范围的试点，因而试错成本也不是太高，同时也避免了“一刀切”的制度变迁可能对社会造成的不利冲击。纵观我国注册会计师审计制度的历次变迁，无不体现了这一特点。例如，会计师事务所的第一次改制，就是在深圳最先试点，取得成功后才在全国范围内全面推广。第二次改制则是从大型事务所开始的。财政部率先要求大型会计师事务所于 2010 年 12 月 31 日前转制为特殊普通合伙组织形式，同时鼓励中型事务所于 2011 年 12 月 31 日前完成转制。一年之后，又专门发文要求安永华明、毕马威华振、德勤华永和普华永道中天 4 家中外合作会计师事务所在 2012 年 12 月 31 日转制。历时三年，全部 40 家具有证券期货业务资格的会计师事务所才顺利完成了组织形式的转变。

（3）偶然事件的发生对我国注册会计师审计制度变迁起到了巨大的推动作用。

诺思认为制度变迁是个人（群体）或国家（政府）响应制度不均衡所带来的制度外收益而发生的，当变迁收益大于变迁成本时，制度变迁就有可能发生。可是，有时候虽然出现了制度外收益，但由于这种收益难以确认和计量，从而使得个人和政府对发起该项制度变迁缺乏动力，再加上制度变迁中普遍存在的路径依赖现象，使一些新的制度变迁迟迟无法发生。这时就需要借助于外力，来跨越这个制度变迁中的“卡夫丁”峡谷。一些偶然事件的发生就成了推动制度变迁的一个重要的外力。在我国注册会计师审计制度变迁历程中，这样的例子是非常多的。20世纪90年代，以“深圳原野事件”“北京长城机电事件”“海南中水国际事件”为代表的资本市场的“老三案”以及以“琼民源”“四川红光”“东方锅炉”为代表的“新三案”的接连发生，才使得以财政部为代表的政府相关部门痛下决心对会计师事务所进行彻底的产权制度改革，即“脱钩改制”。

（4）变迁效果不够理想我国注册会计师制度变迁的最大痛点。

诱致性制度变迁是社会成员（集团）之间在一致性原则和经济效益原则的基础上达成的一种公共契约，它在根本上是一种帕累托改进，因而在实施时所遇到的阻力小，制度的认同度高，因而实施效果较好。对于强制性制度变迁来说，由于政府统治者的有限理性、意识形态刚性、官僚政治、集团利益的冲突以及社会科学知识积累不足等问题的存在，使得制度设计经常不够完善或存在漏洞，制度体系之间缺乏协调性。而且制度的强制推行也容易造成制度执行者缺乏认同感，甚至产生抵触情绪，从而导致强制性制度变迁的实施效果差，甚至出现制度变迁的失败。本书的主要目标就是考察我国注册会计师审计制度变迁的效果，从以上各章节的实证研究结果来看，总体效果确实不够理想。有些制度变迁虽然在短期内产生了积极影响，但持续效果却差强人意。例如，2010年国家发改委和财政部联合发布了《会计师事务所服务收费管理办法》，希望通过提高事务所审计收费来改善审计质量。在制度实施的初期阶段（2010~2011年），随着审计费用的上升，被审计报表的质量的确有所提高。可是从2013年开始，审计质量又恢复到制度变迁之前的水平。

提高审计质量一直以来就是我国政府部门推动历次审计制度变迁的首要目标。然而40年过去了，我们注册会计师的审计质量一直很难令投资者及社会公众满意。审计失败案件层出不穷，屡禁不止，从20世纪90年代资本市场的“老三案”和“新三案”的接连发生，到后来的蓝田股份、獐子岛，再到最近发生的康美药业与瑞华事件，无不与注册会计师审计质量不高有着千丝万缕的关系。这些案件的发生固然受企业以及注册会计师自身的素质、动机等因素影响，但相关制度安排未能发挥应有的作用也是不争的事实。

我国的注册会计师审计制度自20世纪80年代初恢复之后，制度设计者在借鉴西方国家成功经验的基础上，进行了一系列的制度设计，并“自上而下”强制性地推动了这些制度的变迁与实施，可以说是用了不到四十年的时间，走完了西方国家两三百年才走完的路，成绩固然喜人。然而，衡量制度变迁成败的标准绝不在于制度的设计是否完美、推行的速度有多快，而在于制度是否真正得到落实，是否实现了制度变迁的初衷与目标。制度变迁的推进也绝非一朝一夕的事情，未来的路依然漫长而艰难，既需要制度设计者有壮士断腕的勇气，更需要水滴石穿的耐心。前车之覆，后车之鉴，前路漫漫，任重道远，作为当代学者，我们有责任去揭开历史的面纱，让世人看清楚事情的真实面目，同时也给未来的制度设计者以借鉴与启示。这也是本书写作的目的之所在。

10.2　研究局限

本书从构思设计，到收集数据，再到动笔完稿，几经修改，整整经历了三年的时间，可以说是绞尽脑汁费尽心血了。然而，基于笔者的才力与精力所限，本书仍存在着许多非常明显的缺陷。虽然在写作过程中，笔者尽量采用规范与实证相结合的方法来研究我国注册会计师审计制度的变迁。但从内容的篇幅比重来看，可以说仍是以实证研究为主，缺乏深入系统的理论分析，这也是笔者理论功底差的无奈之举了。单就本书的实证研究来看，也存在着以下一些局限性。

（1）研究样本的选择范围有限。

本书在对我国注册会计师审计制度变迁的绩效进行实证检验时，基于数据的可获得性，所采用的样本主要是A股上市公司，根据证监会的相关规定，这些公司的审计师必须是具有证券期货业务资格的会计师事务所。我国现有会计师事务所8000多家，具有证券期货业务资格的事务所不过区区几十家，虽然这些事务所都是行业的佼佼者，但毕竟不能完全反映注册会计师行业的全部特征。因此，基于这些样本数据所得出的研究结果难免会存在一定的偏差。未来我们将通过与各地方注协进行沟通，对事务所进行线上问卷调查、现场访谈等，以获得更广泛、更有代表性的样本数据，使研究结论更加可靠。

（2）制度变迁绩效的验证不够严谨。

本书的一个基本思路就是对制度变迁前后，一些关键变量（如审计质量、审计收费、投资者的市场反应等）的变化情况进行实证分析，来检验我国注册会计师审计制度变迁的效果。这个思路虽然简单直接，但存在着以下局限性：一是影响这些变量的因素非常复杂，制度变迁前后的变化有可能是其他因素的影响所致。例如，影响审计质量的因素除了制度之外，还包括注册会计师的专业胜任能力和独立性、被审计单位的特征、事务所的特征等。虽然通过在回归模型中加入相关变量，可以在一定程度上控制这些因素的影响，但效果究竟如何，仍无法准确估计。二是在制度变迁事件验证的时间窗口里，可能存在其他事件的冲击。例如，在风险导向审计准则颁布的同时，财政部还颁布了新的会计准则，这两者都可能对审计质量产生影响。我们也想了一些办法，如采用双重差分模型（Differences-in-Differences，DID）来分离非相关事件的冲击。但对于长期绩效的检验，由于时间窗口内存在的冲击事件太多，效果可能并不理想，未来需要做进一步的研究与改进。

参考文献

[1] 蔡春，黄益建，赵莎．关于审计质量对盈余管理影响的实证研究——来自沪市制造业的经验证据［J］．审计研究，2005（2）：3－10.

[2] 蔡吉甫．公司治理、审计风险与审计费用关系研究［J］．审计研究，2007（3）：65－71.

[3] 曹强，陈汉文，胡南薇．事务所特征、行为与审计生产效率［J］．南开管理评论，2008，11（2）：84－91.

[4] 陈俊，陈汉文．公司治理、会计准则执行与盈余价值相关性——来自中国证券市场的经验证据［J］．审计研究，2007（2）：45－52.

[5] 陈信元，夏立军．审计任期与审计质量：来自中国证券市场的经验证据［J］．会计研究，2006（1）：44－53.

[6] 陈旭东，黄登仕．公司治理与会计稳健性——基于上市公司的实证研究［J］．证券市场导报，2007（3）：5－13.

[7] 陈毓圭．对风险导向审计方法的由来及其发展的认识［J］．会计研究，2004（2）：58－63.

[8] 陈毓圭．我国注册会计师行业发展的四个阶段［J］．中国注册会计师，2008（12）：44－49.

[9] 程小可，李昊洋，郑立东．事务所规模、审计任期对上市公司内部控制缺陷披露的影响［J］．系统工程，2016（8）：1－12.

[10] 段特奇．低价竞争、价格管制与审计质量研究．重庆大学，2012.

[11] 段文斌．产权、制度变迁与经济发展——新制度经济学前沿专题［M］．天津：南开大学出版社，2003.

[12] 道格拉斯·C. 诺思．制度、制度变迁与经济绩效［M］．刘守英，译．上海：上海三联书店出版社，1994.

［13］丁平准．中国注册会计师：世纪末的回眸（改革卷）［M］．大连：东北财经大学出版社，2001.

［14］侯晓靖．对我国审计市场集中度的研究——基于综合指标模型的构建［J］．未来与发展，2011（1）：13－18.

［15］黄崑，张立民．监管政策、审计师变更与后任审计师谨慎性［J］．审计研究，2010（1）：65－74.

［16］耿建新，房巧玲．我国会计师事务所规模研究——基于审计市场经验数据的聚类分析［J］．会计研究，2005（3）：22－27.

［17］樊纲，王小鲁，朱恒鹏．中国市场化指数：各地区市场化相对进程2011年报告［J］．北京：经济科学出版社，2011.

［18］郭梦岚，刘明辉．公司治理、控制权性质与审计定价［J］．管理科学，2009（12）：71－83.

［19］胡丹，冯巧根．信息环境、审计质量与抑价［J］．会计研究，2013（2）：75－88.

［20］江伟，李斌．审计任期与审计独立性——持续经营审计意见的经验研究［J］．审计与经济研究，2011，26（2）：47－55.

［21］R. 科斯，A. 阿尔钦，D. 诺斯，等．财产权利与制度变迁［M］．上海：上海人民出版社，2002.

［22］李明辉．代理成本对审计师选择的影响——基于中国IPO公司的研究［J］．经济科学，2006（3）：73－83.

［23］李连军，薛云奎．中国证券市场审计声誉溢价与审计质量的经验研究［J］．中国会计评论，2007（3）：401－413.

［24］李莫愁，周红．审计准则、审计风险与客户组合［J］．中国注册会计师，2013（6）：88－93.

［25］李树华．审计独立性的提高与审计市场的背离［M］．上海：上海三联书店出版社，2000.

［26］李爽，吴溪．监管信号、风险评价与审计定价：来自审计师变更的证据［J］．审计研究，2004（1）：13－18.

［27］李兆华．我国会计师事务所实行定期轮换制的博弈分析［J］．会计研究，2005（3）：63－66.

[28] 廖冠民，吴溪．收入操纵、舞弊审计准则与审计报告谨慎性［J］．审计研究，2013（1）：103－112.

[29] 林毅夫．财产权利与制度变迁［M］．上海：上海三联书店，1994.

[30] 刘峰，许菲．风险导向型审计·法律风险·审计质量——兼论"五大"在我国审计市场的行为［J］．2002（2）：21－27.

[31] 刘峰，周福源．国际四大意味着高审计质量吗？——来自我国A股市场的初步证据［J］．会计研究，2007（3）：79－87.

[32] 刘骏．会计师事务所轮换制与审计独立性［J］．审计研究，2005（6）：39－44.

[33] 刘启亮．事务所任期与审计质量——来自中国证券市场的经验证据［J］．审计研究，2006（4）：40－49.

[34] 刘启亮，唐建新．学习效应、私人关系、审计任期与审计质量［J］．审计研究，2009（4）：52－63.

[35] 刘行健，王开田．会计师事务所转制对审计质量有影响吗？［J］．会计研究，2014（4）：88－94.

[36] 刘明辉，胡波．公司治理、代理成本和审计定价——基于2001～2003年我国A股上市公司的实证研究［J］．财经问题研究，2006（2）：72－79.

[37] 刘明辉，汪寿成．改革开放三十年中国注册会计师制度的嬗变［J］．会计研究，2008（12）：15－23.

[38] 刘伟，刘星．审计师变更、盈余操纵与审计师独立性——来自中国A股上市公司的经验证据［J］．管理世界，2007（9）：129－135.

[39] 刘仲藜．创新审计准则体系维护社会公众利益［J］．会计研究，2006（2）：9－10.

[40] 马晨，程茂勇，张俊瑞．事务所变更能帮助公司提升审计质量吗？来自二次财务重述的经验证据［J］．中国软科学，2014（10）：109－120.

[41] 牛艺琳．上市公司审计意见与审计机构变更问题研究［J］．会计之友，2016（23）：103－107.

[42] 潘克勤．公司治理、审计风险与审计定价——基于CCGI^{NK}的经验

证据［J］. 南开管理评论，2008（1）：106－112.

［43］潘秀丽，林启云，王在清．发达国家注册会计师管理制度［J］. 时事出版社，2001.

［44］漆江娜，陈慧霖，张阳．事务所规模、品牌、价格与审计质量——国际“四大”中国审计市场收费与质量研究［J］. 审计研究，2004（3）：52－63.

［45］青木昌彦．周黎安译．比较制度分析［M］. 上海：上海远东出版社，2001.

［46］沈玉清，戚务清，曾勇．我国审计师强制轮换制度有效性的实证分析［J］. 审计研究，2006（4）：50－59 .

［47］宋衍蘅，付皓．事务所审计任期会影响审计质量吗？［J］. 会计研究，2012（1）：75－80.

［48］唐建华．风险导向审计思想的历史演进［J］. 审计研究，2009（2）：79－83.

［49］王化成．佟岩．控股股东与盈余质量——基于盈余反应系数的考察［J］. 会计研究，2006（2）：66－75.

［50］王善平，李斌．我国上市公司审计收费影响因素的实证分析——来自深市上市公司的经验证据［J］. 财经理论与实践，2004（2）：68－71.

［51］王咏梅，陈磊．中国会计师事务所生产率长期变化及其驱动因素实证研究［J］. 会计研究 . 2012（1）：51－57.

［52］王振林．审计收费的决定与审计质量［J］. 上海：上海财经大学，2002.

［53］汪寿成，刘明辉，陈金勇．改革开放以来中国注册会计师行业演化的历史与逻辑［J］. 会计研究，2019（2）：35－41.

［54］威廉斯．世界商业史［M］. 北京：中国商业出版社，1989.

［55］文硕．世界审计史［M］. 北京：中国审计出版社，1990.

［56］伍利娜．盈余管理对审计费用影响分析——来自中国上市公司首次审计费用披露的证据［J］. 会计研究，2003（12）：39－44.

［57］伍利娜，王春飞，陆正飞．企业集团审计师变更与审计意见购买［J］. 审计研究，2013（1）：70－78.

[58] 奚晓明．最高人民法院关于会计师事务所审计侵权赔偿责任司法解释理解与适用 [M]．北京：人民法院出版社，2007.

[59] 谢盛纹，闫焕民．换“所”不换“师”式变更、超工具性关系与审计质量 [J]．会计研究，2013 (12)：86－91.

[60] 徐玉德，温泉．改革开放四十年中国注册会计师制度回顾与展望 [J]．财会通讯，2018 (21)：3－11.

[61] 许汉友，汤谷良，汪先娣．中国会计师事务所运营效率之 DEA 分析 [J]．会计研究，2008 (3)：74－81.

[62] 杨志国．中国注册会计师执业准则体系介绍 [Z]．中国注册会计师协会执业准则培训班讲义，2006.

[63] 魏明海．盈余管理基本理论及其研究述评 [J]．会计研究，2000 (9)：37－42.

[64] 许汉友，汤谷良，汪先娣．中国会计师事务所运营效率之 DEA 分析 [J]．会计研究，2008 (3)：74－96.

[65] 阎达五，杨有红．2001. 内部控制框架的构建 [J]．会计研究，2001 (2)：9－11.

[66] 杨时展．中国注册会计师制度的沿革与发展 [J]．财会通讯，1995 (2)：11－13.

[67] 易琮．行业制度变迁的诱因与绩效 [M]．广州：暨南大学，2002.

[68] 于李胜，王艳艳，陈泽云．信息中介是否具有经济附加值 [J]．管理世界，2008 (7)：134－144.

[69] 张继勋，陈颖，吴璇．风险因素对我国上市公司审计收费影响的分析——沪市 2003 年报的数据 [J]．审计研究，2005 (4)：34－38.

[70] 张建勇．审计师变更与会计稳健性关系的实证研究 [J]．审计研究，2014 (5)：94－100.

[71] 张奇峰，雷光勇．注册会计师审计质量的经济学分析 [J]．中南财经政法大学学报，2006 (4)：6－12.

[72] 张奇峰，张鸣，王俊秋，等．股权流通性改善对审计市场的影响——来自中国证券市场股权分置改革的证据 [J]．财经研究，2010 (8)：133－143.

[73] 张旺峰. 内部控制有效性与审计定价研究 [J]. 华中科技大学, 2012.

[74] 张旺峰, 张兆国, 杨清香. 内部控制与审计定价研究 [J]. 审计研究, 2011 (5): 8-16.

[75] 张兆国. 中国上市公司资本结构治理效应研究 [M]. 北京: 中国财政经济出版社, 2004.

[76] 张兆国, 张旺峰, 杨清香. 目标导向下的内部控制评价体系构建及实证检验 [J]. 南开管理评论, 2011 (1): 103-111.

[77] 中国证券监督管理委员会首席会计师办公室. 谁审计中国证券市场——审计市场分析 (1997~1999) [M]. 北京: 中国财政经济出版社, 2001.

[78] 赵保卿, 谢志华. 注册会计师审计法律责任 [M]. 北京: 人民出版社, 2006: 40-46.

[79] 赵景文. 公司治理质量与盈余质量——基于中国治理指数 ($CCGI^{NK}$) 的初步证据 [J]. 南开管理评论, 2006, 9 (5): 15-21.

[80] 周继军, 张旺峰. 内部控制、公司治理与管理者舞弊研究 [J]. 中国软科学, 2011 (8): 73-82.

[81] 周兰, 耀友福. 媒体负面报道、审计师变更与审计质量 [J]. 审计研究, 2015 (3): 73-81.

[82] 朱小平, 于谦. 我国审计收费影响因素之实证研究 [J]. 中国会计评论, 2004 (2): 393-408.

[83] Albring S. M., Elder R. J., Zhou J.. IPO Under-pricing and audit quality differentiation within non-big 5 firms. International Journal of Auditing, 2007 (11): 115-131.

[84] Balves R, McDonald B, Miller R.. Under-pricing of new issues and the choice of auditor as a signal of investment banker reputation. The Accounting Review, 1988, 63 (October): 605-622.

[85] Ball R, Kothari S P, Robin A. The effect of international institutional factors on properties of accounting earnings. Journal of Accounting and Economics, 2000, 29 (1): 1-51.

[86] Bartok E., GulF. A., Tsui J. S.. Discretionary-accruals models and audit qualifications. The Accounting Review, 2000, 76 (January): 28 -52.

[87] Beatty R. P.. Auditor reputation and the pricing of initial public offerings. The Accounting Review, 1989, 64 (4): 693 -709.

[88] BertonL.. GAO weighs auditing plan for big banks. Wall street journal, 1999, (March 27): 3 -21.

[89] Bonner E., LewisL.. Determinants of auditor expertise. Journal of Accounting Research, 1990, 28: 1 -28.

[90] Carcello V., Nagy L., Audit firm tenure and fraudulent financial reporting. Auditing: A Journal of Practice & Theory, 2014, 23 (2): 55 -69.

[91] Carey P., Simnett R.. Audit partner tenure and audit quality. The Accounting Review, 2016, 81 (3), 653 -676.

[92] Chen K. C., YuanH.. Earnings management and capital resource allocation: evidence from china's accounting-based regulation of rights issues. The Accounting Review, 2004, 79 (3): 645 -665.

[93] Chan D. K., S. Pae.. An analysis of the economic; consequences of the proportionate liability rule. Contemporary Accounting Research, 1998, 15 (4): 457 -480.

[94] Chow, C. W.. The demand for external auditing: size, debt and ownership influences. Accounting Review, 1982, 57: 272 -291.

[95] Chung H, Kallapur S.. Client importance, non-audit services, and abnormal accruals. The Accounting Review, 2003, 78 (4): 931 -955.

[96] COSO. Internal Control-Integrated Framework. New York, http//www. coso. org., 1992.

[97] Davidson R. A., Neu D. A.. Note on the association between audit firm size and audit quality. Contemporary Accounting Research, 1993, 9 (Spring): 479 -488.

[98] Davidson III, W. N, Jiraporn, P., Da Dalt, P.. Causes and consequences of audit shopping: an analysis of auditor opinions, earnings management and auditor change. Quarterly Journal of Business and Economics, 2006, 45

(1): 69 -87.

[99] De Angelo L., Auditor size and audit quality. Journal of Accounting and Economics, 1981 (3): 183 -199.

[100] Dechow P. M., Sloan R. Q.. Sweeney, A. P.. Causes and consequences of earnings manipulation: An analysis of firms subject to enforcement actions by the SEC. Contemporary Accounting Research, 1996, 13 (1): 1 -36.

[101] De Fond, M.. The association between changes in client firm agency costs and auditor switching. Auditing: A Journal of Practice & Theory, 1992 (11): 16 -31.

[102] Fama, E. F., Jensen, M. C.. Separation of ownership and control. Journal of Law and Economics, 1983, 26: 301 -325.

[103] Elitzur R., Falk H.. Planned audit quality. Journal of accounting and public policy, 1996 (15): 247 -269.

[104] Ghosh A., Moon D.. Auditor tenure and perceptions of audit quality. The Accounting Review, 2005, 80 (2), 585 -612.

[105] Heninger, W. G.. Association between Auditor litigation and Abnormal Accruals. The Accounting Review, 2001, 76 (January): 111 -126.

[106] Hogan C. E., Wilkins M. S.. 2008. Evidence on the audit risk model: do auditors increase audit fees in the presence of internal control deficiencies?. Contemporary Accounting Research, 25, (1): 219 -242.

[107] Hoitash R., Hoitash U., Bedard J.. Internal control quality and audit pricing under the Sarbanes-Oxley act. Auditing: A Journal of Practice & Theory, 2008., 27 (1): 105 -121.

[108] Krishnan J., Stephens, R. G.. Evidence on opinion shopping from audit opinion conservatism. Journal of Accounting and Public Policy, 1995 (14): 179 -201.

[109] Jensen, M. C.. The theory of the firm: managerial behavior, agency costs and ownership structure. Journal of Financial Economies, 1976, 3 (4): 305 -360.

[110] JonesJ. J.. Earnings management during import relief investigation.

Journal of Accounting Research, 1991, 29 (2): 193 -228.

[111] Lennox, C. , B. Li. . The consequences of protecting audit partners' personal assets from the threat of liability. Journal of Accounting and Economic, 2012, 54 (2): 154 -173.

[112] Lennox C. Do companies successfully engage in opinion-shopping ? Evidence from the UK. Journal of Accounting and Economics, 2000 (29): 321 - 337.

[113] Menon K. , WilliamsD. . Auditor credibility and initial public offerings. The Accounting Review, 1991, 66 (2): 313 -332.

[114] Muzatko S. R. , K. M. Johnstone. , B. W. Mayhew, L. E. Rittenberg. . An empirical investigation of ipo under-pricing and the change to the llp organization of audit firms. Auditing: A Journal of Practice & Theory, 2004, 23 (1): 53 -67.

[115] Myers N. , Myers A. , OmerC. . Exploring the term of the auditor-client relationship and the quality of earnings: a case for mandatory auditor rotation? . The Accounting Review, 2003, 78 (3): 779 -799.

[116] Palmrose Z. , Trials of legal disputes involving independent auditors: some empirical evidence. Journal of Accounting Research, 2001, (Supplement): 149 -185.

[117] Paul R. Milgrom, Douglass C. North, Barry R. Weingarten. The role of institutions in the revival of trade: the law merchant, private judges, and the champagne fairs. Economics and Politics, 1990, (March): 1 -23.

[118] Raghunandan K. , Rama D. . SOX Section 404 material weakness disclosures and audit fees. Auditing: A Journal of Practice & Theory, 2006, 25 (1): 99 -114.

[119] Simunic D. A. . The Pricing of Audit Services: Theory and Evidence. Journal of Accounting Research, 1980, 18 (1): 161 -190.

[120] St. Pierre, AndersonJ. . An analysis of the factors associated with lawsuits against public accountants. The Accounting Review, 1984 (2): 242 -263.

[121] Stice D.. Using financial and market information to identify pre-engagement factors associated with lawsuits against auditors. The Accounting Review, 1991, 66 (3): 516 - 533.

[122] Subramanyam K. R. Thepricing of discretionary accruals. Journal of Accounting and Economics, 1996, 22: 89 - 123.

[123] Teoh, S. H. , Wong, T. J.. Perceived auditor quality and the earning response coefficient. The Accounting Review, 1993, 68: 346 - 367.

[124] Wallace. W. A.. The economic role of audits in free and regulated markets: a look back and look forward. Research in Accounting Regulation, 2004, 17: 267 - 298.

[125] Willenborg M.. Empirical analysis of the economic demand for auditing in the initial public offerings market. Journal of Accounting Research, 1999, 37 (spring): 225 - 238.

[illegible] Accounting [illegible] 1991 [illegible]

[illegible]

123 [illegible] accounting [illegible]

[illegible]

125 [illegible] Journal of Accounting Research, 1997, [illegible]